Martin Graff
Der lutherische Urknall

Martin Graff

Der lutherische Urknall

Die Franzosen
und
die Deutschen

Essay

Morstadt

Bibliografische Information der Deutschen Nationalbibliothek
Die Deutsche Nationalbibliothek verzeichnet diese Publikation in der Deutschen Nationalbibliografie; detaillierte bibliografische Daten sind im Internet über http://dnb.d-nb.de abrufbar.

Verlagsprogramm und weitere Informationen unter
www.morstadt-verlag.de

2., durchges. Aufl. Dez. 2015
Typografie und Mettage: Tjalf Boris Prößdorf, München
Umschlaggestaltung: Morstadt Verlag
Titelmotiv: Ausschnitt aus einem Luther-Porträt der Werkstatt von Lucas Cranach, ca. 1529, Öl auf Holz, 75 x 55 cm, Eigentum der Evang.-Luth. Kirchengemeinde St. Anna in Augsburg, Foto Annette Zoepf, Augsburg; Anstecknadel mit französischer und deutscher Fahne, Foto Martin Graff.
ISBN 978-3-88571-376-0

Wir wissen nicht, was wir Luther
und der Reformation alles zu danken haben.
Johann Wolfgang von Goethe

Die Demokratie als Geschenk für einen
verlorenen Krieg.
Arnfrid Astel

Mal nommer les choses, c'est ajouter
aux malheurs du monde.
Albert Camus

Inhalt

Teil 3

Teil 4

Vorwort

Wo lebt es sich besser, in Frankreich oder in Deutschland? Gibt es in irgendeinem Bereich Unterschiede? Religion, Kultur, Essen, Arbeit, Liebe, Sport? Wenn ja, wie sind sie zu bewerten? Konkrete Antworten sind nicht einfach. Auch nicht, wenn man sich Tag und Nacht damit beschäftigt. Selbst Alfred Grosser, der die Franzosen und die Deutschen sein Leben lang unter die Lupe genommen hat, gibt zu: „Je intensiver ich mich mit Deutschland und Frankreich beschäftige, umso bescheidener werde ich."

Wie kann man ein Urteil fällen, ohne dass sich das Urteil gleich in ein Vorurteil verwandelt? Als Deutscher in Frankreich, als Franzose in Deutschland, kann ich mir vor Ort eine Meinung bilden. Aber wie oft sollte ich das Nachbarland besuchen, bevor mein Urteil der Wirklichkeit entspricht? Mit Reiseleiter oder ohne? Per Auto, Zug, Flugzeug oder auf Schusters Rappen? Und was heißt das überhaupt: die Wirklichkeit? Mein Urteil wird selbstverständlich durch meine persönliche Erfahrung bestimmt.

Karl S., Ingenieur aus München, besuchte Marseille. Kaum hatte er sich in einer Bar am Hafen einen Pastis bestellt, stoppte ein Auto davor. Zwei Männer stiegen aus und schossen mit ihren Kalaschnikows wild um sich. Der Bayer wurde schwer verletzt. Er besuchte Frankreich nie wieder.

Seine Nachbarin aus München, Brigitte S., Redakteurin, reiste Jahre später nach Südfrankreich. In Aix-en-Provence fuhr sie auf der Autobahn an der *Montagne Sainte-Victoire,* dem Lieblingsmotiv von Paul Cézanne, vorbei. Kurz darauf fiel ihr das Missgeschick von Karl S. wieder ein. Sie bog Richtung Perpignan ab und sollte Marseille nie kennenlernen.

Marion und Markus aus Hamburg, mit ihrem Volvo samt Wohnwagen gen Süden unterwegs, legten an einer Raststätte bei Lyon eine kleine Pause ein. Ausgeruht setzten sie dann ihre Reise fort. Ein paar Kilometer weiter kam der Wohnwagen auf einmal ins Schlingern. Mit Mühe stoppten sie mit einem Platten auf der Notfallspur und stiegen aus. Ein BMW hielt vor ihrem Gespann. Der Fahrer und sein Begleiter boten an, das defekte Rad zu wechseln. Markus und Marion nahmen die Hilfe dankend an. Markus, Banker, hatte noch nie in seinem Leben ein Rad gewechselt. Plötzlich fuhren die Helfer davon. Der Volvo verschwand in der Ferne. Die beiden

Deutschen, fassungslos, blieben allein mit ihrem Wohnwagen auf der Notfallspur zurück.

Der Zwischenfall war auf dem Rastplatz fingiert worden. Die vermeintlichen Helfer hatten einen Reifen leicht aufgeschlitzt, während Marion und Markus die Toiletten besuchten hatten. Das Paar fuhr nie wieder nach Frankreich in den Urlaub.

Tausende andere deutsche Touristen verbringen ihren Urlaub in Frankreich ohne Zwischenfall.

Frank Walter Steinmeier, Außenminister der Bundesrepublik Deutschland, hatte offensichtlich nur gute Erfahrungen in Frankreich gemacht. Zum 50. Jubiläum des Elysée-Vertrages, von Konrad Adenauer und Charles de Gaulle am 22. Januar 1963 unterzeichnet, besuchten die 577 französischen Abgeordneten ihre 614 deutschen Kollegen. Der Außenminister schwärmte im Bundestag von seiner ersten Frankreichreise in einer Ente. Genüsslich erzählte er vom ersten Baguette, vom ersten Käse, vom ersten Rotwein. Aber wie sieht es heute aus? Wie gut kennt er das Land? Spricht er Französisch?

Martial Saddier, *député-maire* von Bonneville in Savoyen – Partnerstadt von Staufen im Markgräflerland –, war dabei. Noch Monate nach dem Besuch in Berlin berichtete er mir voller Bewunderung, wie die Buskolonne der Abgeordneten mit vollem Karacho durch die von der Polizei leergefegten Berliner Straßen brauste: „So etwas wäre in Paris unmöglich!“ Die Botschaft war klar. Die Franzosen haben dem deutschen Organisationstalent – in Kriegszeiten wie im Frieden – nichts entgegenzusetzen.

Die Mehrheit der Bevölkerung, hüben und drüben, informiert sich durch die Medien. Aber wie berichten die Medien? Wie oft? Wie gut? Auf welcher Basis? Wie gut kennen die Journalisten das jeweilige Land? Wie informieren sie sich? Sprechen sie Französisch oder Deutsch?

„In Deutschland gibt es keine Geschwindigkeitsbeschränkung auf den Autobahnen“, behauptet der Ankermann der französischen Tagesschau. Er fuhr noch nie auf einer deutschen Autobahn, wo es sehr wohl Geschwindigkeitsbegrenzungen gibt, und ich denke dabei nicht nur an die Baustellen.

Aber auch in deutschen Zeitungen entdeckt man Überraschendes. Carsten Holm berichtet im Spiegel vom 7. Februar 2014 über das Problem des Autofahrens bei zunehmender Demenz: „In Frankreich verlangt der Staat von seinen Senioren ab 60 alle zwei Jahre und ab 76 Jahren jährlich, eine Führerscheinverlängerung zu beantragen, ärztliche Kontrolle inklusive." Die Information hört sich präzise an, gut recherchiert. Sie stimmt aber nicht. Bei wem hat der Kollege abgeschrieben?

Man könnte vermuten, dass man sich in den Grenzregionen – auch Eurodistrikte, Euroregionen oder Metropolregionen getauft – besser auskennt. Leider bleibt es bei Sonntagsausflügen, die kaum eine Rolle spielen für die große Politik. Man kauft dort ein, wo es billiger ist. Als Tagestourist schnuppert man an der Exotik des Nachbarlandes. Abends liegt man wieder im heimischen Bett.

Die elsässischen und lothringischen Grenzgänger, die in Deutschland arbeiten, fahren morgens „nüber", abends wieder „rüber", scheren sich kaum um deutsche Politik und wählen *Front National.*

Wenn man die Unterschiede zwischen beiden Gesellschaften genau untersucht, stellt sich auch die Frage nach dem „Warum?". Liegt es an den Genen, wie Tacitus glaubt? Am Klima, wie Montesquieu schreibt? Oder gibt es andere Gründe?

Ich vertrete in diesem Buch eine einfache These: Die Franzosen haben den lutherischen Urknall verpasst. Deshalb fehlen ihnen die deutschen Energiemoleküle. Außerdem haben sie im Namen der katholischen Scharia die Hugenotten umgebracht oder aus dem Land gejagt.

Der Mönch aus Eisleben hat das Gewaltmonopol des Vatikans gesprengt, damit hat er die Demokratie erst ermöglicht. Frankreich ist katholisch geblieben, trotz Revolution. Hat sich der Rebell Napoleon etwa nicht am 2. Dezember 1804, 15 Jahre nach dem Sturm auf die Bastille am 14. Juli 1789, von Papst Pius XII. in Paris zum Kaiser krönen lassen, bevor er Europa in Schutt und Asche legte? Verhält sich François Hollande mehr als 200 Jahre später nicht wie ein König, wenn er als oberster Befehlshaber, auch ohne Uniform, an jedem 14. Juli, dem Nationalfeiertag, die Champs-Elysées im offenen Kübelwagen hinunterrollt, bewacht von der berittenen Garde, und sich von den Soldaten und dem Volk feiern lässt?

Am 31. Juli 2014 suchte François Hollande zusammen mit Vizekanzler Sigmar Gabriel, Chef der deutschen Sozialisten, das *Café du Croissant* in Montmartre auf. Sie wollten damit Jean Jaurès gedenken, Vater der französischen Sozialisten, Pazifist und Kriegsgegner, der dort genau hundert Jahre zuvor von einem Nationalisten ermordet worden war. Weiß François Hollande, dass Jaurès Martin Luther den Urknall des Sozialismus zuschrieb, wie der Philosoph Claude Obadia in *Le Monde* vom selben Tag zum Ausdruck bringt? Der Protestantismus als Vorläufer der Freiheit. „Wenn man Jaurès zustimmt, dass Luther der wahre Urheber des Gedankens eines Sozialismus für die Gesellschaft ist", schreibt Obadia, „dann fordert er uns auch auf, die Geschichte Europas und seines religiösen Überbaues noch einmal zu überdenken."

Ist François Hollande bekannt, dass Pier Paolo Pasolini die *„Lettere Luterane"* verfasst hat? In seinem Lutherbrief an Italo Calvino schreibt Pasolini, dass die linken Katholiken endlich den Mut finden sollten, „sich als Reformatoren zu begreifen oder, noch mutiger, als Lutheraner. Nach drei Jahrhunderten wäre es langsam an der Zeit."

Hat *Monsieur le Président* den Beitrag von Markus Wehner in der Frankfurter Allgemeinen Sonntagszeitung vom 29. März 2015, „Luther regiert!", gelesen?

Die Protestanten haben gewonnen, aber außerhalb Frankreichs. Im Land selbst machen sie nur zwei Prozent der Bevölkerung aus – kaum mehr als die Juden. Die französischen Moslems haben beide Religionsgemeinschaften zahlenmäßig weit überholt.

Teil 1

1. Die Achterbahn der Gefühle

„Stellen wir uns einmal vor, die Deutschen würden die ganze Zeit über Frankreich reden. Im deutschen Fernsehen würde ganze Abende lang über Frankreich diskutiert, deutsche Politiker und Intellektuelle stritten sich stets aufs Neue darüber, wie sie zu Frankreich stehen, und in den Medien würde dauernd die Frage verhandelt, ob man nicht alles so machen sollte wie Frankreich oder vielleicht ganz anders“, schreibt Mathieu von Rohr in der Spiegel Chronik 2013. Weiter lese ich: „Diese Vorstellung klingt einigermaßen absurd. Aber genau das geschieht, mit umgekehrten Vorzeichen, in Frankreich. Seit ich im Herbst 2011 als Korrespondent nach Frankreich gekommen bin, staune ich über die Heftigkeit, mit der sich Medien und Politiker hier mit Deutschland auseinandersetzen.“

Wie Recht der Bürochef des Spiegel in Paris hat. Wäre der Kollege nicht erst im Herbst 2011, sondern schon im Herbst 2001 oder 1991, 1981, 1971 oder gar 1961 nach Paris gekommen, hätte er damals schon festgestellt, dass sich Frankreich mehr mit Deutschland beschäftigt als umgekehrt. Schon ziemlich schnell nach dem Niedergang des Dritten Reiches begannen wir Franzosen mit gemischten Gefühlen, uns Deutschland zuzuwenden. Die tüchtigen Deutschen stiegen wie Phönix aus der Asche. Wie war so etwas möglich?

In den Sechzigern und Siebzigern kauften die Deutschen sämtliche Scheunen im Elsass auf und vernarrten sich in alte Gemäuer in den Cevennen. *Paris-Match* schrieb über die „friedliche Invasion“. Der ehemalige Feind kam als Tourist zurück.

Als Mathieu von Rohr 1978 in Lausanne auf die Welt kam, tigerte ich schon seit einigen Jahren für das deutsche Fernsehen durch Frankreich. *„Mais pourquoi donc travaillez-vous pour la télévision allemande?“* Der Vorwurf, für das deutsche Fernsehen zu arbeiten, war in der Frage nicht zu überhören. Es gab sogar Briefe, deren Absender sich bei elsässischen Zeitungen über meine Haltung im Krieg erkundigten.

Aber schon 10 Jahre später, mit Kohl und Mitterrand, war der Unterton verstummt und ich wurde von den Franzosen im Namen Europas beglückwünscht.

Dennoch gab es Kassandrarufe zu Hauf. Der Korrespondent der Tageszeitung *Le Figaro* in Bonn warnte uns in einem Buch vor den Grünen: „*Vers le quatrième Reich*" (Hin zum Vierten Reich).

In all diesen Jahren tauchte auch regelmäßig Adolf Hitler auf den Titelseiten der Magazine auf. Man stellte sich Fragen „*sur les enfants d'Hitler*", sind sie wirklich Demokraten geworden?

Die Wende irritierte die Franzosen bekanntlich, besonders als es mit Deutschland trotzdem weiter bergauf ging. Da kam mit einer Mischung aus Neid und Angst zum ersten Mal die Frage auf: „Wann wird Frankreich Deutschland einholen?"

Germanistik-Professorin Yvonne Bollmann warnte die Elsässer in „*La Tentation allemande*" (Die deutsche Versuchung) vor den Deutschen, die doch nichts anderes im Sinn hätten, als das Elsass und Lothringen wieder zu kassieren.

Zur Obsession, um das Wort von Mathieu von Rohr aufzugreifen, wurde die Beschäftigung der Franzosen mit den deutschen Nachbarn erst nach der Jahrtausendwende. Allerdings teilten sich jetzt die Lager. Die einen bewunderten Deutschland maßlos, die anderen wünschten es zum Teufel und gaben ihm die Schuld am schlechten Wetter.

Inzwischen fällt in der Tat in jeder Sendung, mehrmals am Tag der Satz: „*Comme l'Allemagne!*" – Wie Deutschland!

Jeder französische Politiker hat diesen Satz heute parat. Keine Talk-Show ohne Vergleich mit Deutschland. Nicolas Sarkozy, noch Präsident, zitierte im Wahlkampf 2012 den Satz „*Comme l'Allemagne*" sechzehnmal in einer einzigen Fernsehsendung. „Merkozy" als Zukunft Europas. Alles war besser in Deutschland. Zuviel des Guten. Ich ahnte es gleich. Es konnte nicht gut gehen. Damit brachte er jeden Patr'idioten in die Todeszone des Nationalismus ... und verlor die Präsidentschaftswahlen. Das Volk bugsierte ihn aus dem *Château*, aus dem Elysée.

Sein Nachfolger François Hollande hatte während des Wahlkampfes wie ein neuer Napoleon gegen Merkels Sparpolitik schwadroniert. Er hatte den Spruch von General Charles de Gaulle auswendig gelernt: „Verträge sind wie Rosen und junge Mädchen, sie blühen nur einen Morgen."

Einen Tag nach seiner Krönung flog Hollande nach Berlin, um Angela die Leviten zu lesen und Europa neu zu gestalten. Der Blitz schlug ins Flugzeug ein, daraufhin kehrte es nach Paris zurück. Als

Monsieur le Président im neuen Flugzeug – aber mit Verspätung – die deutsche Hauptstadt erreichte und auf *Madame la Chancelière* traf, versank seine Angriffslust in der Spree.

Aber die Pariser Parteisoldaten ließen sich nicht beeindrucken und hielten weiter fest und treu die Wacht, die Wacht an der Seine.

Und dann knallte es ordentlich. Aus dem Traum wurde ein Albtraum. Wir schreiben Ende April 2013. Claude Bartolone, *Président de l'Assemblée nationale,* blies zum Angriff gegen Angela Merkel, die mit ihrem Spardiktat nicht nur Frankreich, sondern ganz Europa *dans le mur*, gegen die Wand fahre. Er wurde persönlich, indem er *l'intransigeance égoïste de la Chancelière,* ihre egoistische Unnachgiebigkeit geißelte.

Noch verglich man die Bundeskanzlerin in Paris nicht mit Adolf Hitler wie in Athen, aber die Richtung war vorgegeben.

Ein Arbeitspapier der sozialistischen Partei löste eine Welle der Germanophobie aus. Neu war die Attacke des linken Flügels der *Parti socialiste* allerdings nicht. Im Herbst 2012 hatte Arnaud Montebourg, damals *ministre du redressement productif,* Minister der industriellen Auferstehung, Angela Merkel mit Bismarck verglichen.

Die Elsässer bedanken sich. Zu Bismarcks Zeiten war das Elsass bekanntlich deutsch und die Arbeiter pinkelten nicht mehr in den Garten wie ihre französischen Kollegen in Lille oder in Nancy. Bad und Klo gehörten zum Haushalt. Die Elsässer füllten ihre Sparbücher bei der Raiffeisenbank, heute *crédit mutuel* genannt. Die Sozialversicherung schützte die Bürger. Noch heute funktioniert das kaiserliche System im Elsass, im Gegensatz zum französischen Modell aus Paris, ohne Defizit.

Der Historiker Emmanuel Todt, Deutschenfresser *par excellence*, drosch einmal mehr auf die Deutschen ein, die Tag und Nacht davon träumen, Europa zu beherrschen. „Europa spricht Deutsch", tönte Volker Kauder, CDU-Politiker, und bestätigte den politischen Hellseher Todt.

Es kann vorkommen, dass dieser selbstgefällige Intellektuelle, der sich nicht nur als Historiker, sondern auch gern als Anthropologe versteht, im Fernsehen die Deutschen als quasi naturbedingt barbarisches Herrenvolk beschreibt, ohne dass der Journalist ihn fragt, ob er noch alle Tassen im Schrank hat. Er führt den deutschen Machtanspruch über Europa und die Welt auf die deutschen Gene zurück. Der perfekte Patr'idiot. Überrascht war ich dennoch, als Sarah Wagenknecht, Ikone der *Linken* und Frau von Oskar Lafontaine, sich in *Vanity Fair* auf Todt berief, um zu behaupten: „Ohne es zu merken, sind die Deutschen dabei, eine neue Bedrohung für Europa und sich selbst zu werden."

Auch François Hollande, ein Anhänger von Jacques Delors, dem französischen Mustereuropäer der 1970er- und 1980er-Jahre, sprach plötzlich von *tension amicale*, von freundschaftlicher Spannung zwischen Berlin und Paris. Eigentlich ein harmloser Ausdruck. Dennoch entschloss er sich, auf der antideutschen Welle zu surfen, um den Anschluss an seine sozialistische Partei nicht gänzlich zu verlieren, die Tag und Nacht die deutsche Politik *de l'austérité,* die Sparpolitik, anprangert, die Frankreich und Europa an den Rand des Abgrunds führe, statt auf Wachstum zu setzen. Als ob die Deutschen die Amischen der Wirtschaftspolitik wären und sich nur noch von Brennnesselsuppe und Tannenrinde ernähren würden!

Selbsternannte Deutschlandexperten erklärten ohne Widerspruch einem Millionenpublikum: „Die deutschen Rentner werden misshandelt", *maltraités.* Die Misshandelten sonnen sich in Brela oder Baska Voda an der kroatischen Küste, aber dies kriegen die Experten in Paris nicht mit.

„Die deutsche Sozialversicherung misshandelt die Bürger, es gibt mehr Arme in Deutschland als in Frankreich." Das Thema der Misshandlung ist ein willkommener Topos in den französischen Medien, es wirkt wie eine Art seelisches Beruhigungsmittel: „Auch Deutschland hat Probleme."

Jeder Franzose kennt das Wort *austérité,* eine deutsche Krankheit, die Europa zerstört. Obwohl das Wort „Austerität" den deutschen Experten nicht fremd ist, ist es im Volksmund nicht zu finden. Kein Wunder, dass die Redakteure der ZDF-Sendung *Berlin direkt* den Kameramann baten, das Wort „Austerität" im Wörterbuch abzufilmen, um dem Zuschauer sozusagen zu beweisen, dass es dieses Wort sogar in Goethes Sprache gibt: „Eine strenge, energische Sparpolitik." Keine Fernsehanstalt der Welt filmt ohne Grund das Wörterbuch. Das heilige Gebot der Einschaltquote verbietet es.

L'austérité hat einen protestantischen Touch und ist nichts für Franzosen, die in ihrer katholischen Fröhlichkeit ohne Hemmungen wirtschaftlich sündigen. Es ist immer noch früh genug, an die Beichte zu denken. Peter Sloterdjik schreibt in seinem Buch „Mein

Frankreich" gar von hygienischen Protestanten aus dem hohen Norden, die nichts vom *Savoir-vivre* der Südländer verstehen. Der Philosoph bezieht seine Argumentation zwar auf das Doping bei der Tour de France – ARD und ZDF verzichteten mehrere Jahre auf die Live-Übertragung des größten Velo-Ereignisses der Welt, bevor die ARD 2015 die Tour wieder übertrug, allerdings unter der Auflage, dass die Fahrer sauber bleiben. Es gibt aber auch ein semiotisches Doping, wie Umberto Eco sagen würde. Dabei geht es um eine permanente Sinn-Entstellung unseres Wortschatzes. Ein französischer Politiker, links oder rechts, würde nie eine *politique de l'austérité* eingestehen, nicht einmal mit einer Pistole auf der Brust. Lieber ließe er sich erschießen.

Es gibt auch keine Rezession in Frankreich, nur eine *croissance négative*, ein negatives Wachstum, was barer Unsinn ist. Warum nicht gleich von Rezession sprechen?

Zeitgleich mit der Deutschenschelte entbrannte im Frühling 2013 ein Streit um eine Kunstausstellung im Louvre. *„De l'Allemagne, de Friedrich à Beckmann"*, vom 19. Jahrhundert bis 1939. Die deutsche Malerei als Autobahn, die zum Faschismus führt. Vergessen der deutsche Expressionismus, Dada und das Bauhaus. Ein Wunder, dass dem Publikum keine Skizzen von Hitler geboten wurden. Schließlich war auch er Maler. Dafür wurde Leni Riefenstahl, seine Starregisseurin, nicht vergessen. Der Zuschauer durfte ihre „romantische" Propagandakunst bewundern, anhand eines Ausschnitts aus dem legendären Film *„Les Dieux du stade" („Olympia"),* ein Film über die Olympischen Spiele 1936 in Berlin, ein Film, der 1937 in Paris ausgezeichnet wurde. Aber das hat einjeder Franzose verdrängt.

Zu allem Überfluss entdeckte die Weltöffentlichkeit im Frühling 2013, dass Derrick alias Horst Tappert während des Zweiten Weltkrieges Mitglied der Waffen-SS gewesen war. Der Schock saß umso tiefer, weil Derrick im französischen Fernsehen jahrelang als Pausenfüller diente. Stimmte die Quote bei einer neuen Sendung nicht, so holte man Derrick als Retter aus der Mottenkiste des Fernseharchivs – und die Quote stimmte wieder. Ich behaupte, ohne zu zögern, dass Derrick öfter im französischen Fernsehen zu sehen war als im deutschen. Der französische Zuschauer fühlte sich nun glatt übertölpelt. Derrick machte ihn *post mortem* – Tappert starb 1998 – zum Nazi-Kollaborateur. Unverzeihlich.

Inzwischen waren die Sozialisten ein Jahr an der Macht. François Hollande hatte Nicolas Sarkozy abgelöst. Das 50. Jubiläum des Elysée-Vertrages war zwar im Januar ohne große Probleme über die Bühne gegangen, aber der Alltag der Franzosen verbesserte sich nicht. Die Zahl der Arbeitslosen stieg in Frankreich weiter, in Deutschland sank sie weiter. Überschuss der deutschen Krankenkassen. Defizit der französischen *sécurité sociale*, obwohl sie die beste der Welt ist. Vier Milliarden Euro Haushaltsüberschuss in Berlin, Haushaltsdefizit in Millionenhöhe in Paris. Defizit des französischen Außenhandels, Überschuss des deutschen.

Die Deutschen verkauften immer noch mehr Autos als die Franzosen. Noch schlimmer: Die Deutschen erlaubten sich, im französischen Fernsehen Werbespots auf Deutsch auszustrahlen, mit einem einzigen Kommentar in Molières Sprache: „*Vous n'êtes pas obligé de parler allemand pour comprendre qu'il s'agit d'une voiture allemande!*" (Man muss nicht Deutsch sprechen, um zu verstehen, dass es sich um ein deutsches Auto handelt). Ein Affront, einfach nicht auszuhalten. Außerdem zahlten Firmen wie Volkswagen und BMW ihren Arbeitern Prämien bis zu 8.000 Euro, während Peugeot seine Arbeiter zu Tausenden entließ. Aus dem Traum wurde ein Albtraum.

Die Deutschen produzierten inzwischen nicht nur mehr Autos, sondern auch mehr Käse als die Franzosen, was Ulrich Wickert nicht voraussah, als er 1993 in seinem Buch „Und Gott schuf Paris" die deutschen Gastrobanausen an das französische Käseparadies andockte.

Ausgerechnet im schönen Monat Mai des Jahres 2013 explodierte eine von einem U-Boot abgefeuerte Atomrakete – ohne atomaren Sprengkopf an Bord – kurz nach dem Start. Keiner weiß, warum! Was wäre im Ernstfall? Wenn man darüber nachdenkt, dass allein François Hollande den Geheimcode der Atombombe, die die Welt in Feuer und Asche verwandeln kann, besitzt, hilft nur noch beten.

Die verblüffte Öffentlichkeit erfuhr, dass die Berufssoldaten auf ihr Gehalt verzichten müssten, weil das Computersystem „Louvois" streikte. Louvois war der Name des glorreichen Kriegsministers von Ludwig XIV. Das Lohndrama wird monatelang anhalten.

Nicht zu vergessen die katholische Kirche, deren Mitglieder Woche für Woche, unterstützt von radikalen Schlägertrupps und vom neuen Papst, gegen die Homo-Ehe protestierten, obwohl das Parlament der Republik das neue Gesetz abgesegnet hatte. Papst

Franziskus, in Frankreich François genannt, ermutigte die oppositionellen französischen Parlamentarier, das Gesetz bei erster Gelegenheit rückgängig zu machen. Demokratie, ade!

Während François Hollande dem Volk schon Ende 2012 Tag und Nacht Genesung dank seiner Wachstumspolitik, sprich Rückgang der Arbeitslosigkeit, versprochen hatte, beleidigte die deutsche Presse die *Grande Nation* täglich. „In der Schuldenfalle", schrieb Gero von Randow ohne Hemmungen am 23. Mai 2013 in der ZEIT. „Frankreichs Präsident hat kein Rezept, um das Land aus der Rezession zu führen."

Selbst die französischen Medien beteiligten sich an der Schwarzmalerei. Sie berichteten ungeschminkt über die katastrophale seelische Lage der französischen Bevölkerung. In puncto Pessimismus brechen wir Franzosen alle Rekorde. Wir stehen ganz oben auf der Skala der Verzweifelten. Kein Wunder, dass Pillenschlucken zum Volkssport geworden ist. Außerdem gelten unsere Bauern auch als Pestizid-Weltmeister. Nicht zu vergessen der Alkoholkonsum. Vize-Weltmeister nach Russland. Kurzum, wir Franzosen glauben nicht mehr an uns selbst, und daran sind die Deutschen schuld.

François Hollande las die vernichtenden Nachrichten verzweifelt beim Frühstück. Valérie, damals noch *Première Dame*, kitzelte ihn am linken Ohrläppchen: „Mach dir keine Sorgen, die Deutschen mögen keine Kinder. Sie sterben aus. Du bist stolzer Vater von vier Kindern, ich Mutter von dreien, das macht sieben zu null. Merkel hat keine Kinder." – „Aber gemeinsam haben wir auch keine Kinder, Valou", erwiderte François und brach in Tränen aus.

Am Kupfergraben in Berlin setzte Professor Sauer indessen den Kaffee auf. Angela wunderte sich immer noch: „Pfarrerstochter und Bundeskanzlerin, in der ehemaligen DDR aufgewachsen. Wie ist so was möglich, Joachim?"

16. Mai 2013: François Hollande sitzt in Leipzig zwischen Bundespräsident Joachim Gauck und Sigmar Gabriel, Chef der SPD, in Blickweite von Angela Merkel, Gerhard Schröder, Bundeskanzler a. D., und Helmut Schmidt, auch Bundeskanzler a. D., der keine Zigarette raucht, dafür aber immer wieder vor der gnadenlosen Kamera einnickt. Anlass: 150 Jahre SPD. Die französische sozialistische Partei wurde erst 1905 gegründet. Es nervt, immer sind wir

Franzosen später dran. Am 19. Januar 1919 wurden die Frauen in Deutschland zur Wahl aufgerufen, es zogen 27 Frauen ins Parlament. Die Französinnen mussten den 29. April 1945 abwarten, um wählen zu dürfen.

François Hollande darf reden. Angela Merkel staunt nicht schlecht, als *Monsieur le Président* die Agenda 2010 ausdrücklich als Modell lobt. Hatte er doch vor Kurzem noch verächtlich von ihr gesprochen. Schröder zeigt kein selbstzufriedenes Lächeln, sondern nimmt das Kompliment mit versteinerter Miene entgegen. Hatte doch Hollande früher seinen Erzfeind, den frankophilen Lafontaine, vorgezogen.

Ein paar Tage später, am 29. Mai, kam Frau Dr. Merkel nach Frankreich, um mit François Hollande die berüchtigte Louvre-Ausstellung über deutsche Kunst zu besichtigen. Beim gemeinsamen Auftritt sprach die Kanzlerin erneut von Hausaufgaben. Hollande, der noch die Schelte der deutschen Politiker im Ohr hatte, die seine eigene Schelte des Brüsseler Spardiktats verurteilten, konterte sofort: „Wir tun alles, was notwendig ist. Wie kann man uns vorwerfen, dass wir uns nicht anstrengen?"

Wieso hatten die Kanzlerin und die Weltöffentlichkeit den Verkauf des Weinvorrats des Elysée-Palastes nicht wahrgenommen? Ein erster Schritt in Richtung Sparpolitik!

Gemeinsam wünschten sich Angela Merkel und François Hollande eine wirtschaftliche Führung Europas, gar eine Art wirtschaftlichen Superminister und natürlich noch mehr deutsch-französische Gipfel. Die französischen Journalisten stellten fest, dass sich beide, Angela und François, in einer einzigen Woche dreimal getroffen hatten. Schon sprachen sie von *lune de miel*, von Flitterwochen. Hatte nicht Dominique de Villepin, Ex-Premierminister unter Präsident Chirac, damals vorgeschlagen, ein neues Land zu schaffen: *FranceAllemagne?*

Es hat schon mal einen deutsch-französischen Minister gegeben: Karl Friedrich Rheinhard. Ausgerechnet ein Pfarrerssohn, 1761 im württembergischen Schorndorf geboren. Der Freund von Talleyrand war drei Jahre lang, von 1796 bis 1799, Außenminister in Paris. Er blieb sogar nach dem Sturz Napoleons im Geschäft. Ludwig XVIII. erhob ihn 1815 in den Adel. Später vertrat er Frankreich bis 1829 im Frankfurter Parlament. Der Graf ist in Paris auf dem Friedhof von Montmartre begraben.

Als François mit Angela im Louvre die umstrittene Ausstellung „*De l'Allemagne*" besuchte, hätte er der Bundeskanzlerin mit dem Buch „*Un Allemand à la cour de Louis XIV, de Dürer à Van Dyck, la collection nordique d'Everhard Jabach*" sicher eine Freude machen können. Der geniale Sammler aus Köln wurde 1647 Franzose und Kunstberater des Sonnenkönigs. 1648 ließ sich Jabach in Paris nieder.

Ist die Leier vom Erb- und Erzfeind nur eine Erfindung der Historiker? Eines ist sicher: Die nationalistische Brille des 19. und 20. Jahrhunderts hat den Blick auf die deutsch-französische Geschichte verdunkelt.

„Wichtig ist der Frieden. Frankreich und Deutschland sind beide stark genug, um sich mit dem zu begnügen, was ihnen heute zusteht. Es wäre endlich Zeit, auf brüderliche Kriege zu verzichten. Sie zerstören nur das Glück und die Freiheit der Völker. Frankreich kann in aller Ruhe und ohne Eifersucht die Entwicklung Deutschlands begleiten. Sie bedeutet nicht weniger als einen neuen Beweis für den Frieden in der Welt. Diese Entwicklung ist naturgemäß bedingt. Die vereinte deutsche Nation wird sich mit Frankreich verbrüdern, um der Welt dauerhaft die Früchte des Friedens und der Zivilisation zukommen zulassen. – Möchte Frankreich überzeugt sein, dass wir Deutsche nicht die geringste Lust an Eroberungen jeglicher Art pflegen. Ohne Rachegedanken an Vergangenheit, wünschen wir uns ehrlich und für immer, mit unseren Nachbarn in Frieden und Freundschaft zu leben."

Jedes Mal, wenn ich diese Zeilen bei einer Lesung vortrage, bitte ich das Publikum, den Autor zu erraten. „Adenauer", antworten die Anwesenden ohne Ausnahme. In Wirklichkeit stammen sie von Eduard Fauler, Oberbürgermeister von Freiburg. Er adressierte sie am 22. August 1867 an seinen elsässischen Kollegen Henri de Peyrimhoff, Oberbürgermeister von Colmar. Es ging um die neue Bahnstrecke Paris–Budapest via Colmar–Freiburg–Ulm.

Drei Jahre später erklärte Napoleon III. den Preußen den Krieg, wegen der obskuren Thronbesteigung eines Hohenzollern in Spanien – und der Pannen bei der Übersetzung der Emser Depesche.

Am 14. November 2013 staunten die Leser des ZEIT MAGAZINS nicht schlecht: auf der Titelseite eine etwas beschwipste Angela im

Pelzmantel, ein Glas Sekt in der rechten Hand. Sie liegt, weich gelagert auf einem Kissen, auf dem Parkett. François, im dezenten Anzug, fasst die Kanzlerin, hinter ihr kniend, um die Schultern. Er lächelt. Im Hintergrund ein Kamin. Die Überschrift: *„Wie sagt man auf Französisch: ‚Es ist Liebe'?"*

Die französischen Leser des *Magazine du Monde* entdeckten zwei Tage später, am 16. November 2013, eine Variante dieser Szene. Überschrift: *„France-Allemagne. Ich liebe dich (moi non plus)."* Angela und François sitzen beide locker auf dem Sofa. Er in einem dunklen Hemd, ohne Krawatte, der untere Knopf gar mit Rücksicht aufs Bäuchlein geöffnet. Sie eingepfercht in ein undefinierbares beiges Kleid. François hat seinen rechten Arm fest um sie gelegt. Er hält ihr lächelnd ein Croissant hin, das sie skeptisch begutachtet. Angela hat eine Brezel in der Hand, die auf ihrem rechten Schenkel ruht. Mit ihrem linken Arm hält sie sich an einem kleinen Kissen fest, das ihren rechten Schenkel vom linken des Präsidenten trennt. Auf dem kleinen Tisch im Vordergrund entdeckt man eine Schale mit zwei Bananen, einem Apfel, Croissants und Brezeln und ein zu einem Drittel mit Orangensaft gefülltes Glas. In einem zweiten Glas liegt das Handy der Kanzlerin. Die NSA hört mit.

Welche Version ist die bessere, die deutsche oder die französische? Die französische ist legerer. Die Überschrift *„Je t'aime (moi non plus)"* ist eine Anspielung auf das gleichnamige Chanson von Serge Gainsbourg, interpretiert von Jane Birkin. Die erotische Schnulze war auch in Deutschland ein Hit: „Zwischen deinen Hüften bewege ich mich hin und her. Ich halte mich zurück, nein, doch, jetzt komm!" Aber die Distanz bleibt durch das Kissen gewahrt. Ein Hauch von Tristan und Isolde bremst den Liebesakt.

Die deutsche Version erinnert an einen Film von Luis Buñuel: *„Le charme discret de la bourgeoisie"*. Zwei Geliebte, die sich heimlich in einer noblen Herberge treffen. Distanz durch eine gewollte Unschärfe des Bildes.

Die Achterbahn der Gefühle bleibt spannend. „Vive l'Allemagne", so nennt der Publizist Alain Minc sein Buch über Deutschland. „Le hareng de Bismarck (Le poison allemand)" – Der Bismarck-Hering (Das deutsche Gift) –, antwortet der Europaabgeordnete Jean-Luc Mélenchon, Mitbegründer der Linkspartei *Le front de gauche*.

Der Griechenland-Marathon 2015 löste in den französischen Medien gar eine Art Hasswelle gegen Deutschland aus. Deutschland sei schuld am Malheur der Griechen. „Warum so viel Hass?“, fragte sich Sylvie Kauffmann, Journalistin, in *Le Monde*.

Angela und François bleiben im Amt bis 2017, dann wird Martin Luther sie ablösen.

2. Die Ferien des Monsieur Hollande

Wir leben in einer globalisierten Welt, die Botschaft ist inzwischen bei jedem Hinterwäldler angekommen. Mit Ausnahme vielleicht des vierzigjährigen Vietnamesen, der zusammen mit seinem alten Vater das Ende des Vietnamkrieges verpasst hatte und vierzig Jahre später, völlig geschockt, die moderne Welt entdeckte.

Dann gibt es noch einen Mann, der die Wirklichkeit des Jahrhunderts verpasst hat: François Hollande, *Président de la République Française*. Kaum gewählt, verdonnerte er die Ministerinnen und Minister dazu, den verdienten Sommerurlaub in Frankreich zu verbringen und mit dem Handy unter dem Kopfkissen zu schlafen.

Die französischen Regierungen, ob rechts oder links, leiden seit dem Hitze-Sommer 2003 unter einem Urlaubstrauma, genannt *canicule*. Damals verdursteten 10.000 Opas und Omas, ohne dass die Regierung es merkte. Präsident Chirac erholte sich in Kanada. Mehrere Minister weilten in der weiten Welt. Seitdem verbringen die Regierungsmitglieder, samt *Président*, den Urlaub im *Hexagone*, auf dem Kontinent, immer bereit, Paris in wenigen Minuten zu erreichen.

Die Urlaubsverordnung dokumentiert die Weltferne des Präsidenten. Jean-Marc Ayrault, *Premier ministre* von Mai 2012 bis März 2014, ehemaliger Deutschlehrer, teilte François zwar leise mit, dass Angela sich satte drei Wochen Urlaub gönnt und es gar wagt, die Grenzen der Bundesrepublik Richtung Italien oder Österreich zu verlassen. Er stieß beim Präsidenten aber auf taube Ohren. „Mit den Franzosen ist es wie mit den Frauen, man darf nicht zu lange von zu Hause wegbleiben“, wusste schon Napoleon, als er sich am 5. Dezember 1812 in Smogorni, zwischen Borissow und Vilnius, auf dem Rückzug aus Moskau befand. Ein paar Wochen zuvor hatte General Malet in Paris einen Staatsstreich versucht. Hollande kennt die Biographie von Napoleon und auch am 14. Juli 1789 hatte es in Paris einen Volksaufstand gegeben, die Geschichte kann sich wiederholen, also ist Vorsicht geboten.

Als ich Jack Lang, mehrfach Minister unter Mitterrand, im „Europäischen Hof" in Baden-Baden für eine Sendung beim SWF abholte, entschuldigte er sich für seine Verspätung: „Ich habe gerade den Präsidenten von Kamerun getroffen. Er hat mir erzählt, dass er jedes Jahr zwei Wochen in Baden-Baden verbringt, samt Regierung und Opposition. Wenn er die Vertreter der Opposition nicht mitnehme, bestehe das Risiko, dass er nicht mehr Präsident ist, wenn er von seiner Kur nach Hause zurückkommt."

Monsieur le Président erneuert regelmäßig das Urlaubsverbot für das Ausland. Minister sollen sich nicht zu weit von der Hauptstadt entfernen. Innerhalb von zwei Stunden muss jeder Paris erreichen können. Für Justizministerin Christiane Taubira gibt es eine Ausnahme, sie ist in Französisch-Guayana zu Hause, an der Grenze zu Brasilien.

Statt zu einer Urlaubssperre fürs Ausland hätte *Monsieur le Président* die gesamte Ministerriege zum Auslandsurlaub verdonnern sollen. Die EU besteht aus 28 Mitgliedern. Der Europarat sogar aus 47. Die Urlaubserfahrung der Minister würde die politische, wirtschaftliche und kulturelle Vision Frankreichs zweifellos bereichern und damit auch dem europäischen Gedanken neue Impulse geben. Nicht zu unterschätzen die Bereicherung für die Minister in Sachen Landeskunde. Franzosen, allen voran *Monsieur le Président*, hatten schon immer Probleme mit den geographischen Umrissen der Welt. Hatte Hollande doch in seinem ersten Amtsjahr China mit Japan, Tunesien mit Ägypten, Slowenien mit der Slowakei verwechselt. Oder schlicht und einfach Staaten umgetauft, wie *la Macédoine* in *Macédonie.*

Im Juni 2015 war Premierminister Manuel Valls auf der Insel La Réunion zu Besuch. In einem live-Gespräch beim lokalen Fernsehen verschob er die Insel in den Atlantik. Sie befindet sich im Indischen Ozean.

Hätte auch nur ein einziger Minister seinen Zweitwohnsitz im Elsass, bestünde die Möglichkeit, mal kurz über den Rhein nach Deutschland zu fahren, um sich vor Ort zu informieren. Aber die Minister haben ihren Zweitwohnsitz ohne Ausnahme an der Riviera oder an der Atlantikküste und natürlich nicht im langweiligen Elsass, wo die Namen der Ortschaften die zarte Kehle eines Franzosen verletzen.

Ich möchte *Monsieur le Président* nicht zu nahe treten, aber als elsässischer Gedankenschmuggler, der nicht nur zwischen Deutschland und Frankreich vagabundiert, sondern auch ein paar Mal die Erde auf Schusters Rappen umrundet hat, möchte ich ihm Michel de Montaigne ans Herz legen: „Tagebuch einer Reise nach Italien über die Schweiz und Deutschland." Jeder Minister sollte das Büchlein des Philosophen mit auf den Weg nehmen.

Montaigne machte sich 1580, im Alter von 47 Jahren, auf den Weg. Luther ist da schon 34 Jahre tot. Calvin 16 Jahre. Der Augsburger Religionsfrieden hat Katholiken und Protestanten beruhigt. Der Dreißigjährige Krieg wird erst 38 Jahre später wüten.

„Nicht weil es Sokrates gesagt hat, sondern weil es in Wahrheit meine Sinnesart ist, vielleicht nicht ganz ohne Schwärmerei, achte ich alle Menschen für meine Mitbürger und umarme Polen so innig wie einen Franzosen, indem ich dieses Nationalband dem großen und allgemeinen Band der Menschheit nachsetze. Ich halte gar nicht meinen Himmel für den blausten ... Die Natur hat uns frei und ungebunden in die Welt gesetzt ... Ich schäme mich immer, wenn ich unsere Landleute sehe, die in ihre eigene Sitte so verliebt sind, dass sie über alles stutzig werden, was damit nicht übereinkommt. Sie scheinen außer ihrem Element zu sein, wenn sie über die Grenzen ihres Dörfleins hinausgehen. Wo sie hinreisen, halten sie sich an ihre Gebräuche und Weisen und verabscheuen die Fremden. Finden sie einen Landsmann in Ungarn, so tun sie entsetzlich fröhlich über den Fund, einigen und heften sich auf das Innigste aneinander und verdammen dreistweg die barbarischen Sitten, welche sie sehen. Warum sollten sie nicht barbarisch sein, sie sind ja nicht französisch."

Der Philosoph erreichte Deutschland über das Elsass und die Schweiz. Die Minister sollten nicht gleich verzweifeln, wenn sie entdecken, dass Mulhouse, damals Mülhausen, zum Schweizer Kanton Basel gehörte.

Über die Schweizer urteilt Montaigne treffend: „Die Schweizer sind ein gutmütiges Volk, vor allem wenn man sich ihnen anpasst."

Nach Basel, Schaffhausen und Konstanz besuchte er Markdorf, Ravensburg, Lindau, Buchhorn, Wangen, Isny, Kempten, Pfronten, Füssen, Schongau, Landsberg und Augsburg.

Montaigne verzichtete ziemlich schnell auf die Reiseführer und ließ sich lieber von Land und Leuten überraschen. Eine Methode, die ich den Ministern nur empfehlen kann.

In Augsburg reiste er gar inkognito durch die Stadt. „Er hatte nicht den Eindruck, dass dies den Respekt, welchen man ihm entgegenbrachte, unbedingt minderte. Ehrungen solcher Art wurden uns in allen Städten Deutschlands zuteil.“, lässt Montaigne seinen Begleiter berichten. „Überhaupt bemerkten wir in deutschen Gasthäusern nie Spinnweben oder Straßenkot.“

Offensichtlich hatten die Deutschen schon damals einen Putzfimmel. Davon haben die Elsässer etwas bewahrt, denn sie fegen immer noch samstagnachmittags die Trottoirs. Sogar in Ostoberschlesien, wo längst Polen aus Lemberg wohnen, wird heute noch mehr geputzt als in Krakau oder Warschau.

Montaigne lobt die Vielfalt von Suppen, Soßen und Salaten, „die bei uns nicht ihresgleichen hat. Die Küche des französischen Adels kann da kaum mithalten“, kommentiert der Philosoph.

Der Franzose staunt über das Fehlen von Matratzen, die die Deutschen inzwischen von den Franzosen übernommen haben. Er mag aber das Federbett, das die Franzosen wiederum von den Deutschen übernommen haben.

Die Häuser findet Montaigne schöner, geräumiger und höher, die Straßen erheblich breiter als in irgendeiner französischen Stadt. Natürlich bewundert er die Paläste der Fugger. In einem davon begegnete Luther 1518 Cajetan, dem Beauftragten des Papstes. Noch war für Rom nicht alles verloren.

Über die deutschen Reichsstädte: „Sie gewähren grundsätzlich Religionsfreiheit; die Bürger entscheiden selbst, ob sie katholisch oder evangelisch sein wollen.“

Montaigne hatte eindeutig journalistische Begabungen. Er suchte überall den Kontakt, sowohl mit katholischen als auch mit evangelischen Geistlichen. Als in Kempten Geigen und Trommeln Frischvermählte begrüßten, die gerade aus der Kirche kamen, fragte er, ob die Lutheraner denn das Tanzen erlaubten. Antwort: „Warum nicht?“ Herr de Montaigne hakte nach: Warum habe man auf die Glasfenster und auf das Gehäuse der neuen Orgel Darstellungen Jesu Christi und andere Bilder malen lassen? Antwort: „Bilder, die den Menschen zur Belehrung dienen, verbieten wir nicht. Man darf sie nur nicht anbeten.“ Montaigne: Warum habe man dann die alten Bilder aus der Kirche entfernt? Antwort: „Das waren nicht wir, sondern unsere sauberen Schüler, die Zwinglianer. Der böse Geist hat sie getrieben, diese und noch andere Verheerungen anzurichten, bevor wir auf den Plan traten.“ Manchmal bezeichnet er die Lutheraner auch als Martinisten.

Damals waren die Protestanten in Frankreich noch verfolgt. Erst 1598 schenkte ihnen Heinrich IV. die Religionsfreiheit – *édit de Nantes* –, das Ludwig XIV. nicht einmal ein Jahrhundert später, 1685, wieder abschaffte – *Révocation de l'édit de Nantes.*

PS: Sollte *Monsieur le Président* nach der Lektüre von Michel de Montaigne seine Urlaubsstrategie ändern und die Minister zum Auslandsurlaub verdonnern, habe ich, in aller Bescheidenheit, ein paar Tipps anzubieten. Als Erstes empfehle ich den Ministern, sich eine Landkarte zu besorgen. Als Zweites: sich über die Zahl der Einwohner des besuchten Landes zu informieren. Drittens: die Minderheiten zu erforschen. Viertens: ein kleines Wörterbuch mitzuführen – man spricht nicht überall Französisch. Grundsätzlich sollte man, wie Michel de Montaigne es empfiehlt, die nationalen Empfindlichkeiten an den Grenzen abschütteln. Der Minister oder die Ministerin, die Ungarn besuchen, sollten nicht gleich beleidigt sein, wenn die Info-Tafel an der Autobahn zwischen Budapest und Miskolc auf Deutsch und nicht auf Französisch warnt: „Achtung Nebel!“

Mein letzter Tipp, bevor es losgehen kann: die Nationalhymne des bereisten Landes eingehend studieren. Für den bescheidenen Preis von 28 Euro sollte man sich das Buch *„Le concert des Nations – le tour du monde en 198 hymnes“* von Jean-Marc Cara besorgen, 2004 erschienen bei den Editions1. Darin findet man die Hymnen sowohl in der französischen als auch in der Originalfassung des jeweiligen Landes. Eine Fundgrube für jeden Politiker. Nehmen wir zum Beispiel die Ukraine, das Sorgenkind der Europäischen Union:

Noch sind die Ukraine
Ruhm und Freiheit nicht gestorben ...
Unser Leib und unsere Seele
setzen wir für Freiheit ein
und beweisen, dass wir, Brüder,
sind vom Kosakenstamm.

Die Freiheit wird mit der kosakischen Herkunft der „freien Krieger“ in Zusammenhang gebracht. Das asiatische Erbe überwiegt demnach das europäische. Donezk gegen Lemberg, die Halbinsel Krim, das Donezbecken oder das ukrainische Donaudelta nicht zu vergessen, wo Russisch gesprochen wird. Hätten die Regierenden der EU sich auch nur ein einziges Mal mit der Nationalhymne der Ukraine beschäftigt, so hätten wir uns einiges an Stress erspart.

3. *Le 14 juillet*: der Nationalfeiertag

Um Frankreich zu verstehen, setzt man sich als Deutscher am besten am 14. Juli vor den Bildschirm und schaut sich die Live-Übertragung im französischen Fernsehen an. Stundenlang paradieren die Soldaten die Champs-Elysées hinunter, *la plus belle avenue du monde*, wie die Reporter immer wieder betonen, die schönste Allee der Welt. Dies fanden auch die Soldaten, die Paris im Juni 1940 als Wehrmachttouristen entdeckten. August von Kageneck erzählte mir, wie er als Siebzehnjähriger voller Stolz *la plus belle avenue du monde* hinuntermarschiert war. Nach dem Krieg kam er, wie viele ehemalige Soldaten, als Tourist in die französische Hauptstadt zurück. Von Kageneck arbeitete später als Korrespondent der Zeitung Die Welt in Paris.

Der 14. Juli ist seit 1880 ein nationaler Feiertag. In Erinnerung an die Erstürmung der Bastille 1789, damals ein Gefängnis. Und in Erinnerung an die *fête de la fédération*, ein Jahr später, 1790, als die Privilegien des Adels abgeschafft wurden.

In Deutschland ist der 14. Juli kein Feiertag. Den Grund dafür finden wir an der Fassade der Hochschule für Musik „Franz Liszt" in Weimar: „Wegen ungünstiger Witterung fand die deutsche Revolution in der Musik statt. Kurt Tucholsky."

Monsieur le Président nimmt die Parade ab. Er sitzt oder steht an der *Place de la Concorde*, mit Blick auf den *Arc de Triomphe*. Neben und hinter ihm: Regierungsmitglieder und Gäste. Bundespräsident Horst Köhler war auch schon mit von der Partie, unter Sarkozys Herrschaft, der im Juli 2007 die *Union de la Mediterranée* inszenierte: Um den Protestanten aus dem Norden eins auszuwischen, waren Regierungschefs wie Ben Ali, Tunesien, Hosni Mubarak, Ägypten, und Syriens Präsident Bachar El Assad dabei. Gaddafi hatte sich geziert, durfte aber später sechs Tage unter einem Zelt in Paris verbringen.

Vor der Parade fährt der Präsident stehend im offenen Kübelwagen die Champs-Élysées hinunter. Er ist von der berittenen Republikanischen Garde umzingelt. Eine Tradition, die auf die Monarchie zurückzuführen ist. Damals reiste der König dans un *„écrin de cavalerie"*, wie es offiziell hieß, in einer Kavallerie-Schatulle. Stellen Sie sich Angela Merkel vor, die „Unter den Linden" entlangdefiliert, umgeben von einer berittenen Garde mit roten und weißen Pferdeschwänzen. Einfach undenkbar. Dagegen wird sich die Kanzlerin nicht zieren, ein Bier in der Hand, die Nationalmannschaft nach dem WM-Sieg in Rio im Umkleideraum zu besuchen.

Die Parade des Präsidenten ist nicht ungefährlich. 2002 schoss ein Zuschauer auf Jacques Chirac, der aber unverletzt blieb. Es war ein Elsässer, der den Attentäter erfolgreich entwaffnete – was mich heute noch mit Stolz erfüllt. Hatte doch, laut Sarkozy, am 3. August 1914 ein Elsässer den ersten französischen Toten des Ersten Weltkrieges auf dem Vogesenkamm zu verantworten.

Präsident Hollande wurde wieder einmal ausgepfiffen. Dies gehört für ihn zur Tradition. Die Erwartung, dass es Pfiffe gibt, ist bei den Zuschauern so groß, dass es schon vorkam, dass ein Fernsehsender Pfiffe einbaute, obwohl gar nicht gepfiffen wurde.

Bei der Parade 2014 sorgt seine neue Brille für Furore. Er trägt eine dänische. Das empfanden die französischen Brillenhersteller als Hochverrat. Der Präsident ließ wissen, dass die Brillenbügel zwar dänischer Herkunft seien, aber die Gläser französisch. Er versprach, sich für den Urlaub eine ausschließlich französische Sonnenbrille zu besorgen.

Monsieur le Président ist, im Gegensatz zu Kanzler oder Kanzlerin, auch *chef des armées*. Er allein kann einen Krieg entfachen, wie er es in Zentralafrika oder Mali großartig bewiesen hat. Haben wir es doch schließlich ihm allein zu verdanken, dass die Islamisten Mali nicht erobert haben. In Zentralafrika ist er weniger erfolgreich. Christen und Moslems massakrieren sich weiter. In Syrien war er vorsichtiger. Er wäre bereit gewesen, den ehemaligen Nationalfeiertagsgast Assad anzugreifen. Aber Obama machte bekanntlich nicht mit. Im Kampf gegen den IS klappt die kriegerische Zusammenarbeit wieder.

In Berlin hätten die Parlamentarier zunächst über die Lage beraten müssen – zu spät, um die Demokratie in Afrika zu retten. Genauso hatte Sarkozy, ohne das Parlament zu fragen, den Krieg gegen Libyen entfacht. Es genügte ein Gespräch mit dem Philosophen Bernard-Henry Lévy.

Monsieur le Président allein besitzt den Geheimcode für den Einsatz der Atomwaffen. Nicht auszudenken, was passiert, wenn er ihn im Notfall nicht findet oder ihn nachts seiner Freundin Valérie oder Julie Gayet verrät. Nach seiner Trennung von Valérie ist die Gefahr allerdings zur Hälfte gebannt.

Immer wieder nehmen auch befreundete Armeen an der Show des *14 juillet* teil. 2013 war die kroatische Armee vertreten, da Kroatien in die EU aufgenommen wurde. Der Reporter betont jedes Jahr, dass die ausländischen Fahnenträger, im Gegensatz zu den französischen Kollegen, ihre Fahne nicht vor dem Präsidenten absetzen müssen, weil er nur der Oberbefehlshaber der Franzosen ist. Schade.

2014 hatte das Publikum die Ehre, Fahnenträger aus 80 Nationen, die am Ersten Weltkrieg beteiligt waren, zu bewundern. Die bunten Uniformen erinnerten an ein internationales Folkloretreffen.

2015 war Mexiko zu Gast. Präsident Enrique Peña Nieto saß mit seiner Gattin neben François Hollande, um die 154 mexikanischen Soldaten und Polizisten beim *défilé* zu bewundern. Menschenrechtsorganisationen waren empört, gelten doch Polizei und Militär von Mexiko als besonders brutal. Ausgerechnet wenige Tage vor dem *14 juillet* war der Drogenbaron El Chapo aus seinem Gefängnis geflüchtet, durch ein Loch in der Dusche und einen 1,5 km langen Tunnel. Und dies, obwohl französische *gendarmes* die neue *gendarmerie mexicaine* ausbilden. Egal, Hollande hofft auf einen Hubschrauber-Deal im Wert von 2 Milliarden Euro.

Die deutschen Soldaten, seien es die vom Eurocorps oder eine eigene Einheit, sind immer wieder gern gesehene Gäste.

Bemerkenswert ist die Haltung der Presse. Die Parade wird von unzähligen Kameras des öffentlich-rechtlichen Fernsehsenders *France 2* übertragen. Das Aufgebot steigert sich Jahr für Jahr.

Auch der Einsatz der Journalisten ist bewundernswert. Michel Drucker, der Günter Jauch des französischen Fernsehens, flog 2013 im *Alpha Jet* der *Patrouille de France* über die Champs-Élysées, den Präsidenten und die Gäste hinweg. Michel ist immerhin siebzig, aber *colonel de réserve*, Oberst der Reserve, und Schirmherr der Kunstflieger, die jedes Jahr die Trikolore aus Kondensstreifen wie einen patriotischen Schleier über die Champs-Elysées und die Gäste ziehen.

2014 flogen Reporter Genauzeau im Hubschrauber *Tigre* und Reporter Chateauneuf im Jagdflieger *Mirage* über Präsident und Gäste.

Wir erfuhren, dass die *Mirage* zum letzten Mal flog. 2015 ist die *Rafale* dran – ein Flugzeug, für das sich jahrelang keine Armee interessierte, bis Maréchal al-Sisi, Nachfolger von Ramses II., am 16. Februar 2015 24 Exemplare kaufte. Am 11. April 2015 wurde Ägypten von Indien mit 36 Todesfliegern getoppt. Qatar zog nach mit nur 24 Rafales. Kriegsherr Hollande flog am 4. Mai 2015 nach Doha, um den Deal zu unterzeichnen. Zu Frankreich hat das Königreich eine besondere Beziehung, da das kleine Land unter anderem die Fußballmannschaft „Paris Saint-Germain" betreut und den Ex-Präsidenten Sarkozy immer wieder für üppige Honorare als Feldprediger engagiert. Die Tatsache, dass Qatar vermutlich im Irak, in Nord-Mali oder in Libyen Dschihadisten unterstützt, wird übergangen. Hauptsache ist, dass die Waffenlieferungen den französischen Arbeitsmarkt ankurbeln. Dass mit diesen Waffen Menschen getötet werden, spielt keine Rolle. Dieselbe Doppelmoral praktiziert auch die Bundesregierung mit ihren Waffengeschäften.

Marie Drucker, Ankerfrau der Tagesschau des öffentlich-rechtlichen Fernsehens, kommentiert das Spektakel jedes Jahr zusammen mit dem Experten Pierre Servent, auch Oberst der Reserve. Dass Marie ihrerseits in ein paar Jahren zum weiblichen Oberst der Reserve berufen wird, bezweifle ich keine Sekunde.

Die Parade anno 2014 war, wie erwähnt, dem Ersten Weltkrieg gewidmet. Sie begann natürlich mit dem Defilee der *Poilus*, der damaligen Frontkämpfer. Uniform in Himmelblau. Deshalb kommentierte Marie von *France 2* die Parade auch in einem himmelblauen Zweiteiler.

Eine Reihe von weiteren Journalisten kommentierte live, wie bei der Tour de France, aus allen möglichen Perspektiven. Minikameras wurden auf den Schultern der Soldaten fixiert. Ein Hemd musste dran glauben, um die Kamera auf dem Rücken eines Soldaten festzuzurren. Nicht weiter schlimm. Trotz Sparmaßnahmen wird am Etat des Verteidigungsministeriums nicht gerüttelt. Der „Starwars"-Helm eines *Gendarme,* „so teuer wie ein Ferrari", wurde dem Fernsehpublikum vorgestellt.

Die Kollegen arbeiten am *14 juillet* ausschließlich als Pressesprecher der französischen Armee. Unvorstellbar in Deutschland. Schon eine ganze Woche vor dem *14 juillet* berichtet das öffentlich-rechtliche Fernsehen jedes Jahr über die Vorbereitungen der Show.

Zum Abschluss der Parade auf den *Champs* springen Fallschirmjäger über Paris ab und landen genau vor *Monsieur le Président.* 2012 brach sich Soldat Jean-Marie Poulet beim Landen das Bein. Er hatte elftausend erfolgreiche Sprünge auf dem Konto. Der elftausendunderste wurde ihm zum Verhängnis. Schuld war der Wind. *Monsieur le Président* sprach ihm sein Mitgefühl aus. Ein Jahr später war der noch hinkende Soldat als Sondergast geladen. *Monsieur le Président* begrüßte ihn als Vater der Nation und fragte ihn, wie es ihm gehe.

Am 14. Juli 2014 rasten Terroristen über den Champ de Mars. Soldaten einer Spezialeinheit seilten sich vom Hubschrauber – in dem Reporter Genauzeau saß – ab. Sie neutralisierten den Jeep der Terroristen. Die Geisel, gespielt von Reporter Hugo Clément, wurde erfolgreich befreit, per Hubschrauber ebenso erfolgreich evakuiert. Ein dritter Reporter kommentierte die Aktion am Boden.

Geiselnahmen sind eine Spezialität des öffentlich-rechtlichen Senders *France 2*. Einmal wurden die Teilnehmer einer Sitzung von „Terroristen" überfallen und als Geiseln genommen. Niemand war informiert. Der Schrecken dementsprechend groß. Die Direktion begründete die Aktion mit „Motivationstraining".

David Pujadas, Ankermann von *France 2,* führte nach der Parade mit Kollege Rouleau von *TF1* das traditionelle Interview. Das Gespräch dauerte 35 Minuten. *Monsieur le Président* sagte 143-mal „Je" (Ich).

Gleich danach outete sich Starjournalist Pujadas über Paris als Fallschirmspringer und landete vor Verteidigungsminister Yves le Drian, ohne sich zu verletzten wie der Soldat Poulet.

Die Franzosen mögen diese Schauspiele. Wenn die Soldaten Krieg spielen, ist das Publikum dabei. Tage der offenen Tür sind beliebt. Kinder klettern auf Panzer wie auf Apfelbäume.

Ganz neu: Der Zuschauer zu Hause hat die Möglichkeit, selbst Regie zu führen. Er kann verschiedene Kameraeinstellungen mischen, um seine eigene Show zu inszenieren.

Wir sind noch nicht so weit, aber ich bin davon überzeugt, dass der französische Fernsehzuschauer beim nächsten Krieg auch selbst Regie führen wird.

Der 14. Juli 2014 endete in Paris mit einer pazifistischen Choreographie. Jugendliche aus aller Welt tanzten und umarmten sich, Tauben in der Hand. Die weißen Friedensbotschafter flogen über Paris davon. Wohin genau, ist nicht bekannt.

In Mali fiel am 14. Juli 2014 der Oberfeldwebel Dejvid Nikolik einem Selbstmordattentat zum Opfer. Die Pressestelle des Elysée meldete das erst am 15. Juli. Ich hoffe, dass die Nachricht vom Tode dieses französischen Soldaten nicht zurückgehalten wurde, um die Stimmung der Parade, inklusive Konzert unter dem Eiffelturm und Feuerwerk über dem Eiffelturm am Abend des Nationalfeiertages, nicht zu stören.

4. Die Liebe zur Uniform

Am Bildschirm kann sich der deutsche Zuschauer klarmachen, wie das uniformierte Personal das Protokoll der Machtzentren der Französischen Republik beherrscht. Die Uniformierten sind überall, um ein Mikrophon hinzuhalten oder wegzustellen, einen Stuhl zurechtzurücken. Ganz abgesehen von der *garde républicaine*, der berittenen Wachmannschaft *du Château*, die nur noch von den Briten überboten wird. Je nach Gast treten sie auch als lustige Musikanten auf.

Einem Besucher im Elysée-Palast oder im *Hôtel Matignon*, wo der *Premier ministre* residiert, wird immer von Uniformierten salutiert. Wenn *Monsieur le Président* seinen Besucher auf dem *Perron de l'Elysée* verabschiedet und dem Gast hinterherschaut, ist er stets von zwei Mitgliedern der *garde républicaine* umrahmt. *Sabre au clair*, Pferdeschwanz am Helm. Gibt schöne Bilder. Auch wenn *Monsieur le Président* nicht wartet, bis der Gast sich entfernt hat, wie es passierte, als er sich nach seinem Wahlsieg vom Ehepaar Sarkozy-Bruni verabschiedete. Er drehte sich nach dem Händeschütteln sofort um und verschwand im Inneren des Palais. Die zwei *gardes républicains* sorgten dennoch weiter für telegene Einstellungen, was die Macht des bereits verschwundenen Präsidenten noch verstärkte, während Sarkozy wie ein begossener Pudel, Hand in Hand mit Carla, auf dem roten Teppich zum Wagen stolperte.

Wenn *Monsieur le Président* unterwegs ist, begleiten ihn Uniformierte. Ein Offizier mit einer schwarzen Tasche weicht nie von seiner Seite. Schleppt er den Geheimcode für den Einsatz der Atomwaffen mit sich? Ein Mann in Uniform schiebt auch die Redemanuskripte in letzter Sekunde auf das Pult und steckt sie später wieder ein. Ich glaube, dass der Leibarzt ebenfalls in Uniform mit von der Partie ist. Die Präfekten vor Ort sehen mit weißen Handschuhen,

Kopfbedeckung und Auszeichnungen wie russische Generäle aus. Auf der Webseite des Pressedienstes des Elysée-Palasts befindet sich *le commandement militaire* auf Rang eins.

Dieses Brimborium ist lächerlich, imponierte aber auch Menschen wie Willy Brandt. Bei seinem ersten Besuch als Kanzler in Paris soll er zum Abschied gesagt haben: „Das ist ein Staat!" Damals war Bonn noch die provinzielle Hauptstadt der Bundesrepublik. Aber der Wechsel nach Berlin hat kaum was geändert. Wenn Kanzlerin und Minister vor dem Kanzleramt aus- und einsteigen, sehen alle wie Handelsreisende aus, die zum nächsten Termin hetzen.

— · —

Die Elite-Schule *Ecole Polytechnique*, 1814 unter Napoleon gegründet, ist dem Verteidigungsministerium unterstellt. Bevor die Schüler, die via *concours* in die Schule aufgenommen wurden, überhaupt zum Unterricht zugelassen werden, robben sie acht Monate im Schlamm herum und müssen sich von bellenden Adjutanten fertigmachen lassen. Auch Frauen: Nathalie Kosciusko-Morizet, Ex-Umweltministerin unter Sarkozy, erfolglose Kandidatin für das Amt des Pariser Oberbürgermeisters im März 2014, selbst *polytechnicienne*, ist stolz auf ihre Zeit als Soldatin. Schließlich lockt die Quälerei mit der Uniform eines *Aspirant officier*, in der die Schüler in der Militärschule von Coetquidan nachts im Fackelzug vor ihren Familien defilieren.

Erst jetzt beginnt der Unterricht, aber nicht ohne eine neue Uniform, nämlich die der *Ecole Polytechnique*. Deren Devise lautet: *„Pour la patrie, les sciences et la gloire"* (Für das Vaterland, die Wissenschaften und den Ruhm). Am *14 juillet* dürfen sie dann die Champs-Elysées hinuntermarschieren, an *Monsieur le Président* vorbei. Wenn sie heiraten, haben sie die Qual der Wahl: entweder die Offiziersuniform oder die Uniform der *Ecole Polytechnique*. In beiden sehen sie schneidig aus und die Gäste ohne Uniform bewundern sie nicht ohne Neid.

— · —

In Frankreich mögen auch Schriftsteller Uniformen, Säbel inklusive.

1635 wurde unter Ludwig XIII. von Kardinal Richelieu die *Académie française* ins Leben gerufen. Die Aufgabe der Mitglieder besteht darin, die Entwicklung der französischen Sprache zu überwachen. Es handelt sich um eine Art Sprachpolizei, deshalb die Uniform.

Zar Nikolaus II. nahm bei seinem Paris-Besuch 1898 in Uniform an einer Sitzung der *Académie française* teil.

Die Auserwählten werden als *immortels* bezeichnet, als „Unsterbliche". In Wahrheit sind die Mitglieder so sterblich wie jeder von uns. Auch ihre Arbeitskraft nimmt im Alter ab. Die *Académie française* ist schon lange zum Altersheim mutiert. Bis die Sprachkreationen den Weg in das offizielle Wörterbuch der französischen Sprache finden, liegen die Sprachpolizisten bereits unter der Erde. Dennoch träumt jeder französische Schriftsteller davon, in der maßgeschneiderten, goldbestickten grünen Uniform in die ehrenwerte Gesellschaft aufgenommen zu werden.

Seit 1980 dürfen auch Frauen in die golden-grüne Uniform der *Académie française* schlüpfen. Marguerite Yourcenar war die erste Schriftstellerin, die in den Genuss der Uniform kam. Sie ist bekannt für ihre Lutherschelte. Sie nannte ihn „einen dicken umtriebenen Mönch."

Auch Politiker mit literarischen Ambitionen wie Ex-Präsident Valéry Giscard d'Estaing finden den Weg in die *Académie*, die am *Quai Conti*, am Seine-Ufer, ihren „Sitz im Leben" hat. Giscard wurde am 16. Dezember 2004 unter die „Unsterblichen" aufgenommen, obwohl er nicht schreiben kann, wie er mit seinen Romanen wiederholt bewiesen hat. *„La Princesse et le Président"*, in dem er sich, kaum verschlüsselt, eine Liebesgeschichte mit Prinzessin Diana andichtet, grenzt an Lächerlichkeit. Es gibt heute wirklich gute Ghostwriter, die die Bücher von Promis schreiben. Beim nächsten Roman sollte er einen engagieren.

— · —

Seit 1945 hegen die Bundesbürger, abgesehen vom Fasching, eine deutliche Abneigung gegenüber Uniformen. Deutsche Generäle sehen wie Wachtmeister aus, nicht wie Krieger. Kein Vergleich mit der Uniformliebe im Ersten und Zweiten Weltkrieg.

Es gibt einen einzigen deutschen Soldaten, der mich wirklich stört: der Riese, der seit Jahren die Staatschefs neben der Kanzlerin begleitet, wenn die Garde salutiert. Er ist einfach zu groß. Nicht genug, dass Hollande sich beim ersten Besuch in Berlin dauernd auf dem roten Teppich verlief, noch schlimmer: Merkel musste ihn mehrmals an die Hand nehmen, um ihm die protokollarischen Schritte beizubringen. Der Riese in Uniform hatte ihn ganz einfach verunsichert.

Dennoch lieben die Bundesbürger eine – wenn auch metaphorische – Uniform: den Doktortitel. Die Armee der deutschen Doktoren bildet, im Gegensatz zu den französischen Doktoren, die höchste Stufe des gesellschaftlichen Daseins. Das non plus ultra ist natürlich das Hintereinanderreihen von mehreren Titeln. Beispiel: Prof. Dr. Dr. h. c. mult. Wolfgang Jäger. Ich war bei dem 70. Geburtstag des ehemaligen Rektors der Universität Freiburg dabei. Eine Studentin verriet mir, dass die Einladungen neu gedruckt werden mussten, weil h. c. mult. (mehrfach honoris causa) fehlte.

Die Sprösslinge der französischen Elitenschulen, von denen die Deutschen nur träumen können, verachten es, den Doktortitel als gesellschaftlichen Kompetenzbeweis auf ihrer Visitenkarte zu erwähnen. Außer bei medizinischen Berufen findet der Doktortitel keine Beachtung *sur la carte de visite*.

Dies überrascht, weil die französische Elite arroganter ist als die deutsche. Beim Volk ist es umgekehrt. Das deutsche Volk ist arroganter als das französische.

Die moralische Krise, von der die deutsche Doktorenwelt seit Jahren erschüttert wird, löst in Frankreich totales Unverständnis aus. Im besten Fall hämische Lachsalven, französische Doktoranden schreiben nämlich genauso viel ab wie deutsche. Es gehört eben ganz einfach zum wissenschaftlichen „Menscheln", mit den Quellen nicht immer sorgfältig umzugehen. Schließlich schreiben auch nicht wenige Professoren voneinander ab.

Karl-Theodor zu Guttenberg hätte also nie seinen Ministerposten verloren, wäre er Franzose gewesen. Kein Mensch wäre je auf die Idee gekommen, seine Doktorarbeit unter die Lupe zu nehmen. Das Gleiche gilt für Annette Schavan und all die Promis, die ihre Ehre verloren haben, weil sie es mit dem Zitieren nicht so genau genommen haben. Frau Schavan klagte sogar vor Gericht, um ihren Doktortitel behalten zu dürfen. Sie verlor, ist aber heute Botschafterin der Bundesrepublik Deutschland beim Vatikan.

Der Papst akzeptierte die praktizierende Katholikin ohne Wenn und Aber. Der Franzose Laurent Stefanini, der nicht abgeschrieben hatte, wurde dagegen als Botschafter abgelehnt. Der Papst will keinen homosexuellen Botschafter unter der Kuppel des Petersdoms.

All die deutschen Doktortitelträger, die unter Schlafstörungen leiden, weil sie abgeschrieben haben, tun mir echt Leid.

Liegt es daran, dass mein Name deutsch klingt oder dass ich auch in der deutschen Medienwelt aktiv bin? Ich bekomme regelmäßig Angebote in deutscher Sprache, akademische Titel zu erwerben: „Echter Doktortitel bereits für 49, 00 Euro. Doktortitel kaufen. Erhalten Sie jetzt völlig legal Ihren echten Doktortitel. Wir ernennen Sie zum Doktor oder Professor. In wenigen Tagen erhalten Sie Ihre persönliche Urkunde, die Ihre Ernennung bestätigt. Sie dürfen Ihren Titel ab sofort tragen. Professor für nur 79, 00 Euro. Professor-und-Doktor-Kombi: 99,00 Euro. Infos unter ehrentitel.com."

Ein noch besseres Angebot bietet The California Church & University Institute: Professor-Doktor-Titel kaufen, nur 85,00 Euro.

Es gibt auch Doktortitel als Geschenk: „Wissen Sie noch nicht, was Sie Ihren Lieben zu Ostern schenken? Wie wäre es dieses Jahr mit einem ungewöhnlichen Geschenk? Ernennen Sie Ihre Lieben jetzt zum Doktor – das Führen des Doktortitels ist erlaubt! Oder soll es lieber ein Professor sein? www.ostern-doktortitel. com/.

Offensichtlich besteht trotz aller Skandale eine Nachfrage. Ich gebe die Tipps gerne weiter.

PS. Martin Luther wurde am 19. Oktober 1512 in Wittenberg zum Doktor der Theologie promoviert – da war Johannes Calvin gerade drei Jahre alt. Sicher ist, dass Luther nicht abgeschrieben hat, wie etwa Annette Schavan oder Karl-Theodor zu Guttenberg. Sein Wissen wurde evaluiert. Er brauchte keine Arbeit über ein bestimmtes Thema abzuliefern. Als 1534 bei den Verlegern Goltze, Vogel und Schramm die erste vollständige Bibel auf Hochdeutsch erschien, nahm er es allerdings auch nicht so genau. Obwohl es sich um eine Kollektivarbeit handelte, akzeptierte er, dass nur sein Name auf dem Titelblatt genannt wurde: D. Mart. Luth.

5. Briefe an die Minister

Schreiben die Deutschen mehr als die Franzosen? Keine Ahnung, ob es Umfragen dazu gibt. Außerdem siegt heute die Strompost, sprich soziale Netzwerke aller Art dank Internet.

Der lutherische Urknall hatte eine Schreibwelle ausgelöst. Das individuelle Lesen der Bibel hatte als Erstes zur Folge, dass das Schreiben gefördert wurde. Die Erfindung von Gutenberg beschleunigte den Prozess. Die Schreibtradition der Deutschen wurde sogar während der schlimmsten Zeit Deutschlands, im Nationalsozialismus, weitergeführt. Die Machthaber führten akribisch Buch über ihre Untaten, schließlich glaubten sie doch an das Tausendjährige Reich. Die Schreibtischtäter schrieben derart viel, dass sie es nicht schafften, alle Dokumente rechtzeitig zu vernichten.

Ich will DDR-Deutschland nicht mit Nazi-Deutschland vergleichen. Aber die Akten der Staatssicherheit dokumentieren eine beispiellose Schreibwut, vielleicht wurde noch mehr geschrieben als unter den Nazis. Bevor er Bundespräsident wurde, hat sich Joachim Gauck mit der Schreiblawine der Stasi befasst.

Frankreich gilt als *République des lettres,* aber unsere Schreibwut hält sich in Grenzen. Bekanntlich sind auch die Minister schreibfaul. Sie antworten nicht immer auf Anfragen von Kollegen, wie das Satire-Blatt *Le Canard enchaîné* immer wieder dokumentiert.

Sportministerin Valérie Fourneyron hatte aus gesundheitlichen Gründen brieflich ihren Rücktritt beim Präsidenten eingereicht. Er antwortete nicht. Sie reichte ihn ein zweites Mal ein, immer noch keine Antwort. Bis die Presse den Vorfall schließlich publik machte.

Bernadette Chirac, Frau des Ex-Präsidenten Jacques Chirac (1995–2007), beklagte sich im Fernsehen: „Ich habe Präsident Hollande einen Brief geschrieben. Er hat nie geantwortet."

Im Sommer 2013 adressierte Jürgen Boos, Chef der Frankfurter Buchmesse, einen Brief an den *Premier ministre,* den Außenminister und den Kultusminister. Inhalt: eine Einladung als Gastland der Buchmesse für das Lutherjahr 2017. Im August 2014, also ein Jahr später, hatte Paris immer noch nicht geantwortet.

Die Buchmessen-Panne fand schließlich ein glückliches Ende. Die Gewerkschaft der Verleger meckerte. Am 22. September 2014, als Manuel Valls Berlin besuchte, erfuhren wir, dass Frankreich stolz sei, bei der Buchmesse 2017 als Gastland aufzutreten.

Alexis Tsipras, noch in der Opposition, schrieb François Hollande am 9. Mai 2012 einen Brief, in dem er ihm zum Wahlsieg gratulierte. Er teilte ihm mit, dass er sich gern mit ihm treffen wolle. Der Brief blieb unbeantwortet.

Briefe unbeantwortet zu lassen, gilt in Frankreich als Zeichen der Macht.

Ich entschloss mich, an alle 38 Ministerinnen und Minister der Regierung I unter der Herrschaft von Präsident Hollande einen Brief mit folgenden Fragen zu schreiben:
- Sprechen Sie Deutsch?
- Haben Sie Ihren Urlaub schon einmal in Deutschland verbracht?
- Wenn ja, wo?
- Wie viele Tage haben Sie sich schon in Deutschland aufgehalten?
- Wie oft haben Sie in Deutschland übernachtet?

Den damaligen *Premier ministre* Jean-Marc Ayrault schrieb ich nicht an, da er bekanntlich Deutschlehrer ist und Deutschland kennt.

Die erste Antwort kam per Strompost von Valérie Fourneyron, *ministre des Sports, de la Jeunesse, de l'Education populaire et de la vie associative* (Sport, Volksbildung, Vereinsleben). Ihre Beraterin Valérie Amant übermittelt mir die Antworten: Nein, Madame la Ministre spricht nicht Deutsch. Sie hat keinen Urlaub in Deutschland verbracht. Sie besuchte Deutschland nur kurz aus beruflichen Gründen (2 bis 3 Tage), darunter anlässlich des 50. Jubiläums des Elysée-Vertrages.

Die zweite Antwort kam von Fleur Pellerin, *ministre délégué auprès du ministre du redressement productif, chargée des Petites et Moyennes Entreprises, de l'Innovation et de l'Economie numérique* (Mittelstand, Innovation, Neue Medien). *La chef de cabinet* Judith Herpe teilt mir mit, dass die Ministerin *„avec plaisir"* meine Fragen beantworten wird. Sie bittet mich, meine Fragen via Strompost an das Sekretariat zu schicken. Obwohl ich die Fragen schon im ersten Brief formuliert habe, sende ich sie *„avec plaisir"* ein zweites Mal an *Madame la Ministre.* Ich warte immer noch auf die Antwort. Aber ich entdecke im Internet, dass die Ministerin das deutsch-französische Gymnasium in Buc bei Versailles besucht hat. Da die Schüler in Buc einen zweisprachigen Abi-Kursus machen, kann man davon ausgehen, dass die Ministerin Goethes Sprache beherrscht und Deutschland schon besucht hat. Und genauso so ist es. Wikipedia informiert, dass Fleur (die Blume) schon mit 16 das Abitur und das *baccalauréat scientifique* in der Tasche hatte.

Fleur Pellerin ist als Kim Jong-Suk in Südkorea geboren und ist die erste Französin asiatischer Herkunft in einer französischen Regierung. 2014 avancierte sie zur Kultusministerin. Sie sorgte für Schlagzeilen, als sie mit Autor Patrick Modiano dinierte, später aber beichtete, dass sie noch kein einziges Buch des frischgebackenen Literatur-Nobelpreisträger gelesen hatte.

Die dritte Antwort kam von Guillaume Garot, *Ministre délégué auprès du ministre de l'agriculture, de l'Agroalimentaire et de la Forêt, chargé de l'Agroalimentaire* (Ernährung). Matthieu Derrey, *Chef de cabinet adjoint chargé des affaires réservées* rief mich an, um mir mitzuteilen, dass *Monsieur le ministre* Deutsch versteht, es ein wenig spricht und Deutschland als Jugendlicher mehrfach in den Ferien besucht hat, München, Berlin, Stuttgart. Sein Vater, Guillaume Garot, war Abgeordneter im Europaparlament.

Als vierte Antwort erreichte mich die von Frédéric Cuvillier, *ministre délégué auprès du ministre de l'écologie, du développement durable et de l'Energie, chargé des Transports, de la Mer et de la Pêche* (Verkehr, See, Fischfang). Sein *conseiller* Jérôme Martin meldet: „Der Minister spricht nicht fließend Deutsch, versteht aber einiges und hat Deutschland mehrmals im Rahmen von Partnerschaften oder als Minister besucht.

Haben Sie es bemerkt? Die Beschreibung des Aufgabengebietes eines französischen Ministers ist traditionell drei- bis viermal so lang wie beim deutschen Kollegen, obwohl die französische Sprache doch als kartesianisch (von Raymond Descartes, Vater des logischen Denkens: *Je pense, donc je suis* – cogito ergo sum) gilt, während die deutsche Sprache als unfähig, einen Inhalt knapp zu beschreiben, dargestellt wird.

Das war's. Ich habe vollstes Verständnis für die Minister, die nicht geantwortet haben. Gibt es doch täglich Gerüchte einer Regierungsumbildung! Diese Perspektive bringt mehr als einen Minister um seinen Schlaf.

Natürlich musste der damalige Innenminister Friedrich (CSU) im Februar 2014 wegen der Edathy-Affäre über Nacht den Posten räumen. Aber die Kanzlerin verunsichert ihre Minister nicht ständig mit öffentlichen Hinweisen auf eine Ministerrochade. Ein französischer Präsident – ob Sarkozy oder Hollande – kann das Spiel monatelang treiben.

Ich wartete die Bildung der neuen Regierung in Berlin ab, um im Januar 2014 an die deutschen Minister zu schreiben:

– Sprechen Sie Französisch?
– Haben Sie Ihren Urlaub schon einmal in Frankreich verbracht?
– Wie oft haben Sie Frankreich besucht?

– Wie oft haben Sie in Frankreich übernachtet?

Ich bedauere, dass Sabine Leutheusser-Schnarrenberger mit der Bundestagwahl am 22. September 2013 ihre Funktion als Bundesministerin der Justiz verloren hat. Sie soll ihren Hund Luther getauft haben. „Warum?", hätte ich sie gerne gefragt. Aber ich beschränkte mich auf die neue Regierung.

Dr. Gerd Müller (CSU), Bundesminister für wirtschaftliche Zusammenarbeit und Entwicklung, meldete sich als Erster und dankte „recht herzlich" für mein Schreiben. Er müsse mir leider mitteilen, dass er „grundsätzlich an Umfragen nicht teilnimmt".

Dr. Barbara Hendricks (SPD), Bundesministerin für Umwelt, Naturschutz, Bau und Reaktorsicherheit, bittet um Verständnis. Sie möchte sich zu meinen Fragen nicht äußern, „da sie privater Natur sind".

Dr. Thomas de Maizière (CDU), Bundesminister des Inneren, antwortet:

1. Nein, ich spreche kein Französisch.
2. Ja, ich habe schon oft Urlaub in Frankreich gemacht.
3. Frankreich habe ich mindestens 10-mal besucht.
4. Ich habe schon sehr oft in Frankreich übernachtet.

Dr. Wolfgang Schäuble, Bundesminister der Finanzen (CDU), erfüllt „gerne meinen Wunsch".

Sprechen Sie Französisch?: „Ich bin in Grenznähe aufgewachsen und bin schon früh mit der französischen Sprache in Berührung gekommen. In der Schule im Schwarzwald habe ich Französisch gelernt. In der Sprache Molières verstehe ich alles, lese regelmäßig französische Zeitungen und kann mich ausdrücken, wenn ich da auch etwas vorsichtiger bin, um die schöne Sprache nicht zu quälen."

Haben Sie Ihren Urlaub schon einmal in Frankreich verbracht?: „Ja, mehrfach in der Bretagne und im Winter in Chamonix. Inzwischen reise ich vor allem aus dienstlichen Gründen nach Frankreich. Aber schon in meiner Kindheit und Jugend habe ich Zeit in Frankreich verbracht. Frankreich hatte für meine Generation etwas Faszinierendes. Wir konnten aber nicht so einfach wie heute reisen. Paris habe ich erst anlässlich einer Studentenreise entdeckt. Land, Menschen und Kultur begeisterten mich."

Wie oft haben Sie Frankreich besucht?: „Ich war so häufig in Frankreich, dass ich keine Zahl nennen kann. Besonders eingeprägt hat sich ein Klassenausflug zu einem deutsch-französischen Militärfriedhof des 1. Weltkrieges in den Südvogesen. Als Jugendlicher habe ich dort eine Zeit lang gearbeitet. Aber auch die Besuche als Politiker und die Gespräche mit meinen Kolleginnen und Kollegen aus dem politischen Bereich sind immer eine Bereicherung."

Wie oft haben Sie in Frankreich übernachtet?: „Die Anzahl der Übernachtungen in Frankreich kann ich wirklich nicht benennen – die geht sicher in den dreistelligen Bereich."

Wolfgang Schäuble arbeitete als Schüler in meiner Heimat, im elsässischen Münstertal, wo 20.000 deutsche und französische Soldaten ruhen. Der deutsche Soldatenfriedhof Bärenstall befindet sich auf dem Hohrodberg, oberhalb von Münster, neben der Kampfstätte Le Linge/Lingekopf, wo man sich beim Töten Auge in Auge gegenüberstand.

Julie Heinl, Sprecherin des Bundesministeriums für Verkehr und digitale Infrastruktur, schreibt: „Haben Sie vielen Dank für Ihre Anfrage an Minister Dobrindt. Leider kann ich Ihrer Bitte nicht entsprechen. Ich wünsche Ihnen dennoch viel Erfolg bei Ihrem neuen Buchprojekt und verbleibe mit freundlichen Grüßen aus Berlin."

Berlin, im März 2014. Dr. Frank-Walter Steinmeier (SPD), Bundesminister des Auswärtigen, schreibt mir:

Sprechen Sie Französisch?: „Ich habe es jahrelang in der Schule gelernt! Und mit dem Verstehen geht's noch ganz gut, aber beim aktiven Sprechen hapert es sehr. Aber wenn ich jetzt so häufig mit meinem französischen Amtskollegen Laurent Fabius telefoniere und sogar gemeinsam mit ihm auf Reisen gehe, ist das eine gute Übung!"

Haben Sie Ihren Urlaub schon einmal in Frankreich verbracht?: „Einmal? In meiner Jugend jeden Urlaub! Von den vielen tausend Campingplätzen habe ich zwischen dem 18. und 25. Lebensjahr einige kennengelernt: an der Atlantik-Küste, in der Normandie, in den Pyrenäen und in Südfrankreich. Seit meinem Amtsantritt reise ich jetzt wieder sehr häufig nach Paris; dabei kommt zwar keine Urlaubsstimmung auf, aber etwas vom französischen Flair kann ich bei diesen Gelegenheiten doch erleben – und genießen!"

Wie oft haben Sie Frankreich besucht?: „Die Anzahl der Besuche kann ich nicht mehr zählen, aber es waren schon etliche – nimmt man alle Urlaube und die Reisen zu politischen Gesprächen der letzten Jahre zusammen. Und es werden auch in den nächsten vier Jahren noch einige hinzukommen: Denn die außen- und europapolitische Zusammenarbeit mit Frankreich hat für mich größte Bedeutung."

„Der Minister bat mich", schreibt mir Referentin Dörte Dinger, „Sie freundlich zu grüßen und Ihrem Projekt *Comme l'Allemagne?* viel Erfolg zu wünschen."

37,5 % der deutschen, 10,5 % der französischen Minister haben geantwortet.

6. Brief an den Kaiser

Seit dem Frankfurter Vertrag von 1871 – als Ergebnis des deutsch-französischen Krieges – gehörte das Elsass als Reichsland Elsass-Lothringen bis 1918 zum Zweiten Deutschen Reich. Meine Familie wohnte in Stoßweier (heute Stosswihr) am Col de la Schlucht, im elsässischen Münstertal. Das Dorf wurde zu Kriegsbeginn 1914 zum Teil von den Franzosen besetzt. Es blieb bis Kriegsende zweigeteilt und wurde von beiden Armeen plattgeschossen.

Schon 1915 wurde die Bevölkerung getrennt evakuiert, ein Teil nach Frankreich, ein Teil nach Deutschland. Mein Vater Martin nach La Bresse, Département Vosges, seine Schwester Georgette nach Horburg bei Colmar, also auf die deutsche Seite.

Mein Großvater Georges Graff kämpfte in Verdun. Seine Tochter Georgette schrieb am 23. März 1918 an den deutschen Kaiser:

Allergnädigster Kaiser und Herr!

Trotzdem ich noch ein kleines Mädchen von 13 Jahren bin, will ich es wagen, meinem allergnädigsten Landesvater eine Bitte, die mir sehr auf dem Herzen liegt, auszusprechen. Niemand anders kann mir helfen, und ich weiß, dass unser Kaiser von Herzen gut und mitleidig ist.

Ich bin ein Flüchtlingskind aus Ampfersbach im kleinen Münstertal im Elsass, meine Mutter wurde vor mehr als zwei Jahren mit meinen drei jüngeren Geschwistern und meinem 82jährigen Großvater von den Franzosen in die Civilgefangenschaft geführt. Seither leben sie in Saulxures in den französischen Vogesen.

Ein Beispiel der Früchte der Propaganda, auch ohne Fernsehen. Die Schwester meines Vaters dachte, die Familie sei in Frankreich interniert. In Wirklichkeit waren sie frei und ließen sich mit dem Präfekten des Département Vosges fotografieren. Wir brauchen uns nicht zu wundern, wenn die russischsprachige Bevölkerung der Ost-Ukraine, vom russischen Fernsehen manipuliert, ernsthaft glaubt, in Kiew seien nur Faschisten am Werk. Wie leicht in Kriegszeiten manipuliert wird, dokumentieren Lisbeth Exner und Herbert Kapfer in ihrem Buch „Verborgene Chronik 1914", herausgegeben vom Deutschen Tagebucharchiv in Emmendingen.

Mein lieber Großvater starb dort vor ungefähr einem Jahr. Unser Häuschen in Ampfersbach mit all unserem Hab und Gut ist verbrannt.

Als meine arme Mutter mit den lieben Meinigen mitten im Winter nach Frankreich geführt wurde, weilte ich gerade bei meiner Tante in Münster. Daher kam es, dass ich von meiner Mutter getrennt wurde. Ich brauche wohl nicht zu sagen, wie sehr ich nach ihr und meinen lieben Geschwistern Heimweh habe.

Als Münster beschossen und geräumt wurde, mussten wir unser dortiges Heim verlassen und durften nur das Notwendige mitnehmen. Seither erfuhren wir, dass das Haus meiner Tante, in dem wir wohnten, ganz zerfallen ist. So verloren wir fast alles, was wir besaßen. Als arme Flüchtlinge kamen meine gute Tante und ich mit wenigen Habseligkeiten nach Horburg bei Colmar, wo wir Unterkunft fanden. Meine Tante ist Näherin, und ich gehe noch in die Schule.

Aber das Traurigste ist, dass mein armer Vater seit dem 3. Mobilmachungstage im Krieg ist. Er ist jetzt 45 Jahre alt und ist Landsturmmann bei einer Munitions-Kolonne. Eben ist er an einer gefährlichen Stelle, so daß ich Tag und Nacht in Sorge um ihn bin und fürchte, er könnte von einer Kugel getroffen werden. Dann hätte ich alles verloren; denn ich weiß ja nicht, wann ich meine Mutter wiedersehen werde.

Die Angst um meinen lieben Vater läßt mir keine Ruhe und quält mich unaufhörlich. So habe ich schließlich den Mut gefaßt, von meinem Kummer meinem lieben Kaiser zu schreiben und Ihn zu bitten, Er möge doch in seiner Herzensgüte Mitleid mit mir haben und meinen Vater an eine Stelle hinschicken, wo er nicht in steter Lebensgefahr schwebt. Niemand anders als der Kaiser kann da helfen, und weil Er unser gnädigster Landesvater ist, glaube ich auch, daß Er meine Bitte erhören wird. Mein Vater hat immer treu seine Pflicht erfüllt und all das Unglück, das ihn durch den Krieg getroffen hat, still getragen.

Er ist zwar tief betrübt, nicht so sehr, weil er Haus und Hof verloren hat, sondern weil er seit Kriegsbeginn von seinen Lieben getrennt ist und sich so sehr nach einem Wiedersehen sehnt. Ich kann nicht sagen, wie groß meine Freude und Dankbarkeit wären, wenn mein Vater unversehrt aus dem Krieg heimkäme.

Wo ich seit dem Krieg helfen konnte, habe ich es getan. Ich habe in der Schule fleißig sammeln helfen und habe all meine Ersparnisse von 25 Reichsmark, die ich mir durch Arbeit verdient habe, auf die Kriegsanleihe gezeichnet. Denn ich sagte mir, wenn ich fleißig und brav bin, trifft den Vater nicht so leicht ein Unfall. Da erfuhr ich vor kurzem, eine Frau von unserem Dorfe habe an den Kaiser geschrieben und Ihn gebeten, Er möge doch ihrem Mann erlauben, nach Hause zurückzukehren. Sie könne nicht allein für ihre 9 Kinder sorgen. Daraufhin durfte der Soldat zu seiner Familie zurückkehren. Da nahm ich mir auch ein Herz und sagte mir: Jetzt schreibe ich meine traurige Lebensgeschichte meinem Kaiser. Er wird sicher Mitleid mit mir haben und meinen Vater von der gefährlichen Stelle wegschicken. Mit diesem herzinnigen Wunsche schließe ich mein Schreiben.

In aller Ergebenheit
Georgette Graff
bei Fräulein Babette Irion
Horburg im Elsass.

Die Adresse meines Vaters lautet:
Landsturmmann Georg Graff
Etappen-Munitions-Kolonne 36
Deutsche Feldpost 2049

Ein paar Tage später wurde mein Großvater zur Kommandantur von Verdun bestellt: „Herr Graff, Sie haben eine mutige Tochter." Der Landsturmmann staunte. Der Oberst teilte ihm mit, dass er nach Straßburg zur Bahn versetzt werde.

Ich bezweifle, dass der Brief ihren Vater gerettet hätte, wenn Georgette als junge Französin an Maréchal Philippe Pétain, Held des Ersten Weltkrieges, geschrieben hätte. Hat es doch Pétain selbst, einen Krieg später, nicht einmal geschafft, an Hitler zu schreiben, um gegen die Annektierung des Elsass durch das Dritte Reich zu protestieren.

Vielleicht sollte ich den Brief meiner Tante an den Kaiser für François Hollande übersetzen. Könnte ihm helfen, die Elsässer besser zu verstehen.

7. Im Spiegel der Sprache

Fast ein Jahrhundert vor der Gründung der *Académie française*, im Sommer 1539, schuf Franz I. die sogenannte *Ordonnance de Villers-Cotterêts*, die dann am 6. September vom Parlament in Paris abgesegnet wurde. Ab sofort galt die französische Sprache als die offizielle Sprache des Staates. Sie ersetzte das Latein und hatte zur Aufgabe, die zahlreichen Mundarten der Nation auszulöschen.

Im selben Jahr erschienen Luthers gesammelte deutsche Schriften. Martin Luther war 57 Jahre alt, er hatte noch 7 Jahre zu leben. Johannes Calvin war 1539 30 Jahre alt. Er veröffentlichte in Straßburg, wo er sich im Exil befand, seinen Kommentar zum Römerbrief und die zweite Ausgabe der *„Institutio"*, seines Hauptwerkes, auf Französisch: *„Institution de la religion chrestienne"*.

Festzuhalten ist, dass die französische Sprache per Gesetz zur offiziellen Sprache Frankreichs wurde. Kein Wunder, dass es einer Sprachpolizei bedurfte, der schon erwähnten *Académie française,* um Französisch durchzusetzen.

In Deutschland übernahm die Bibelübersetzung von Martin Luther diese Funktion. Freilich stand in beiden Ländern dahinter die Absicht, die Kommunikation zu erleichtern. Aber mit dem Unterschied, dass es dem König schnuppe war, ob das ungebildete Volk mitzog oder nicht. Das Sprachgesetz stärkte seine Macht und entmachtete das Volk, das nicht Französisch sprach. Hauptsache, die Elite sprach Französisch.

In Deutschland war es umgekehrt. Um die Bibel verbreiten zu können, förderten die Reformatoren das Lesen beim Volk. Die Bibelstunde galt ab sofort als Basis für die kulturelle Entwicklung des deutschen Volkes. Elite und Volk schmolzen in einer Sprache zusammen.

Sprachlich gesehen übernahm in Frankreich die Französische Revolution die Funktion der Lutherbibel. Nun sollte Französisch auch die Sprache des Volkes werden, weil Französisch die Sprache der Republik war. Es hieß fortan und heißt noch heute: *une langue, une nation* – eine Sprache, eine Nation. Das Volk wurde auf Französisch befreit. Ab sofort durfte es nur noch Französisch sprechen. Allerdings gab es da ein Problem, das Deutschland in dieser Form nicht kannte. In Frankreich existierten und existieren immer noch mehr Minderheitensprachen als in Deutschland: Baskisch, Bretonisch, Elsässisch, Flämisch, Katalanisch, Korsisch, Italienisch und Okzitanisch.

Deutschland hatte es einfacher. Die Minderheiten der Sorben und Dänen stellten kein Problem dar. Die Revolution ging auf Konfrontation, um sich sprachlich durchzusetzen: Entweder – oder.

Das Elsass litt ganz besonders unter der sprachlichen Einbahnstraße. Saint-Just, der gnadenlose Revoluzzer, musste in Straßburg einen Kompromiss eingehen. Auf seinen Flyern war zu lesen: *„Jetez vos habits allemands dans le Rhin, votre cœur est français."* Dies konnte niemand lesen, also wurde die Botschaft übersetzt: „Werft eure deutschen Klamotten in den Rhein, euer Herz schlägt französisch."

Heute ist es umgekehrt. Die Straßburger verstehen kein Deutsch mehr. Im Elsass herrscht wie im übrigen Frankreich eine hohe Arbeitslosigkeit. Im benachbarten Baden-Württemberg suchen Arbeitgeber Lehrlinge. Die jungen Elsässer sprechen leider weniger Deutsch als die jungen Türken. „Man spürt bei ihnen auch keine Lust, den Rhein nach Deutschland zu überqueren", bedauert ein Experte. Kein Wunder, wenn sie in der Tageszeitung *Dernières Nouvelles d'Alsace* folgenden Unsinn lesen: *„L'Allemand est une langue complexe, pleine de subtilités et de chausse-trapes"* – Deutsch ist eine komplizierte Sprache, voller Feinheiten und Fußangeln.

Im Frühjahr 2015 schockierte die sympathische Bildungsministerin Najat Vallaud-Belkacem die deutsch-französische Kulturwelt mit der Ankündigung, den Deutschunterricht abbauen zu wollen. Botschafterin Susanne Wasum-Rainer, unterstützt von allen Deutschlandfreunden, ging sofort auf die Barrikaden. Die Ministerin sprach von Missverständnis, sie hätte doch selbst in der Schule Deutsch gelernt, aber offensichtlich nichts davon behalten. Pech gehabt. Lag vielleicht am pädagogischen Unvermögen des Deutschlehrers.

Bis zum Ersten Weltkrieg verstanden die Bretonen nicht immer die Befehle ihrer Offiziere. Napoleon hatte ein ähnliches Problem mit den Elsässern. Er löste es mit seinem kriegerischen Humor: „Lasst sie ihre Sprache sprechen, Hauptsache, sie führen den Säbel für Frankreich."

Die französischen Sprachpolizisten berufen sich noch heute auf das Gesetz von Franz I., um die Regionalsprachen links liegen zu lassen. Das nennt man Liebe zur Tradition. Französisch ist als Sprache des Volkes in der Verfassung verankert, Artikel 2: „*La langue du peuple est le français.*" Deshalb hat Frankreich die Charta des Europarates für Regionalsprachen oder Minderheiten – 1992 aufgesetzt – noch nicht ratifiziert, während die Bundesrepublik es im Jahre 2000 getan hat.

Die deutschen Kollegen kritisieren gerne die Sprachpolitik der Franzosen, die Mundarten wie das Elsässer-Ditsch unterdrückt. Dabei vergessen sie aber, dass die Deutschen sprachlich genauso unilateral handelten. Nach 1870 war Französisch verpönt. Die Einwohner der nur Französisch sprechenden Gebiete im Elsass – es gibt fünf Täler, wo nie Deutsch oder Elsässisch gesprochen wurde – wurden besonders drangsaliert. Berlin gab ihnen zehn Jahre Zeit, die Sprache zu wechseln. Die Inschriften auf den Gräbern sollten eingedeutscht werden. „Hier ruht in Gott" statt „*ici repose en Dieu*". Bis 1903 regierte Berlin im Reichsland Elsass-Lothringen auf Grundlage des sogenannten Diktaturparagraphen, lockerte aber später – bis zum Ausbruch des Krieges – die restriktive Sprachpolitik. Colmar schrieb man weiter Colmar. Bei Hitler gab es keinen Kompromiss: „Raus mit dem welschen Plunder!" Französisch war verboten. Aus Colmar wurde über Nacht Kolmar.

Im Januar 2014 gab es in Paris endlich eine Debatte im Parlament. Henri Guaino, ehemaliger Ghostwriter von Ex-Präsident Sarkozy, warf den Befürwortern der Charta quasi Landesverrat vor. Die Abgeordneten aus dem Elsass waren zwar alle für die Ratifizierung, aber keiner von ihnen trat überzeugend auf. Keiner hatte den Mut, dem Super-Patr'idioten Guaino und den Kollegen klarzumachen, dass Elsässisch keine regionale, sondern eine internationale ‚Sprache ist: Alemannisch – dazu gehört Elsässisch – spricht man in Colmar (Frankreich), Freiburg (Deutschland), Schruns (Vorarlberg/Österreich), Vaduz (Lichtenstein) und Bern (Schweiz). Fünf Länder. Wir Alemannen sind die Kurden Westeuropas.

Ein Elsässer lernt leichter Deutsch als ein Absolvent der Pariser Eliteschulen. Die elsässischen Volksvertreter haben versäumt, den Kollegen zu verdeutlichen, dass ein „zweisprachiger" Elsässer zweimal mehr Chancen hat, in Deutschland Arbeit zu finden, als ein „einsprachiger".

Der Elsässer, der seine elsässische Zunge nicht auf dem Altar der Republik opfert, lernt nicht nur schneller Deutsch als die Pariser Eliteschüler, sondern auch Englisch. Als ein Journalist in San Francisco zu mir sagte: „Mister Graff, we are going tu shuffle some ideas about Europe...“, war mir das Verb „to shuffle“ unbekannt, ich dachte aber sofort an das elsässische Verb „schüfla“, auf Hochdeutsch „schaufeln“, wie z. B. „Schnee schüfla“, Schnee schaufeln. Infolgedessen heißt „to shuffle some ideas“ Ideen schaufeln. „Wir wollen Ideen über Europa durcheinanderwürfeln.“ So war es auch.

Wie durch ein Wunder zeigten sich schließlich drei Fünftel der Abgeordneten bereit, den Weg für eine Ratifizierung zu ebnen. Dies bedarf aber einer Verfassungsänderung. Also heißt es in Sachen Regionalsprachen weiter: „Warten auf Godot“.

Bis zur Wende 1989 waren die deutschen Medien nach Frankreich orientiert. Als französischer Filmemacher aus dem Elsass hatte ich Narrenfreiheit. So kam es zu dem Film mit dem göttlichen Titel *„Je t'aime ich liebe dich“*. In der ZDF-Kantine freuten sich meine lieben Kollegen, die allesamt Frankreichliebhaber waren. Sie fanden Molières Sprache melodischer und poetischer als die Sprache Goethes, hatte doch selbst der Alte Fritz, Schüler von Voltaire, besser französisch als deutsch parliert. Sogar sein Testament verfasste er auf Französisch.

Karl V. sprach auch schlechter Deutsch als Spanisch oder Französisch. Ich frage mich manchmal, ob seine Milde in Sachen Luther, als er ihn in Worms anhörte, nicht dadurch zu erklären ist. Schließlich hätte er ihn nachts in einer verwinkelten Gasse doch leicht ins Jenseits befördern lassen können. Stattdessen verhängte er die Reichsacht über ihn, die Luther dank seiner Befürworter überlebte. Die Wartburg war für den streitbaren Mönch schließlich nichts anderes als eine Schriftstellerresidenz. Er nutzte die zwölf Monate auf der Burg, um sein Hebräisch und Griechisch zu verbessern, die Voraussetzung, um die bestmögliche deutsche Ausgabe der Bibel verfassen zu können. Ein sprachlicher Kraftakt, den er allerdings nicht allein meisterte. Die Lutherbibel ist eine Kollektivarbeit.

Am 20. September 1991 besuchte François Mitterrand zusammen mit Richard von Weizäcker als erster und bisher einziger *Président de la République française* die Wartburg. „Endlich zu Luther, zum

Vater der deutschen Sprache, zur Quelle der deutschen Kultur!", soll er gesagt haben. Mein Tipp für die Kanzlerin: „Laden Sie doch François Hollande im Lutherjahr 2017 auf die Wartburg ein!"

Ich hatte große Mühe, manch einen Kollegen vor dem sprachlichen Freitod zu retten. Unermüdlich wiederholte ich meine Botschaft: Jede Sprache ist die schönste Sprache der Welt, auch Deutsch.

Abends ging die Diskussion in den Mainzer Kneipen weiter, in denen man ja früher eine kurze Zeit lang Französisch gesprochen hatte, bevor die Preußen die Region mit ihren Lauten bombardierten. In Paris nannte man die deutschen Revoluzzer „Les Mayençais". Im Parlament saßen sie mit waschechten Franzosen zusammen. Später kämpften einige sogar gegen die Konterrevolution in der reaktionären Vendée.

Die Aussprache von *„je t'aime"* ist viel härter als die von „ich liebe dich". Wir übten bis in die Nacht, aber meine Mainzer Freunde wollten die frohe Botschaft einfach nicht vernehmen. Meine Pariser Freunde teilten meine Begeisterung für das Melodische „ich liebe dich" auch nicht. Damals war in den französischen Spielfilmen noch das Bellen der SS-Offiziere zu hören.

— · —

Es gibt kaum ein Gebiet, über das mehr Unsinn verbreitet wird als über die Sprachlandschaften unseres Planeten. Immer wieder vertraten die Gelehrten die Auffassung, dass ausgerechnet ihre Sprache die Ur-Sprache sei. Sie verhielten sich wie Missionare. Die Linguistik im Dienste der Machtpolitik ihres Landes. Hörte sich manchmal sogar lustig an. Als die Schweden in Europa mitspielten und nebenbei meine Heimat zerstörten, erklärte Andreas Kempe in „Die Sprachen des Paradieses", 1688, dass Eva von einer französischen Schlange verführt wurde, Gott aber sprach Schwedisch und Adam Dänisch. Sogar Leibnitz neigte zu der These des Deutschen als Ursprache. Oft wurde auf die Wahlverwandtschaft der deutschen und der hebräischen Sprache hingewiesen, um Deutsch als „adamische" Sprache, als Ur-Sprache, auszuweisen. Schließlich sind Jiddisch und Deutsch nicht so weit voneinander entfernt. Auch mir als Elsässer ist Jiddisch nicht fremd.

Es überrascht eigentlich, dass die Nazis ihre sprachliche Verwandtschaft ausgerottet haben – oder vielleicht gerade nicht.

Kaum hatte ich diese rhetorische Frage gestellt, entdeckte ich auch schon das Buch von Dietz Bering: „War Luther Antisemit? – Das deutsch-jüdische Verhältnis als Tragödie der Nähe". Diese Nähe dokumentieren, laut Bering, die spanischen Inquisitionsakten. Er zitiert Selma Stern. Sie schreibt, dass „1530 auf dem entscheidenden Reichstag in Augsburg der Vorwurf laut wurde, dass die Lutheraner ihren Glauben von den Juden gelernt hätten." Weiter greift Bering auf Stern zurück: „Der starke Biblizismus der Reformatoren der dazu führte, dass sie sich mit gelehrten Juden umgaben und die alten jüdischen Kommentatoren zu Rate zogen, ihr Kampf gegen die Hierarchie der Kirche und gegen die Bildwerke, ihre politisch-säkularen Theorien, die ihre Beispiele im Alten Testament entnahmen, hatte ihnen seit langem von katholischer Seite den Vorwurf des Judaisierens eingetragen. Luther wurde als Patron der Juden, als Halbjude verdächtigt, Zwingli angeklagt, er habe seine Bibelkenntnisse einem Juden aus Winterthur zu verdanken, Butzer jüdischer Abstammung bezichtigt." Dazu noch später.

Die Deutschenfresser behaupten gerne, dass Luther der Vater des deutschen Nationalismus sei, weil er die Bibel ins Deutsche übersetzt hat. Sie berufen sich auf den berühmten Satz des Reformators: *„Germanis meis natus sum, quibus et aut serviam"* – „Meinen Deutschen bin ich geboren und ihnen will ich dienen", schrieb er – übrigens an einen Elsässer, Nikolaus Gerbel aus Straßburg.

Fehlanzeige für die Patr'idioten. Luther-Biograph Heinz Schilling meint mit Recht, dass „Luthers Interesse am Deutschen primär kulturell und nicht politisch war. Nichts lag ihm ferner als ein deutscher Sprachimperialismus."

Die Franzosen beteiligten sich natürlich allzu gern am Sprachwettbewerb. Das Französische sei „die logischste, die klarste und durchsichtigste Sprache, die je ein Mensch gesprochen hat", behauptete der Literaturkritiker Fernand Brunetière 1894 bei seiner Aufnahme in die *Académie française.*

„Il est chic de parler français", hieß es im Elsass nach 1945. *Bien sûr.*

Wie Umberto Eco in *„La ricerca della lingua perfetta nella cultura europa"* vermutet, waren diese angeblichen Sprachspezialisten nicht immer mehrsprachig. Und sogar wenn sie zweisprachig waren, wurden sie nur von einer Sprache beherrscht, wie Albert Schweitzer betont: „Nach meiner Erfahrung scheint es mir eine

Selbsttäuschung, wenn jemand zwei Sprachen als Muttersprache zu besitzen glaubt. Mag er sie beide in gleicher Weise zu beherrschen vermeinen, so ist es doch immer so, dass er eigentlich nur in einer denkt und nur in dieser wirklich frei und schöpferisch verfährt. Wenn mir jemand behauptet, dass ihm zwei Sprachen absolut in derselben Weise vertraut seien, komme ich ihm alsbald mit der Frage, in welcher Sprache er erzähle und rechne, in welcher Sprache er mir das Küchengeschirr und das Handwerkzeug des Schreiners und des Schmiedes am besten hersagen könne und in welcher er träume. Ich habe noch keinen gefunden, der bei dieser Probe nicht das Überwiegen der einen Sprache zugeben musste."

Die Suche nach der perfekten Sprache hört nie auf. Denn man beherrscht nicht nur Sprachen, man wird auch von Sprachen beherrscht.

— · —

Guy Deutscher unterrichtet Linguistik in Manchester. Sein Buch „Im Spiegel der Sprache: warum die Welt in anderen Sprachen anders aussieht" ist ein Rundumschlag gegen die Klischees in puncto Sprachwissenschaft. Die Hauptfrage ist einfach: Wird unsere Sprache durch die Natur oder durch die Kultur beeinflusst?

Das Meer in Illias und Odyssee ist nicht blau, sondern weindunkel. Warum? Linguisten wie der spätere englische Premierminister Gladstone dachten an eine anatomische Ursache. „Gladstone nahm an, der Unterschied zwischen Homers Farbwortschatz und dem unseren sei ein Ergebnis vorab existierender Unterschiede in der Farbwahrnehmung. Jetzt aber sieht es so aus, als könne das Farbvokabular in verschiedenen Sprachen die Ursache von Unterschieden in der Farbwahrnehmung sein ... Weg von der Anatomie, hin zur Kultur", schreibt Deutscher.

„Bitte die Hand hoch, wenn jemand schon grünen Honig gesehen hat", fordert der Linguist auf. Ich persönlich nicht, aber französische Imker aus Savoyen haben grünen Honig gesehen. Nachdem ihr Augenarzt sie beruhigt und ihnen versichert hatte, dass die Sehnerven nicht beschädigt seien, suchten sie verzweifelt nach Ursachen. Eine Sirupfabrik war schuld. Chemikaliendämpfe hatten die Blumen der Gegend eingenebelt. Die Kultur – also die Zivilisation – hatte die Natur besiegt.

„Alle Sprachen sind gleich komplex." Die Demokratisierung der

Linguistik holte uns aus der westlichen Überheblichkeit heraus. Schluss mit der Verachtung der sogenannten „primitiven Kulturen", wie der Ethnologe Claude Levi-Strauss mir einpaukte, als ich ihn im Collège de France über seine *anthropologie structurale* ausfragte.

Autor Deutscher wiederum meint, dass die Welt in anderen Sprachen anders aussehen darf. Er zählt drei Ursachen auf:

1. Räumliche Koordinaten und ihre Konsequenzen für Gedächtnismuster und Orientierung. Unser Denkmuster – links, rechts, vorne, hinten – ist bekannt. Die Mitglieder von Stämmen wie den Tzeltal (Mexiko) oder den Guugu Yimithirr (Australien) besitzen ein geografisches Denken: Nord-Süd-Ost-West.
2. Das grammatikalische Genus und seine Auswirkungen auf die Assoziationen. Das „das" als Neutrum kennt die französische Sprache nicht. Ich erspare Ihnen die üblichen Spielereien, das Weibliche der Sonne oder *de la lune*, das Männliche von *soleil* oder des Mondes. Alle deutsch-französischen Experten zitieren sie in ihren Werken.
3. Die Farbbegriffe, die unsere Sensibilität für bestimmte Farbunterscheidungen erhöhen können.

Herta Müller sagt es mit ihren Worten: „In jeder Sprache sitzen andere Augen." Frédéric Mistral, auch Literaturnobelpreisträger, meint: *„La langue est la clé de la culture"* – die Sprache ist der Schlüssel zur Kultur. Deshalb ist es so wichtig, dass wir Franzosen und Deutschen lernen, mit unseren Sprachen zu spielen. Heute kann man mit mehreren Zugehörigkeiten leben, um mit der Mentalität verschiedener Völker zu denken, wie Amin Maalouf und Claudio Magris es predigen.

Eco träumt von einer europäischen Führungsschicht, die in dreißig bis vierzig Jahren mehrsprachig sein wird. Heinz Wismann erklärt im Buch *„Penser entre les langues"*, Denken zwischen den Sprachen, das Leben mit mehreren Sprachen anhand seiner deutsch-französischen Vita: „Wenn man aus einer ersten Grammatik steigt, um eine andere Grammatik zu entdecken, ändert sich unsere soziale Individualität. Plötzlich befindet man sich dazwischen. Das erste Dasein verändert sich durch das zweite. Es gibt ein Hin und Her. Der Weg zwischen zwei Grenzen macht es spannend. Die Erfahrung, die ‚dazwischen' stattfindet, ist ein Ort des Nachdenkens, nicht ein Ort der Identifikation."

Nobelpreisträger Jean-Marie le Clézio führt seine literarische Erfahrung auch auf seine Mehrsprachigkeit zurück. Er wuchs zwischen zwei Sprachen auf, Englisch und Französisch. Goethe sagt es einfacher: „Ich beherrsche meine Muttersprache erst, wenn ich eine Fremdsprache lerne.“

Das ist es eben, was die Elsässer oder andere Menschen, die in sprachlichen Grenzregionen wohnen, nicht immer verstehen wollen. Sie lassen sich durch die Identifikation statt durch die Reflektivität (Reflexion) verführen. Deshalb erleben sie ihre Identität als „unglücklich“, um beim Philosophen Alain Finkielkraut anzuknüpfen. *„L'idendité mahleureuse“* heißt sein Werk. Das beste Beispiel bieten die Kroaten und die Serben, die ihre gemeinsame Sprache, Serbokroatisch, auseinanderdividierten, um sich nur als Serbe, nur als Kroate zu definieren. Der sprachliche Überbau Serbokroatisch wurde zerstört, genauso wie der politische Überbau Jugoslawien. Leider war der Weg zur „Identifikation“, um bei dem Begriff von Wismann zu bleiben, ein tödlicher Weg. Die „Reflektivität“ blieb auf der Strecke.

Das sichtbare Ergebnis finden Sie heute am eindrucksvollsten südlich der Autobahn Zagreb-Belgrad, zwischen Slavonski Brod und Derventa. Hunderte kaputte Häuser, in der Landschaft verstreut, früher einmal von kroatischen oder serbischen Familien bewohnt. Wie Mahnmale des Unvermögens, „dazwischen“ miteinander zu leben.

Wenn man zwischen den Sprachen denkt, ist man auch fähig, zwischen und mit den Sprachen zu tanzen. Karl Marx mischte Französisch und Deutsch, als er aus Nizza mit seiner Tochter Eleonore in London korrespondierte. Albert Schweitzer hat mit seiner zukünftigen Frau Helene Bresslau zehn Jahre lang zwischen Deutsch und Französisch jongliert: *„Strasbourg, mardi soir, 9 novembre 1909: Ce sont des journées très agitées ... Demain, ce sera mon tour de pratiquer à la* Augenklinik. *Il faut que je lise encore beaucoup ce soir pour de nouveau m'orienter. L'orgue du* Sängerhaus *avance. Mais il me cause encore des ennuis.* Rapp hat ein falsches Maß für das Verhältnis von Pedal und Spieltisch angegeben. Ich muß den Fehler corrigieren, so gut es geht. Er ist ein Strudelkopf. *Quelle est la musique que je dois vous envoyer?* Total vergessen! Weiß nur, daß es etwas von Schubert war. *Dimanche, c'était très beau;* es war weihevoll, wieder zu predigen, und goldener Sonnenschein lag über der Welt und in meinem Herzen.

Je dois déjà penser à mon prochain sermon. Je vous baise la main, à vous, AS."

Thomas Mann tanzt im „Zauberberg" zwischen den Sprachen. Hans Castrop unterhält sich mit Clawdia im Kapitel „Walpurgisnacht" auf Französisch und Deutsch. Auch in „Bekenntnisse des Hochstaplers Felix Krull" wechselt er zwischen Deutsch und Französisch. Madame Houplé, alias Diane Philibert, eine Elsässerin aus Straßburg, unterhält in einem Pariser Luxushotel eine Beziehung mit Armand (Krull): „Ab und hinweg, dass ich dich sehe, dass ich den Gott erblicke! Hilf rasch! *Comment, à ce propos, quand l'heure nous appelle, n'êtes-vous pas encore prêt pour la chapelle? Déshabillez-vous vite! Je compte les instants! La parure de noce!* So nenn' ich deine Göttergliedeer, die anzuschauen mich durstet, seit ich zuerst dich sah. Zu mir, zu mir..." – „Nenne mich du!", stöhnte sie plötzlich nahe dem Gipfel. „Duze mich derb zu meiner Erniedrigung! *J'adore d'être humiliée! Je t'adore! Oh je t'adore, petit esclave stupide qui me déshonore ...*" – „Ein kleiner nackter Lifttreiber liegt bei mir und nennt mich ‚liebes Kind', mich *Diane Philibert! C'est exquis ... ça me transporte! Armand chéri,* ich wollte dich nicht kränken."

8. Der französische und der deutsche Schriftsteller

Jeder deutsche Autor träumt einmal davon, als französischer Schriftsteller aufzuwachen. Ganz einfach, weil Frankreich als Paradies der Literatur gilt. Ziemlich schnell wird der deutsche Schriftsteller seine Meinung aber ändern. Spätestens, wenn er in eine Radio- oder Fernsehsendung eingeladen wird. Der sympathischste aller Redakteure wird nie das auf Thema Geld zu sprechen kommen. Wenn der Frankreichliebhaber dennoch von sich aus die Frage nach dem Honorar aufwirft, wird der sympathischste aller Redakteure ihm antworten, dass der Auftritt als Werbung zu betrachten sei.

Wenn Autoren in den deutschen öffentlich-rechtlichen Sendern auftreten, bekommen sie dafür ein Honorar. Als ich im französischen Rundfunk mal gefragt wurde, warum ich als französischer Autor mehr in Deutschland als in Frankreich arbeite, antwortete ich: „Wenn ich mit Ihnen eine Stunde parliere, schenken Sie mir bestenfalls einen schlechten Kuli mit dem Namen des Senders darauf. In Deutschland verlasse ich das Studio mit 300 Euro in der

Tasche." Darauf der französische Kollege: „Ich glaube, ich arbeite beim falschen Sender."

Sogar das *Institut Français*, das Pendant zum Goethe-Institut, zahlt Hungerlöhne an Autoren, die immerhin als Vertreter der *République des lettres* unterwegs sind. Aber die Republik wird auch die Unkosten von Madame übernehmen und für Fressorgien sorgen. „Wir zahlen schlecht", gibt ein Pariser Kulturboss mir gegenüber zu, „aber dafür sorgen wir für Ihr leibliches und persönliches Wohl."

Beispiel: Ich sollte mal beim Nobelsender *France Culture* eine Stunde über den Rhein plaudern. Kein Honorar, aber ein Essen in einem Drei-Sterne-Lokal mit dem Redakteur und der Abteilungsleiterin. Oma hätte der Sender auch noch übernommen, aber sie hatte keine Lust.

Wenn ein deutscher Autor für einen Auftritt in eine französische Buchhandlung eingeladen wird, staunt er nicht schlecht, dass er an einem kleinen Tisch in einer Ecke, wo er nicht stört, sitzen wird. Die Buchhandlung bleibt geöffnet. Von Lesung keine Spur. Dennoch soll er Bücher signieren, wenn die Leser ihn entdecken. Ich empfehle, im Winter sicherheitshalber mit Skimütze und Schal zu erscheinen, weil es auch vorkommen kann, dass man an den Eingang platziert wird, wo es zieht. Von Geld ist keine Rede.

Der französische Autor dagegen wird überrascht sein, dass die Lesung in Deutschland nach Ladenschluss der Buchhandlung stattfindet. Der Abend ist nur ihm und seinem Werk gewidmet. Die Besucher sind bereit zu zahlen, um ihm zuzuhören. Der Buchhändler hat vielleicht sogar einen Umtrunk organisiert. Der Autor wird nach der Veranstaltung signieren und die Buchhandlung mit 300 Euro in der Tasche verlassen. Nicht ausgeschlossen, dass er zu späterer Stunde auch noch zu einem Imbiss eingeladen wird.

Lesungen nach deutscher Art gibt es in Frankreich nicht, weil das eben Frankreich ist.

Der deutsche Autor, der zum ersten Mal eine Buchmesse in Frankreich besucht, kommt aus dem Staunen nicht heraus. Die Schriftsteller sind wie Steckerlfische aufgereiht. Die Kasse des Verlegers oder des Buchhändlers sitzt ihnen im Nacken wie ein Damoklesschwert. Die Leser defilieren vorbei, um sie zu begutachten. Der Autor fühlt sich wie in einer literarischen Peepshow. Ich empfehle dem deutschen Autor, lieber aufzustehen, um mit dem Publikum auf Augenhöhe zu bleiben.

„Es ist erniedrigend“, bestätigt mir Axel Capus, Autor von „Léon und Louise“.

Auf der Buchmesse in Saint-Louis wird der deutsche Autor vom kulinarischen Angebot überwältigt sein. Fünf Mahlzeiten in den besten Lokalen der Stadt sind geplant. Unterkunft und Reise werden von der Stadt übernommen. Pariser Autoren versäumen die Buchmesse im Elsass, nahe der Schweizer Grenze, nie. Sie werden vielleicht kein Buch signieren, aber zurück in der Hauptstadt werden sie lange von ihrem Kalorienvorrat zehren, bis zum nächsten Jahr in Saint-Louis, wo sie sich neue nutritive Reserven zulegen werden.

Der französische Autor wird seinerseits staunen, wenn er die Frankfurter Buchmesse besucht – aber aus anderen Gründen. Er wird es nicht fassen, dass er seine Bücher gar nicht verkaufen darf, außer am Buchmessesonntag, aber da sitzt er mit seinen Verlegern schon im Flugzeug nach Paris. Aus Rücksicht auf die Buchhändler werden die Bücher nur gezeigt, nicht verkauft.

In Frankreich wird der Schriftsteller bewundert, in Deutschland wird er respektiert. Honorierung hat auch mit Respekt zu tun.

9. Neujahrsansprachen I

Neujahrsansprachen sind ein Wagnis für jeden Regierungschef. Sie gelten zu Recht als Schlafpulver. Wenn die Staatsoberhäupter länger im Amt sind, werden ihre Reden austauschbar. *The same procedure as every year.* Kohls Neujahrsansprache von 1986 wurde von der ARD mit der vom Silvesterabend 1985 vertauscht. Einige Zuschauer glaubten an Sabotage. Andere merkten es nicht einmal.

Interessant bleibt der Vergleich zwischen den Ansprachen von François Hollande und Angela Merkel vom Dienstag, dem 31. Dezember 2013.

Die Europafahne und die jeweilige Nationalflagge, *bleu-blanc-rouge* und Schwarz-Rot-Gold, gehören zu den obligatorischen Requisiten. Hollande steht vor dem *Palais de l'Elysée*. Drei zusätzliche Flaggen sind im Hintergrund zu erkennen: eine auf dem Dach des *Palais de l'Elysée* und je eine rechts und links des Eingangs. Merkel sitzt im Kanzleramt. Live im Hintergrund der Reichstag, das Parlament. Die Haltung – Hollande stehend, Merkel sitzend – und das Bühnenbild – Elysée bei Hollande, Parlament bei Merkel – sprechen Bände. Die Unterschiede spiegeln sich in der Sprechperspektive der jeweiligen Ansprache wider: Hollande sagt fünfundzwanzigmal „ich". Merkel nur zweimal.

Hollande redet gehetzt 10 Minuten und 20 Sekunden. Vor und nach der Ansprache wird kurz die *Marseillaise* hochgefahren. Merkel redet ohne Hektik 6 Minuten und 11 Sekunden. Hollande lächelt nie, höchstens ein Anflug von Schmunzeln, wenn er einen neuen Gedanken mit *„mes chers compatriotes"* einleitet. Merkel lächelt mehrfach offen und entspannt.

Die Kanzlerin tritt als Mutti der Nation auf. Kein Wort über die gerade zustandegekommene Koalition mit der SPD. Merkels Ansprache ist wie eine Predigt strukturiert. Die Rednerin beginnt persönlich. Wie jedes Gemeindemitglied nimmt auch sie sich an Silvester einiges vor. Zum Beispiel „mehr an die frische Luft zu kommen". Leider, wie jeder Bürger, schafft sie es nur, die Hälfte der Vorsätze zu verwirklichen, sagt sie selber. Wobei sie doch in puncto „frische Luft" in Sankt Moritz beim Langlaufen zu beobachten war, allerdings ohne Helm. Noch verheimlicht sie den Langlaufsturz. Genau wie François uns seine kleinen Liebesfluchten auf dem Motorroller verheimlicht – mit Helm.

Die Kanzler-Pastorin beglückwünscht weiter die Gemeinde für ihre Hilfsbereitschaft, als die Elbe verrücktspielte. Sie stellt fest, dass alle bereit waren und bereit sind anzupacken. Eine deutsche Version von *„Yes we can"*.

Gute Nachrichten folgen: weniger Arbeitslosigkeit zum Beispiel. Sie vermittelt der Gemeinde klare Ziele: Familien unterstützen und Bildung ermöglichen. Dann der Sprung nach Europa: 375 Millionen Bürger werden bald das neue Europaparlament wählen. Die Gemeinde wird zum Mitmachen aufgefordert: „Europa wurde aus einem Traum weniger durch die Anstrengung vieler ein Ort des Friedens für Millionen." Vertrauen und Zusammenhalt sind jetzt gefragt: „Alle Beiträge zusammen machen die Stärke unseres Landes aus." Nach einem obligatorischen Dankeschön an die Soldatinnen und Soldaten, Polizistinnen und Polizisten wünscht uns die Kanzlerin mit einem letzten einnehmenden Lächeln „Gesundheit, Zufriedenheit und Gottes Segen."

Wirklich eine schöne Predigt. Margot Käßmann hätte sie nicht besser halten können.

An Gottes Segen glaubt François Hollande schon mal nicht. Die Republik braucht keine theologischen Aufputschmittel. Sie ist eben die Republik, einmalig. Hat sie nicht soeben das erste autonome künstliche Herz der Weltgeschichte erfunden?

Der Präsident spricht zum ersten Mal vom *pacte de responsabilité*, vom Pakt der Verantwortung, der den Rest seiner Amtszeit prägen wird, aber der Ausdruck verschwindet vorläufig im Rausch des Jahreswechsels.

Die Ansprache von Hollande hört sich wie ein Wahlspot an. Er zählt auf, was er alles geschafft hat: Ob Arbeitslosigkeit, Bildung, Wirtschaft oder Justiz, es geht bergauf. In Sachen Justiz hat ihm leider Pierre Joxe, Ex-Justiz-, Verteidigungs- und Innenminister unter Mitterrand, Ex-Präsident *du Conseil constitutionnel* (eine Art Bundesgerichtshof ohne Gericht, er spricht wegweisende Empfehlungen aus), die Suppe versalzen. In seinem neuen Essay *„La justice sociale"* stellt er fest, dass die Deutschen in puncto soziale Gerechtigkeit einfach besser sind. Am 1. Januar 2014 wird Joxe im Hörfunk gar von 100 bis 150 Jahren Vorsprung sprechen: „Deutschland besitzt doppelt so viele Richter wie Frankreich, während der mittellose *Citoyen*, der sich mit dem Arbeitgeber in Konflikt befindet, bis zu 4 Jahre auf ein Urteil warten muss." Das Motto des Buches stammt aus der Bibel, die Hollande nie gelesen hat. Matthäus, Kapitel 5, Vers 6: „Glücklich sind die, die nach Gerechtigkeit hungern und dürsten, da sie gesättigt werden." Ein Ausschnitt aus der Bergpredigt. Im Gegensatz zum atheistischen Protestanten Lionel Jospin ist Pierre Joxe, wenn auch diskret, ein bekennender Protestant.

Kein Wunder, dass Hollande an seinen eigenen Worten zweifelt. Da hilft nur noch die psychologische Waffe: *„Je vous demande des efforts!"* – Ich fordere Sie auf: Strengen Sie sich an! – als ob er seinen *compatriotes* nicht über den Weg traut. Merkel dagegen bedankt sich bei den Mitbürgern. Sie stellt den guten Willen der Deutschen nicht in Frage.

Hollande als Moralapostel, als patriotischer Zuchtmeister. *„Plus que jamais il faut aimer la France!"* – Frankreich muss mehr denn je geliebt werden! „Ich liebe nicht Frankreich, ich liebe meine Frau", antwortet der elsässische Kulturpapst Germain Muller aus seinem Grab heraus. Genauso hat auch der frühere Bundespräsident Gustav Heinemann auf eine Journalistenfrage geantwortet.

„Rien n'est pire que le dénigrement de soi." – Es gibt nichts Schlimmeres als die Selbstzerfleischung.

„Oui c'est une chance d'être français dans le monde d'aujourd'hui." – Man darf sich glücklich schätzen, in der heutigen Welt Franzose zu sein. Glückspilze sind wir. *„Parce que la France est toujours au premier rang."* Diesen Satz übersetze ich nicht, aus Rücksicht auf meine deutschen Freunde.

Vive la République! Vive la France!

—— · ——

Ein paar Stunden später feiern Deutsche und Franzosen den Rutsch ins neue Jahr. In Berlin ist die Partymeile zwischen Brandenburger Tor und Siegessäule mit einer Million gut gelaunter Gäste, die sich gegenseitig zuprosten, restlos überfüllt. 6.000 Raketen werden um Mitternacht in den Himmel geschossen. Das ZDF hat eine Musikbühne aufgebaut, um die Leute zu unterhalten.

In Paris sind die Champs-Elysées – *la plus belle avenue du monde* – auch gut besucht, 300.000 Menschen. Raketen werden nicht in den Himmel aufsteigen. Verboten, genauso wie Alkoholkonsum. 9.000 Polizisten, allein in Paris, sorgen für Ruhe. Das Fernsehen dokumentiert den Einsatz: Champagnerflaschen fliegen in den Mülleimer. Auch hier: kein Vertrauen in die Bürger.

Etwas wehmütig schaut Botschafter Maurice Gourdault-Montagne von seinem Berliner Amtssitz am Pariser Platz, gegenüber dem Brandenburger Tor, auf die Partymeile hinunter. „Warum schaffen wir es nicht, auch in Paris ein solches Fest zu veranstalten?", fragt er laut vor sich hin und schenkt sich einen edlen Tropfen aus der Champagne nach. Sein Butler feiert unten mit den Deutschen. Maurice, der perfekt Deutsch spricht, weiß noch nicht, dass es sein letztes Jahr in Deutschland sein wird. Hollande wird ihn bald mit der Botschaft in Peking belohnen, was manchen Sozialisten irritieren wird. Er gilt als *Chiraquien*, war unter Chirac zuständig für internationale Beziehungen und hatte das Treffen des Bundestages mit der *Assemblée nationale* im Januar 2003 in Versailles organisiert: 40 Jahre Elysée-Vertrag.

In der Silvesternacht meldet der noch-Innenminister Manuel Valls: 1.067 Autos wurden abgefackelt. Das Elsass ist wie immer dabei, diesmal mit 140 ausgebrannten Wagen. Außerdem schießt sich ein 29-jähriger einen Knallkörper ins Gesicht. Er stirbt noch vor der Ankunft des Notarztes. Im Jahr davor gab es sogar zwei Tote. Mehrere Jugendliche kommen mit abgesprengten Fingern davon.

Schuld sind die sonst so pingeligen Deutschen, die gefährliche Geschosse an die Elsässer verkaufen. Das Schengener Abkommen wird an der ehemaligen Rheingrenze jedes Jahr vor Silvester außer Kraft gesetzt, nicht wegen der Rumänen oder Bulgaren, die Frankreich unterwandern, sondern wegen der Elsässer, die sich in Deutschland mit Kriegsmaterial eindecken.

„Wir haben zwei Tonnen verbotener Knallkörper beschlagnahmt", sagt der Polizeichef stolz. „Die Menge der über den Rhein geschmuggelten Knallkörper ist noch viel höher. Nächstes Jahr werden wir die Kontrollen verstärken."

10. Es menschelt hüben und drüben

Im Januar 2014 gab es zwei Wenden im Leben des François Hollande, eine privater Natur, eine politischer Natur. Er trennte sich von seiner Lebensgefährtin Valérie Trierweiler, nachdem das Klatschmagazin *Closer* seine geheime Beziehung mit der Schauspielerin Julie Gayet öffentlich gemacht hatte. Die noch-*Première-dame* brach zusammen, erholte sich dann zunächst im Krankenhaus, später in einer Dependance des Schlosses von Versailles. Schließlich wurde sie ganz offiziell via Nachrichtenmeldung der *AFP* aus dem *Palais de l'Elysée* katapultiert.

Der Name Trierweiler deutet auf eine Beziehung zum Elsass hin. Es handelt sich allerdings nur um den Namen ihres letzten offiziellen Gatten: Denis Trierweiler, der aus Lothringen stammt und sich als Übersetzer deutscher Philosophen wie Hans Blumenberg einen Namen gemacht hat. Es gibt bei Trier auch ein kleines Dorf Trierweiler. Valerie ist in Angers geboren.

Die Bilder des Präsidenten, der wie ein Musiker von *Daft Punk*, versteckt unter dem Helm, das Liebesnest in der *Rue du cirque* verlässt, um per Motorroller nach Hause in den Elysée-Palast zu fahren, kreisten um die Welt und sorgten mehr für den Ruhm Frankreichs als Wein, Cognac und Parfum zusammen.

Helme spielten ja eine eigenartige Rolle im Winter 2013/14. Schumacher stürzte mit Helm beim Skifahren im französischen Méribel und verletzte sich schwer. Merkel stürzte ohne Helm beim Langlauf zwischen Sankt-Moritz und Pontresina und verletzte sich verhältnismäßig leicht, deshalb konnte man „von einer geringen Geschwindigkeit ausgehen", wie Regierungssprecher Steffen Seibert es unvorsichtig formulierte. Der Ex-Journalist kennt offensichtlich die Langlaufloipen des Stazerwaldes nicht. Es gibt abschüssige Stellen, wo sich im Schatten der Bäume eisige Passagen verbergen können. Schnell rutscht man weg und kann durchaus mit dem Kopf gegen eine Tanne prallen. Hollande wurde trotz Helm beim Seitensprung ertappt, blieb aber sturzfrei.

Merkel erholte sich zu Hause, als François Hollande sich am 14. Januar während einer Pressekonferenz als Sozialdemokrat outete. François leitete die politische Wende ein, vor sechshundert Journalisten, die eigentlich nur da waren, um aus erster Hand Neues über sein Liebesleben zu erfahren. Pustekuchen: Als Hauptspeise gab es den *pacte de responsabilité* (Pakt der Verantwortung). Die Journalisten erinnerten sich vage an die Neujahrsansprache, in der die magische Formel zum ersten Mal erwähnt wurde – aus dem Munde des Präsidenten. Er schenkte den Arbeitgebern ein paar Milliarden Euro, die ihre Lohnkosten reduzieren werden. Sofort frohlockte Pierre Gattaz, Chef des Arbeitgeberverbandes, *Medef* genannt. Der Boss versprach im Gegenzug eine Million Arbeitsplätze und heftete sogar einen Anstecker an sein Revers: „*un million*" war da zu lesen. Daraufhin stritten sich die Experten wochenlang über die Wende. Seitdem frohlocken die Arbeitgeber, und die Arbeitnehmer verzweifeln weiter.

Um das Volk zu beruhigen, ergänzte Hollande den Pakt der Verantwortung schnell durch einen Pakt der Solidarität. Am 12. Februar 2014 besuchte *Monsieur le Président* gar *Silicon Valley* im fernen Kalifornien. In San Francisco traf er auf junge französische Unternehmer, um sie zur Rückkehr ins Vaterland zu bewegen: „*Vous revenez?*" – Sie kommen doch zurück? Als ob ein französischer Unternehmer, der es in Kalifornien geschafft hat, eine Sekunde daran denken würde, die Pazifikküste gegen die französische Atlantikküste zu tauschen.

Am 17. Februar lud Hollande 34 ausländische Bosse nach Paris in den Elysée ein. „*Opération séduction*" – Verführung: *Monsieur le Président* versicherte den Unternehmern, dass Frankreich ein offenes Land sei, ein Paradies für Investoren.

Gewiefte politische Beobachter sprachen von Ablenkungsmanöver. Das Outing von Hollande als Sozialdemokrat sollte das ungewollte Outing als *french lover* tilgen. Wobei die Liebesbeziehung von François mit Julie vielleicht mehr politischen Sprengstoff beinhaltet, als man vermutet. Es wird auch Angela freuen, wenn sie erfährt, dass Julie, die nicht nur Schauspielerin, sondern auch Produzentin ist, am 28. Mai 2013 im Pariser Promilokal *Palladium* einen Abend organisierte mit dem Motto „Ich bin ein Berliner".

Inzwischen ist François Hollande politisch in der Tat ein Berliner geworden, *au grand désespoir* der gesamten französischen Linken, ohne die er nie an die Macht gekommen wäre. Am 30. März 2014 bekam er die Quittung. Seine ehemaligen Fans blieben bei den Kommunalwahlen zu Hause. Die Konservativen eroberten sozialistische Hochburgen. Die rechtsextreme Partei *Front National* meldete sich einmal mehr zu Wort und gewann zum ersten Mal mehrere Städte.

Aber auch die Kanzlerin hatte so ihre Probleme im Winter 2013/14. Angela brauchte ihre Krücken länger, als geplant, und Schumacher konnte einfach nicht aus seinem Koma aufwachen.

Zum Verzweifeln für das sportliche Deutschland war schließlich noch der Autounfall von Olympiahoffnung Christian Neureuther auf Blitz-Eis bei Starnberg. Da kann man nur den Schluss ziehen: Deutsche Rennfahrer können nicht Ski fahren und deutsche Skifahrer können nicht Auto fahren.

Der unglaubliche Betrug des ADAC verstimmte nicht nur die Kanzlerin. Bei der Vergabe von Preisen wurde aufs Gröbste gemogelt. Aus dem gelben Engel wurde ein schwarzer Engel. Ich liebäugelte schon lange mit einer Mitgliedschaft beim ADAC. Nach dem Skandal gab ich das Liebäugeln auf.

Der Abhörskandal namens NSA trübte die Beziehungen zu den USA, während Obama mit François Hollande kuschelte und einen historischen Bogen vom Paris-Liebhaber Thomas Jefferson über den Marquis de Lafayette bis in die heutige Zeit schlug.

In Sachen NSA darf Angela eigentlich stolz sein, abgehört worden zu sein. Da geht es um Weltpolitik. Schließlich wird sie als *„la femme la plus puissante du monde"* gehandelt. So heißt auch die Biographie von Jean-Paul Picaper. Böse Zungen behaupten, dass Hollande von der NSA nicht abgehört wird, weil es, außer seinen Liebschaften, nichts abzuhören gäbe. Wobei das Abhören in Frankreich eigentlich eine große Tradition hat. Mitterrand ließ Journalisten abhören, um das Geheimnis seiner „geheimen" Tochter Mazarine zu schützen. Sarkozy wurde über Jahre von seinem engsten politischen Berater abgehört, Patrick Buisson, bekannt für seine rechtsextremen

Ansichten. Damit nicht genug, auch die französische Polizei hörte ihn ab, weil er in mehrere Affären verstrickt war, darunter eine vermutete Finanzspritze von Gaddafi für seine Wahlkampagne 2007.

Ein paar Monate später erboste dann doch eine Nachricht die Politprominenz in Paris. Der Bundesnachrichtendienst (BND) soll mit der NSA Hand in Hand gearbeitet haben. Auch Franzosen sollen abgehört worden sein. Mein Gott, hatte der BND bei der Enthüllung von Hollandes Scooter-Liebschaft vielleicht doch die Hand im Spiel?

Zu Zeiten des Kalten Krieges sicherte uns die gegenseitige atomare Bedrohung den Frieden. Vielleicht ist das gegenseitige Ausspionieren gar nicht so verwerflich als Mittel, um Kriege zu verhindern?

—— • ——

Beim Thema Steuersünder – der Schatzmeister der CDU Helmut Linssen war selbst einer davon – konnte François Angela trösten. Sein Sparminister Jerôme Cahuzac hatte das Parlament und die Bevölkerung schamlos belogen, als er schwor, keine geheimen Konten in der Schweiz zu besitzen. Damit waren wir moralisch quitt.

Gestaunt haben wir in Paris dennoch. Die Ehrlichkeit der deutschen Politiker galt als Fakt *ad aeternam*. „Im Lande Luthers spaßt man nicht mit dem Täuschen", schreibt Autorin Odile Benyahia-Kouider in ihrem Buch *„Voyage au pays d'Angela"*. Ich erinnere mich noch genau an Hans-Dietrich Genscher, wie er bei der Vorbereitung der „Frankenthaler Gespräche" zum Thema „Moloch Europa", organisiert von der Tageszeitung Die Rheinpfalz, der Runde folgenden Satz kundtat: „Wenn man mir einen Füllfederhalter schenkt, denke ich dreimal nach, soll ich ihn annehmen oder nicht?" Damals habe ich ihm geglaubt, heute bin ich vorsichtiger geworden.

In einer Sonderausgabe von *Le Monde* wurde Alice Schwarzer als die deutsche Simone de Beauvoir gelobt. Die Kollegen beschrieben sie als engagierte Feministin, die *„presque sans argent"*, fast ohne Geld, auskommen muss. Noch wusste keiner, dass die Vorzeigefeministin jahrelang die Schweizer Gletscher mit überhitzten deutschen Münzen zum Schmelzen gebracht hatte.

Auch die Steuerposse um Moralapostel Uli Hoeneß, der wie ein Weltmeister zockte und Schweizer Geldbürger wurde, um dem deutschen Fiskus zu entgehen, rief in Paris eine gewisse Schadenfreude hervor. Als Angela dem Steuerbetrüger hohen Respekt zollte, weil er das Gerichtsurteil – Gefängnisstrafe – akzeptierte, staunte selbst François. Er hätte es nie gewagt, seinem Sparminister und Steuerbetrüger Jérôme Cahuzac hohen Respekt zu zollen.

In der Süddeutschen Zeitung vom 15./16. Februar 2014 lese ich auf der Titelseite: „Wir Scheinheiligen. Die Empörung über Alice Schwarzer, Klaus Zumwinkel und all die anderen ist immer wieder groß. Zu Recht. Doch wer fährt eigentlich schwarz? Meldet die Putzfrau nicht an? Schummelt bei der Größe des Arbeitszimmers? Ein Report über ganz alltägliche Fehltritte."

Diese Fragen stellen sich auch in Frankreich. Scheinheilige in puncto Steuerbetrug gibt es hüben wie drüben. Die Enthüllungen der Affäre „Swissleaks" im Winter 2015 werden es beweisen.

Im Sommer 2014 erfuhren die *Citoyens*, dass der Staatssekretär Thomas Thevenoud seine Steuern nicht bezahlt hatte. Er litt unter einer „Verwaltungsphobie". Unübertroffen bleibt Jacques Chaban-Delmas, 1972 Premierminister unter Präsident Pompidou. Er zahlte überhaupt keine Steuern, und das ganz legal.

Um Unterschiede im Alltag zweier Länder wie Frankreich und Deutschland festzustellen, gibt es eine Methode, die von den Experten vernachlässigt wird, nämlich den Vergleich von Zeitungsmeldungen unter der Rubrik „Vermischtes".

Aufgeschnappt aus der Badischen Zeitung (rechte Rheinseite) und *Les Dernières Nouvelles d'Alsace* (linke Rheinseite):

Strasbourg (F). Ein 32-jähriger Tscheche wurde in den *Galeries Gourmandes* mit einer gestohlenen Flasche Schnaps erwischt.

Freiburg (D). Nach Abi-Party an der Dreisam bleibt viel Müll liegen.

Illkirch-Graffenstaden. (F). Zwei Männer entwenden einen Tablet und einen Ölkanister. Wert: 207 Euros.

Lahr (D). Ohne Führerschein unterwegs, aber mit Alkohol.

Sierentz (F). Alkoholkontrolle. 12 Autofahrer haben zuviel getrunken. Einer fuhr auf der *Départementale* D 202 mit 139 km/h.

Saalbach (D). Rowdy verursacht folgenreichen Unfall.

Gundolsheim (F). Ein achtzigjähriger Mann nahm sich das Leben, indem er sich auf die Zuggleise legte.

Freiburg (D). Am Montag früh um 6.51 Uhr sprang ein Mann auf Höhe der Stadtbahnbrücke in dem Moment ins Gleisbett, als der ICE 374 von Basel nach Berlin einfuhr.

Weyersheim (F). Nach einem Ehestreit drohte der Ehemann der Polizei mit einem Revolver *„à poudre noire de calibre 44“.*

Herbolzheim (D). Einbrecher stehlen Computer und Kameras.

Colmar (F). Zwei Männer haben die Verkäuferin eines Juweliergeschäfts bedroht und Scheiben eingeschlagen.

Freiburg (D). Betrüger haben Senioren im Visier. Selbsternannte Seniorenberater unterwegs.

Munster (F). Ein Mann, alkoholisiert, nimmt Briefkasten und Autos zur Zielscheibe.

Schopfheim (D). Ein alkoholisierter Autofahrer machte am frühen Morgen auf sich aufmerksam. Er fuhr einem Streifenwagen hinterher.

Last but not least: Ob bei der Bundesbahn oder bei der SNCF, Schaffner und Zugbegleiter werden angepöbelt, bespuckt, getreten. Tendenz steigend.

Wir sind uns doch verdammt ähnlich! Es menschelt hüben und drüben.

11. Versailles – Duisburg

Ende März 2014 besuchte Xi Jinping, Staatspräsident der Volksrepublik China, Europa. Als Erstes betrat er nicht deutschen, sondern französischen Boden. Natürlich. Am 27. Januar 1964 hatte General Charles de Gaulle als erstes westliches Staatsoberhaupt diplomatische Beziehungen mit der Volksrepublik China aufgenommen. Damals befand sich die Bundesrepublik noch in den Wehen der Demokratie. Genüsslich zitierte Hollande den General: „China ist ein Staat, der älter ist als die Geschichte.“ Kein Mensch versteht den Satz, aber er sitzt wie eine Eins.

Der berühmte General war ein Meister der Aussprüche, die in die Geschichte eingegangen sind. *„Vive le Québec libre!“*, sagte er am 24. Juli 1967. Es lebe das freie Québec! Warum nicht: „Es lebe das freie Elsass!“? Am 24. August 1944, nachdem die letzten Nazis Paris verlassen und die Amerikaner den Franzosen bei der Befreiung von Paris den Vortritt gegeben hatten, sagte der General mit seiner zittrigen, singenden Stimme im Rathaus von Paris: *„Paris, Paris outragé,*

Paris brisé, Paris martyrisé, Paris libéré." – Paris, Paris beleidigt, Paris gebrochen, Paris gepeinigt, Paris befreit. Hört sich an wie ein Rap-Song.

Beim Festessen im Elysée holte Hollande dann erst richtig aus: „Morgen besuchen wir Versailles. Von Versailles aus schickte Ludwig XIV. Missionare zu Kaiser Kangxi." Der Präsident präzisierte, dass diese Missionare eigentlich Wissenschaftler waren – *ce qui n'est pas incompatible* – was nicht unvereinbar ist. Genauso sind Republik, Monarchie und der Vatikan nicht unvereinbar, wie wir noch sehen werden.

Hollande konnte es nicht lassen, sich auch noch mit Voltaire anzubiedern: *„La Chine est la nation la plus sage et la plus policée de l'histoire"* – China ist die weiseste und geordneste Nation der Geschichte. Aus dem Wort *policée* kann man Polizei heraushören. Ungeschickt oder gewollt? Hollande ist auch für seinen Humor bekannt. Ist das seine Art, auf die Menschenrechte hinzuweisen?

Komischerweise zitierte François Hollande nicht Konfuzius, wie Joachim Gauck ein paar Tage später in Berlin: „Ohne das Vertrauen des Volkes kann kein Staat bestehen!"

Gauck hat natürlich „Kultur und Ethik" von Albert Schweitzer gelesen. Der Elsässer schreibt: „Die große Zeit der Geschichte der Kultur war die Zeit, als der Begriff der Menschheit als Ganzes auftauchte. Das war nicht bei Plato oder Aristoteles der Fall, sondern bei den Stoikern. Bei den chinesischen Denkern, zum Beispiel bei Konfuzius, Meng Tse und Lao Tse, ist der Begriff der Menschheit als Ganzes zentral. Sie sprechen nicht von den Chinesen, sie sprechen von der Menschheit ..." Hätte Xi Jinping sicher gefallen.

Hollande vergaß aber nicht zu erwähnen, dass Zhou Enlai und Deng Xiaoping in Paris studiert haben. Dies wiederum wusste Gauck nicht.

Genauso wie bei der Neujahrsansprache redete der Präsident zu lange und zu konfus. Ein Rundumschlag durch die Weltgeschichte mit Frankreich an der Spitze. *La France, la France, la France, la France, la France, la France* wiederholte er sechsmal im Stakkato mit Beispielen voller Selbstbeweihräucherung. „Frankreich ist eine Nation, die uns auf vielen Gebieten durch ihre Tugenden, ihre Ideen und ihre Philosophie zum Träumen verführt."

Xi Jinping hörte artig zu, schaute immer wieder auf das Glas Rotwein *Château Lafite Rotschild 1999* und freute sich schon auf seinen

Besuch in Deutschland, wo er einen Tag später in Duisburg den Güterzug „Yuxinou" in Empfang nehmen sollte. Dreimal pro Woche trifft der Zug aus Chongqing nach einer sechzehntägigen Reise am Rhein ein; 10.300 km durch China, Kasachstan, Russland, Weißrussland, Polen und Deutschland.

Da haben wir schon wieder den Unterschied zwischen Frankreich und Deutschland. Wir Franzosen reden, die Deutschen handeln. Aus Wackersdorf in der Oberpfalz und aus Leipzig fahren regelmäßig Züge direkt nach Shenyang, China. Noch fährt kein Zug von China nach Brest oder von Lyon nach China.

Auch in Deutschland blieben die offiziellen Reden offizielle Reden, allerdings mit weniger Anbiederung von Seiten Merkels und Gaucks. In Gegenwart des Chinesen meinte die Kanzlerin: „Ich habe von meiner Seite aus deutlich gemacht, dass es in einer Gesellschaft wie der chinesischen, aber auch der deutschen, die sich in einer beständigen Reform befinden, in einer Welt, die sich permanent verändert, die breite und freie Meinungsäußerung ein ganz wichtiges Element ist, um die Kreativität einer Gesellschaft voranzutreiben, sei es in der Forschung, Kultur oder bei der Zivilgesellschaft."

Die Menschheit als Ganzes, eben. Die Werke von Albert Schweitzer waren sicher auch in Merkels elterlichem Pfarrhaus zu finden. Hollande ist nicht in einem Pfarrhaus aufgewachsen und kennt Albert Schweitzer nicht. Außerdem dachte er an die Wirtschaftsverträge, die gerade abgeschlossen wurden, im Wert von immerhin 18 Milliarden Euro. Er war schon heilfroh, dass Xi Jinping den Affront von 2008 überging. Die olympische Flamme war von einem chinesischen Athleten im Rollstuhl durch Paris gefahren worden. Ein Verrückter griff den Behinderten an. Mein Freund Pierre Matter, der mit einem Stier aus Bronze vor dem Rathaus in Shanghai vertreten ist, verlor sofort den nächsten Auftrag. Vorsicht ist die Mutter der Porzellankiste, dachte Hollande wohl und begnügte sich mit dem *service minimum* in Sachen Menschenrechte. Außerdem findet im Dezember 2015 unter seiner Herrschaft in Paris der Weltklimagipfel statt. Da erhofft er sich einiges von den Chinesen.

Nach Versailles und Duisburg erreichte Xi Jinping Berlin. 2015 werde das Jahr der „Innovationskooperation" zwischen Deutschland und dem Reich der Mitte, wurde verkündet. Merkel schlug vor, China als Gastland zur CeBIT 2015 einzuladen. Eine Clearingbank zur Erleichterung des Handels mit China solle in Frankfurt und nicht in Paris ihren Sitz haben. Damit würde der Finanzplatz der Mainmetropole zum ersten Handelszentrum für die chinesische Währung in der Eurozone.

Damit nicht genug. Wir können nur von Glück reden, dass Hollande nie die FRANKFURTER ALLGEMEINE ZEITUNG vom Freitag, dem 28. März 2014, zu lesen bekam. Überschrift: „Gut für China, Europa und die Welt. Von Xi Jinping, Staatspräsident der Volksrepublik China", bescheiden auf Seite 10. Darin sind Sätze zu lesen, die jeden Franzosen umhauen:

„So verfügen beide Nationen doch über viele gemeinsame Tugenden, wie zum Beispiel Fleiß und Ausdauer, Bescheidenheit und Gewissenhaftigkeit, Gründlichkeit und Tatkraft sowie Mut zur Neuerung."

„In den vergangenen Jahren stand die chinesisch-deutsche Zusammenarbeit an der Spitze der chinesisch-europäischen Zusammenarbeit."

„Wenn chinesische Wachstumsraten und deutsche Qualität sich die Hand reichen, dann wird das für die Wirtschaften Chinas und Europas, ja der ganzen Welt enorme Wachstumsmöglichkeiten schaffen."

Xi Jinping hatte Versailles längst vergessen. François Hollande ebenfalls. War der doch mit der neuen Regierung beschäftigt, mit Blick auf die Europawahlen am 25. Mai 2014 und seine Wiederwahl im Lutherjahr 2017.

12. Wie bildet man in Frankreich eine Regierung?

An einem Regierungswechsel in Paris lassen sich bestens die unterschiedlichen Machtstrukturen zwischen Deutschland und Frankreich ablesen. Ein Mann allein entscheidet in Paris: *Monsieur le Président* François Hollande, *le roi*. Er braucht seine Partei nicht zu fragen. Er ist der Monarch. „Werde ich bei der nächsten Regierung noch dabei sein?", fragt sich jeder Minister der gekippten Regierung. Manche erfahren sogar erst durch die Presse, dass sie beurlaubt sind.

Sogar ein *Premier ministre* kann auf brutalste Art geschasst werden. Michel Rocard, *Premier* unter Mitterrand, erzählt, wie der König ihn zu sich rief und ihm eröffnete: „Sie können mir ihren

Rücktritt einreichen." Rocard antwortete: „Einverstanden, aber die Kabinettssitzung der alten Regierung beginnt in wenigen Minuten, ich sollte sie vielleicht über meinen Rücktritt informieren." – „Das geht sie nichts an!" Damit meinte Mitterrand das Ministerfußvolk. Wo bleibt das legendäre *Savoir-Vivre*?

In Berlin kann die Regierungsbildung Wochen dauern, besonders wenn eine Koalition zwischen SPD, CDU und CSU zu bilden ist, wie 2013. Außerdem wird die Kanzlerin von den Mitgliedern des Bundestags gewählt und nicht direkt vom Volk.

Unter Hollandes Herrschaft gab es allein bis August 2015 drei Regierungen. Die erste wurde vom Deutschlehrer Jean-Marc Ayrault geführt – von Mai 2012 bis März 2014. Die zweite, unter Manuel Valls, dauerte nur 147 Tage. Sie fiel dem Deutschenfresser Arnaud Montebourg zum Opfer. Der Wirtschaftsminister beleidigte Präsident Hollande, indem er ihm vor laufenden Kameras eine Flasche *„Cuvée du redressement"* schenkte. Der edle Tropfen sollte Hollande helfen, seine Politik zu ändern und Angela endlich auf die Füße zu treten. Der Minister flog raus. Die dritte Regierung übernahm ebenfalls Valls.

Die zweite Regierung, die Regierung Valls I, ist allerdings besser geeignet als die Regierung Valls II, um die Unterschiede in Sachen Regierungsbildung zwischen Frankreich und Deutschland zu verdeutlichen.

Einen Tag nach der Wahlschlappe bei den Gemeindewahlen am 30. März 2014 schickte Hollande Premier Jean-Marc Ayrault nach Hause. Auf ihn folgte sofort Innenminister Manuel Valls, mit dem Vorhaben, formal eine Regierung nach deutschem Muster zu bilden. Statt 38 Minister, die sich dauernd widersprechen, nur 16. Die Entscheidung zur Schlankheitskur der Regierung hatte er allerdings schon früher getroffen. Ganz genau am 19. Februar 2014, beim Treffen des deutsch-französischen Ministerrats in Paris. Das komplette Merkel-Kabinett zählte „nur" 16 Minister. *„Comme l'Allemagne"*, es hört nicht auf.

Ein Unterschied bleibt aber zwischen Paris und Berlin bestehen: die Parität zwischen Männern und Frauen in der Pariser Regierung.

Merkel nahm die Umbildung der französischen Regierung nach deutschem Muster mit einem leichten Kopfschütteln zur Kenntnis. „Diese Franzosen!"

Seit ihrer Gründung 1958 hat die Fünfte Republik 34 Regierungen und unzählige Minister verschlungen. Nur die Italiener übertreffen sie wahrscheinlich noch, mit einem Unterschied: „Franzosen sind schlecht gelaunte Italiener“, dixit Jean Cocteau.

Die Grünen-Minister schieden aus der Regierung aus – aber die Grünen-Abgeordneten blieben im Parlament. Manuel Valls gilt der Partei als Schreckgespenst, seit er regelmäßig illegal errichtete Unterschlüpfe der *„Roms“*, wie sie auf Französisch genannt werden, mit Polizeibaggern räumt und die Bewohner nach Bulgarien und Rumänien zurückschickt. „Sie haben bei uns nichts zu suchen!“, betonte Valls mehrmals. Nur, die *„Roms“* sind EU-Bürger.

In Deutschland wären die Grünen – in Frankreich weit unter 5 % – nicht in den Bundestag gekommen. Aber der *Front National,* mit gut 16 % bei den Parlamentswahlen, hat nur einen Vertreter im Parlament. In Frankreich gibt es keine Verhältniswahl. Die Grünen kamen nur deshalb ins Parlament, weil die Sozialisten noch vor der Präsidentschaftswahl einen Wahlpakt mit ihnen geschlossen hatten. Sozialisten verzichteten zugunsten von Kandidaten der Grünen bei der Parlamentswahl, die in Frankreich der Präsidentschaftswahl folgt. Mit nur 2 % der Wählerstimmen – keiner rechnete bei der Wahl des Präsidenten mit so einem schlechten Ergebnis – zogen die Grünen dennoch mit 16 Abgeordneten ins Parlament. Trotz 18 % bei der Präsidentschaftswahl und 16 % bei den Parlamentswahlen bekam der *Front National* nur einen Abgeordneten beziehungsweise eine Abgeordnete, Marion Maréchal-Le Pen, die Nichte von Marine Le Pen.

—— · ——

Manuel Valls, der neue Regierungschef, hielt am 8. März 2014 seine Antrittsrede. „Seien Sie stolz, Franzose zu sein ... Frankreich ist das Licht des Universums ... Die sogenannte französische Arroganz ist in Wirklichkeit eine immense Großzügigkeit ... Deshalb wollte ich Franzose werden ... Ich spreche zu Ihnen mit bebendem Herzen.“

Valls ist in Barcelona geboren und erhielt die französische Staatsbürgerschaft erst mit 20. Auch Anne Hidalgo, erste Frau als Oberbürgermeisterin von Paris seit Chlodwig, stammt aus Andalusien. Ein spanischer Humorist brachte es auf den Punkt: „Kein Wunder, dass der rechtsextreme *Front National* so erfolgreich ist. Zwei Ausländer beherrschen zusammen die französische Regierung und die französische Hauptstadt.“

Valls als Superfranzose, genauso wie Sarkozy. Beide haben ausländische Wurzeln, Valls als Katalane, Sarkozy als Ungar. Dies betonte Valls selber mal in einer Talkshow mit dem Ex-Präsidenten: *„C'est pourquoi nous aimons tous les deux la République!"* – Deshalb lieben wir beide die Republik so sehr. – Beide lieben die Republik so sehr, dass sie sich schwertun, wenn andere Fremde in den Genuss dieser Republik kommen möchten.

Unweigerlich muss ich da an die Elsässer denken, die sich oft als hundertfünfzigprozentige Franzosen darstellen, um sich von den deutschen „Cousins" abzugrenzen.

Der neue Regierungschef gab ein paar Einsparungen bekannt und bestätigte die sozialdemokratische Linie von Präsident Hollande, natürlich ohne das Wort in den Mund zu nehmen.

„Hollandes Einpeitscher", taufte Michaela Wiegel, FAZ-Korrespondentin in Paris, Manuel Valls. Ich bin echt neidisch auf die treffsichere Kollegin. Frankreich braucht immer wieder Einpeitscher, weil wir Franzosen zwischen Ducken und Rebellieren schwanken. Wir sind, demokratisch gesehen, noch nicht volljährig.

François de Rugy, Vertreter der Grünen, die die Regierung je nach Thema unterstützen, bringt es auf den Punkt: „Die SPD und die CDU haben zwei Monate gebraucht, um eine Koalition zustandezukriegen. In Paris hat der Präsident allein nur ein paar Minuten benötigt, um nach den verlorenen Kommunalwahlen den Regierungschef auszutauschen. Manuel Valls, der neue, hat dann kaum 24 Stunden gebraucht, um eine neue Regierung zu bilden."

Cécile Duflot, die ehemalige Grünen-Ministerin, rechnet in ihrem Buch *„De l'intérieur. Voyage de la désillusion"* (Von innen betrachtet: Reise einer Enttäuschung) hart mit Hollande ab und bestätigt: „Zwei, drei Personen entscheiden in einem Büro. Das System ist nicht nur königlich, es ist quasi kaiserlich."

Wenn es hart auf hart kommt, kann die Regierung – im Gegensatz zu Merkel – Gesetze per Dekret durchwinken, auch wenn im Parlament keine Mehrheit vorhanden ist. Dieser Vorgang wird als „49/3" bezeichnet; hört sich an wie eine Waffe. Das war der Fall am 7. Februar, am 15. Juni und am 9. Juli 2015, als das Parlament über die Gesetzesvorlage des neuen Wirtschaftsministers Emmanuel Macron zu entscheiden hatte. Aufmüpfige Sozialisten, Kommunisten und Vertreter der extremen Linken *(Front de gauche)* wollten die *„loi Macron"* nicht absegnen. Die Regierung drohte zu zerfallen.

„Die Anwendung des Artikels 49/3 ist eine Einwegpistole“, war im Leitartikel von *Le Monde* zu lesen. Eine Journalistin des Hörfunksenders *France Infos* verglich den Artikel 49/3 mit einem „Colt“, der vom *Premier ministre* eingesetzt wird, „um seine Mehrheit zu killen“. Ein Experte von *France Inter* sprach von „einer politischen Variante der Magnum 357“. Der *Canard enchaîné* schrieb über die Artillerie des „49/3“. François Fillon, Ex-*Premier-ministre* von Sarkozy, verglich das Dekret mit einer „nuklearen Waffe“.

Diese kriegerischen Metaphern werden ausgerechnet in einer Zeit benutzt, in der französische Staatsbürger andere französische Staatsbürger töten. Als Premier Valls ein paar Wochen später Marseille besuchte, wurde er mit einer Salve aus Kalaschnikows begrüßt.

Was passiert aber, wenn sich die Regierung verschätzt, den „49/3“ nicht anwendet und gekippt wird? Es gibt Neuwahlen, aber Hollande bleibt laut Verfassung König von Frankreich, bis zum Lutherjahr 2017, auch wenn die Opposition gewinnt. Man spricht dann von *„Cohabitation“*, was keine Koalition bedeutet. Die Opposition regiert allein. Der Präsident bleibt allerdings Chef der Armee und ernennt den Premierminister. Außerdem kann der Präsident das Parlament jederzeit auflösen, auch wenn die Regierung nicht vom Parlament gekippt wurde.

Der Präsident wird alle fünf Jahre direkt vom Volk gewählt. Was zunächst sehr demokratisch klingt, hat eigentlich katastrophale Folgen. Es findet fünf Jahre lang ein Dauerwahlkampf statt, der zum politischen Dauerwahn führt. „Die Präsidentschaftswahl macht sie alle verrückt“, stellt Daniel Cohn-Bendit immer wieder fest. Er ist nicht allein. *„Arrêtons d'élire des Présidents!“* (Hören wir bitte auf, Präsidenten zu wählen!) nennt sich das Buch des Starjournalisten Thomas Legrand. *„Poison présidentiel“* (Präsidentiales Gift) heißt ein Werk von Ghislaine Ottenheimer.

Der Jurist Robert Badinter bezeichnet den Präsidenten als *„un irresponsable institutionnel“*, als einen von Amts wegen Nichtverantwortlichen. Er kann alles und darf alles, Abgeordnete und *Citoyens* sind nur noch Marionetten. Die moderne Medienwelt, die nur auf Storytelling aus ist, verhindert jegliche seriöse Arbeit. Das vatikanisch-kaiserliche Modell führt Frankreich an den gesellschaftlichen Abgrund. Da hört sich das Mantra *„Vive la France“* nur noch wie ein Hilfeschrei an.

Im Bundestag sitzen mehr Frauen als in der *Assemblée nationale*: 210 bei insgesamt 631 Abgeordneten bzw. 155 bei 577. In der französischen Regierung wiederum sitzen im Vergleich zum Bundeskabinett mehr Frauen. Paris, Regierung Jean-Marie Ayrault: 16 Männer, 16 Frauen. Regierung Valls I und II: acht Männer, acht Frauen. Berlin, Regierung Merkel: elf Männer, fünf Frauen.

Seit 2014 werden die Listen bei Kommunalwahlen in Kommunen mit über 1.000 Einwohnern paritätisch aufgestellt. Bei den Département-Wahlen von April 2015 mussten die Kandidaten als „binôme" auftreten, also als Paar, Mann und Frau. Im Erfolgsfall zogen beide in den *Conseil du département* ein. Bei den Präsidentschaftswahlen der Départements wurden allerdings – in 91 Départements – nur 10 Frauen zur Präsidentin gewählt. Die Regionalpolitik bleibt Männersache.

Unvergessen bleibt die Frage von Laurent Fabius, als Ségolène Royal 2007 für die Präsidentschaftswahl kandidierte: „Wer kümmert sich um die Kinder?"

Am 9. April 2014 fand im Elysée unter der Leitung des Präsidenten der erste *Conseil des ministres* der Regierung Valls I statt. *Monsieur le Président* hatte den 16 Ministern ein Handyverbot verordnet. *Le roi a parlé*. Auch Minister bleiben Untertanen und haben sich zu fügen. Bevor sie den Raum betraten, ließen alle brav ihre Handys vor der Tür. Zu groß war die Gefahr, dass sie während der Kabinettssitzung heimlich ihre Großmütter anriefen. Frau Merkel käme gar nicht erst auf die Idee, die Minister wie Schulkinder zu behandeln und sie mit einem Handyverbot zu belegen, zu sehr liebt sie bekanntlich ihr eigenes Handy.

Ob auch Hollande sein Handy vor der Sitzung abgibt, weiß ich nicht. Ich glaube aber, *Monsieur le Président* darf es behalten. Schließlich ist er der Oberbefehlshaber der Armee und muss im Falle eines Angriffs in Sekundenschnelle den Geheimcode, der die atomare Bombe freigibt, eingeben.

Eine französische Kabinettssitzung hat einen Unterhaltungswert, der in Berlin seinesgleichen sucht. Der Rahmen ist bekannt: der Elysée-Palast. Die Limousinen fahren vor. Allein Justizministerin

Christiane Taubira wackelt unsicher auf einem Fahrrad in den Hof. Die Minister laufen über den Hof Richtung Eingang, wie beim Filmfestival in Cannes. Statt rotem Teppich Kies, der angenehm knirscht, wenn die Damen und Herren an den Journalisten, die in der linken Ecke geparkt sind, vorbeimarschieren. Immer wieder versuchen die Kollegen, den Ministern ein paar Worte zu entlocken: „Wie fühlen Sie sich ...? Was denken Sie über ...? Sind Sie zufrieden mit ...?" Die Mehrheit huscht vorbei. Die Körpersprache wird kommentiert, Schritttempo, Kleidung, Gesichtsausdruck, ein kleines Lächeln, ein Winken oder gar nichts.

Hin und wieder kann der eine oder die andere doch nicht widerstehen und nähert sich der Presse, nicht ohne Risiko. Ein Ausrutscher ist schnell passiert – und der Präsident mag keine Ausrutscher.

Schnitt. Eine Einstellung im Zentrum der Macht: Das Zimmer, in dem die Kabinettssitzung stattfindet, erinnert an vergangene, glanzvolle Zeiten. Kein Vergleich mit dem drögen Raum im Bundeskanzleramt. Der Präsident tritt ein, zusammen mit dem Premierminister. Alle stehen auf, setzen sich wieder, lächeln in die Kamera. Debattiert wird nicht. Die Entscheidungen wurden alle woanders getroffen. Wo genau, weiß keiner. Der Präsident erteilt das Wort, kommentiert bissig oder voller Lob, mahnt zur Geschlossenheit und zur Zurückhaltung gegenüber den Journalisten, die draußen wie Wölfe auf einen Fauxpas lauern. Und er gibt *éléments de langage* aus, Stichworte für die Presse. Aus. *Bon appétit.*

Die Minister marschieren wieder über den Kiesweg zu ihren Autos zurück. Die Journalisten versuchen erneut ihr Glück und analysieren weiter live die Körpersprache. Der eine, der beim Reingehen gelächelt hat, marschiert jetzt mit finsterer Miene zum Auto. Die andere, die bei der Ankunft ihre Miene nicht verzogen hat, lächelt jetzt fröhlich in die Kamera. Was ist passiert?

Egal welche Regierung, rechts oder links, es gibt noch eine französische Eigenart, die allen gemein ist: Einen Regierungssprecher, wie etwa Steffen Seibert in Berlin, gibt es nicht. In Paris ist es immer ein Minister, der zusätzlich als Regierungssprecher fungiert. In der Regierung Valls II heißt er Stéphane Le Foll, *ministre de l'agriculture, de l'agroalimentaire et de la forêt*. Als ob er nicht genug zu tun hätte mit den Landwirten, mit den landwirtschaftlichen Erzeugnissen und mit dem Wald – nein, er soll sich nebenbei noch mit allen anderen Ressorts beschäftigen. Kann nicht gutgehen. Aber die Franzosen denken zum Glück polymorph und nicht monomorph wie die deutschen Kollegen. Deshalb wird Stéphane Le Foll keine Mühe haben, der Öffentlichkeit die Politik der gesamten Regierung zu vermitteln.

Ein weiterer Unterschied im Politalltag ist die Ämterhäufung, *cumul* genannt. Kumulieren ist eine französische Tradition, besser gesagt eine französische Krankheit. Je mehr Ämter, desto mächtiger. François Hollande hatte, als er noch nicht selbst König war, versprochen, die Ämterhäufung zu verbieten. Noch hat er es nicht geschafft.

Er selbst kumulierte, wie es nur ging. Als Parteisekretär in Paris schaffte er es auch zum Abgeordneten des Département Corrèze und zum Bürgermeister von Tulle, immerhin 500 km von der Hauptstadt entfernt. Später gab er das Rathaus auf, wurde aber Président du conseil général du département de la Corrèze und blieb Abgeordneter.

In Deutschland kann man nicht gleichzeitig Oberbürgermeister und Abgeordneter sein. In Frankreich ist der *député-maire* oder der *sénateur-maire* stolz, beide Ämter innezuhaben. In Paris mit dem König am selben Tisch zu speisen, erachtet er als wichtig für sein Dorf, für seine Stadt. In Wirklichkeit alles Totengräber der Demokratie. Die Energiemoleküle einer ganzen Generation sterben durch die Ämterhäufung ab. Sie verhindert das Verteilen der Macht an die Mehrheit. Zwei Modelle prallen aufeinander. Die vatikanisch-monarchische Republik und die lutherische Demokratie.

13. Ostereier

2014 verbrachte *Madame la Chancelière* ihren Osterurlaub traditionsgemäß mit ihrem Mann Joachim Sauer in Italien, wo sie beide in Pompeji nach Ostereiern suchten. *Monsieur le Président* entfernte sich, auch traditionsgemäß, nicht von Paris. Er hatte eine harte Woche hinter sich. Sein Politberater Aquilino Morelle war am Gründonnerstag von der Online-Zeitung *Mediapart* als Betrüger enttarnt worden. Der Arzt und ENA-Absolvent, der früher im Auftrag des Staates die Pharmaindustrie prüfte, hatte sich als Prüfer mit den Geprüften auf Geschäfte eingelassen. Wir erinnern uns: Genau ein Jahr zuvor hatte Sparminister Jerôme Cahuzac Auge in Auge mit dem Parlament und dem Präsidenten beteuert, dass er keine Geheimkonten in der Schweiz besäße. Der *„république exemplaire"*, der „beispielhaften Republik“, Losung des Wahlkampfes gegen „Bling-Bling-Sarko“, drohte der Kollaps.

Der Osterhase enthüllte dem französischen Volk weitere Kostbarkeiten. Morelle, genau wie Manuel Valls Sohn eines spanischen Immigranten, bade im Luxus. Im Elysée-Weinkeller bediene er sich an den teuersten Grands Crus und den edelsten Armagnacs. Er behandele das Bodenpersonal des Elysée-Palastes wie Sklaven und brächte seine Sekretärinnen zum Weinen. Eine von ihnen sei ausschließlich mit seinen privaten Immobiliengeschäften beschäftigt. Zwei Dienstwagen und zwei Chauffeure seien nicht zu viel, um die ganze Familie – er hat vier Kinder – durch Paris zu kutschieren. Damit nicht genug. Morelle lasse regelmäßig einen Schuhputzer im Elysée vorfahren, um im Anbau, als *Hôtel de Marigny* bekannt, seine 30 maßgeschneiderten Paar Schuhe auf Hochglanz bringen zu lassen. Deshalb sein Spitzname: *le petit marquis.* Ein paar Tage zuvor hatte sein Freund und Premierminister Manuel Valls dem Volk als Osterbotschaft Einsparungen in Höhe von 50 Milliarden Euro verkündet.

Karfreitag ist in Frankreich – außer im Elsass – kein Feiertag, obwohl *la France* als älteste Tochter der Kirche gilt und Christus bekanntlich an einem Freitag gekreuzigt wurde. François Hollande wurde am Karfreitag 2014 politisch gekreuzigt. Er befand sich in Clermont-Ferrand beim Reifenhersteller Michelin, um sich mit dem Fußvolk zu unterhalten, als die Informationen von *Mediapart* bestätigt wurden.

Das Horrorszenario war perfekt. Die Saga des Schuhputzers von Morelle drohte, via Medien über die Ostertage hinaus breitgetreten zu werden, und seine geschockte Parlamentsmehrheit rebellierte. An die hundert sozialistische Abgeordnete drohten mit Streik. Sie wollten die Einsparungen, die ohne Verhandlungen mit der Partei beschlossen worden waren, im Parlament nicht absegnen.

Ausnahmsweise zögerte Hollande nicht. Sofort feuerte *Monsieur le Président* seinen engsten Berater, der Bürotür an Bürotür die Geheimnisse der Republik mit ihm teilte. Derselbe Mann, zugleich sein Redenschreiber, hatte ihm während der Wahlkampagne 2012 die Reichenschelte eingebrockt, die ihm schließlich zum Sieg verhalf. Ein paar Monate später kündigte Morelle ein Buch an: *„Ça va barder!“* (Es wird knallen!). Das Buch wurde nie veröffentlicht. Die Behörden sprachen ihn von der Vorteilsnahme frei.

Nachdem er die Entlassung seines Schuhkönigs verkündet hatte, fiel *Monsieur le Président* in eine tiefe Depression. Er teilte dem Volk mit: „Wenn die Arbeitslosigkeit bis 2017 nicht sinkt, habe ich keine Chance, wiedergewählt zu werden. Dann schaffe ich es nicht einmal zum Kandidaten." Damit stürzte er auch seine Freunde in ein tiefes Loch, hatte er doch bis zu diesem Zeitpunkt beharrlich darauf bestanden, dass seine Politik die Arbeitslosigkeit knacken würde.

Am Ostersamstag biederte sich das französische öffentlich-rechtliche Fernsehen *France 2* mit einer Lobeshymne über den Flugzeugträger „Charles de Gaulle" an. Der wohlgemeinte Beitrag schaffte es nicht, seine seelische Not zu lindern. Im Gegenteil: Der atombetriebene Flugzeugträger dümpelt seit 2001 von Panne zu Panne über die Meere, und der Gedanke an das Horrorszenario der „Costa Concordia" bringt den Präsidenten regelmäßig um den Schlaf. Das Wunderschiff benötigte schon sage und schreibe 15.000 Reparaturgänge. Wenn nicht eine Schraube klemmt, platzt eine Dichtung. Noch im Oktober 2013 entwichen radioaktive Dämpfe aus der Heizanlage. *Last but not least* musste auch das greise AKW von Fessenheim im Elsass über Ostern vorsichtshalber heruntergefahren werden.

Zeitgleich fanden in deutschen Städten die traditionellen Ostermärsche statt. Joachim Sauer feierte in Ischia mit Frau Angela am Pool des Hotels „Miramare", mit Blick auf die Bucht von Neapel, seinen 65. Geburtstag. Barack Obama badete in Hawai.

Der Berliner Dichter Walter Thümler, den ich im Schriftstellerschloss von Bettina von Arnim in Wiepersdorf, bei Jüterbog, kennenlernte, stellt die Frage: „Gibt es auch Löcher, durch die man hochfällt?" Im Fall Hollandes antwortete das Schicksal mit Ja. *Monsieur le Président* erlebte am Ostersonntag, genauso wie Christus, eine medienpolitische Auferstehung. Vier französische Journalisten, die zehn Monate als Geiseln der Islamisten in Syrien verbracht hatten, waren am Samstag befreit worden und erreichten Sonntag früh den Militärflughafen Villacoublay bei Paris. François Hollande umarmte sie noch vor den anwesenden Familienmitgliedern.

Hollande verkündete *urbi et orbi*: „Es ist ein Tag der Freude für Frankreich." Ex-Geisel Didier François strahlte: „Es ist wirklich ein Glück, Franzose zu sein!"

„Ja, es ist ein Glück, in der heutigen Welt Franzose zu sein!", hatte *Monsieur le Président* in seiner Neujahrsansprache gesagt. Der

Ostersonntag war gerettet. Die Kollegen der Nachrichtensender verbreiteten rund um die Uhr die Osterbotschaft vom Glück, Franzose zu sein: „Es ist eine französische Tradition, die Geiseln nach Hause zu holen." Als ob Deutschland, England, Italien oder Holland Geiseln ihrem Schicksal überlassen würden.

Schon am Ostermontag war es vorbei mit der Frankreich-Euphorie. Eine SPIEGEL-Umfrage erreichte Paris: Sind Sie mit dem Zustand unseres Landes alles in allem ... sehr zufrieden/eher zufrieden? 80 % der Deutschen antworteten mit „Ja, sehr oder eher zufrieden".

François schlief im Sessel von Ludwig XIV. sofort ein. Im Traum suchte er die ganze Nacht im Elysée-Park nach bunt bemalten Ostereiern und fand kein einziges. Dafür hielten tausende von Asylanten den Park besetzt. *Rien ne va plus.*

Teil 2

1. Protestanten und Katholiken in Frankreich

„Der dicke Luther gab sich nach Verlassen des Klosters den wollüstigen Regungen seines Blutes hin und ehelichte sogleich eine Nonne", schreibt Marguerite Yourcenar, Mitglied der *Académie française,* in ihrem Roman „Die Schwarze Flamme". Dieser Satz könnte auch von Johannes Cochlaeus, Luthers Zeitgenossen stammen, der schrieb: „... ein lausiger ausgelaufener Mönch und bübischer Nonnenfetzer, der weder Land noch Leute hat, als ein unedler Wechselbalg, von einer Badmaid geboren, wie man sagt, und heutzutage das Almosen, so zum Kloster gestiftet, mit einer ausgelaufenen Nonne frisst ...".

Bei manchem selbsternannten Deutschlandexperten wie Alain Favaletto sieht es nicht besser aus. In seinem Buch *„Allemagne: la rupture? Remarques sur le néonationalisme allemand"* beschreibt er den „kleinen" Mönch als ungebildeten Haudegen und macht ihn glatt verantwortlich für den Holocaust. Er spricht Luther sogar die Urheberschaft der deutschen Fassung der Bibel ab. Luther hätte nur abgeschrieben, es hätte vor ihm schon 28 Übersetzungen der Bibel gegeben. Offensichtlich meinte er irrtümlich die verschiedenen Übersetzungen des Alten Testaments aus dem Hebräischen ins Griechische, als *Septuaginta* bekannt, oder Übersetzungen der gesamten Bibel ins Lateinische, als *Vulgata* bekannt (das Neue Testament ist im Original griechisch).

Ich staunte nicht schlecht, als mir vor kurzem Michèle, eine belesene Lehrerin aus Rochefort, beichtete, dass sie nicht wusste, dass Martin Luther verheiratet war. Klar, werden Sie sagen, in Frankreich hat schließlich Johannes Calvin die Reformation ausgelöst. Aber Calvin, etwas jünger als der deutsche Reformator, ist in der Bevölkerung noch weniger bekannt als Luther, obwohl die meisten der französischen Protestanten Calvinisten sind und der Reformierten Kirche angehören. Nur im Elsass gibt es mehr Lutheraner. Und sogar in Deutschland gilt Calvin als Schweizer und nicht als Franzose. Ganz einfach, weil er seine theologische Karriere im Schweizer Exil fortsetzen musste. Damals wurden die Protestanten in Frankreich verfolgt. Wie schon erwähnt, machen die Protestanten in Frankreich kaum 2 % der Bevölkerung aus. Damit ist schon alles gesagt. Sie tauchen kaum in der Öffentlichkeit auf. Dennoch spielen sie – besser gesagt spielten sie – in der Geschichte des Landes keine unwesentliche Rolle.

— · —

Die französische Presse versinkt regelmäßig in Weihrauch, wenn sich etwas tut in Rom. Die Trennung von Staat und Kirche (1905) wird sofort ausgesetzt. Als z. B. Papst Wojtyla starb, verloren Frankreichs Fernsehjournalisten jegliche Zurückhaltung. Alle standen in Trauerkleidung stramm. Sie ließen sich, wenn man so will, als Pressesprecher des Vatikans instrumentalisieren. Man nimmt das Wort „Église“ in den Mund, ohne das Adjektiv „catholique“ zu verwenden – als ob es eben nur eine Kirche gäbe. Die Präzisierung wäre auch überflüssig. Es gibt in Frankreich nur eine Kirche, die katholische.

Gewiss, als der polnische Papst starb, spielten auch die deutschen Medien das Lied vom Tod fleißig mit. Dennoch kam auch Prof. Dr. Wolfgang Huber, damals der Ratsvorsitzende der Evangelischen Kirche Deutschlands, in den Medien zu Wort. Bei Kerner im ZDF debattierte Peter Hahne (Protestant) mit Heiner Geißler (Katholik). Hahne, der ansonsten nicht als Humorist bekannt ist, ging sogar eine Wette ein: „Die Rückkehr Jesu wird stattfinden, bevor die katholische Kirche den Zölibat abschafft.“ In Frankreich dagegen kam kein Protestant zu Wort. Die Journalisten ignorieren die Vertreter der Protestanten generell.

„Ich kenne die Protestanten nicht“, sagte der polnische Papst 1980 bei seinem Frankreich-Besuch zu André Appel, damals Chef der Lutheraner. „Beim Treffen mit dem Papst in Paris hatten die Behörden einen Thron in den Salon gestellt. Für uns Protestanten gab es nur einen schäbigen Stuhl. In letzter Sekunde wurde umgebaut. Schließlich saßen wir alle demokratisch auf Ikea-Stühlen“, ergänzt Appel.

„In Lourdes ist Bernadette Soubirous die Jungfrau Maria erschienen“, kommentierte Béatrice Schoenberg, Moderatorin der Nachrichtensendung im öffentlich-rechtlichen Fernsehen *France 2*, als Benedikt XVI. den Wallfahrtsort in den Pyrenäen besuchte. Aus einer Glaubensfrage wird eine Tatsache. Der Indikativ ersetzt den Konjunktiv. Gut, bei der Wahl von Benedikt XVI. hatte eine gewisse deutsche Presse vorgelegt. „Wir sind Papst“ war ein Knüller.

Ein Höhepunkt war natürlich die doppelte Heiligsprechung von Papst Johannes XXIII. und Papst Johannes Paul II. am 27. April 2014 durch Papst Franziskus. Da überschlug sich die französische Presse:

„Rome le centre du monde" (Rom, das Zentrum der Welt). Milliarden sollen vor den Bildschirmen gesessen haben. Das Wort Ökumene? Ausgelöscht! Die Journalisten einmal mehr im Dienste des Vatikans. *„Le pape français ..."* statt *„le pape François"*, versprach sich ein Reporter so wunderbar.

Links oder rechts, gläubig oder nicht, alle loben den Heiligen Vater, sind sie doch alle Messdiener a. D. oder haben katholische Privatschulen besucht wie Atheist François Hollande das Internat Jean-Baptiste-de-La-Salle in Rouen, 1705 vom gleichnamigen Kapitular gegründet. Damals hatten die Protestanten Haus- und Berufsverbot.

Die Wahlverwandtschaft mit dem römisch-katholischen Denken sitzt fest in den französischen Seelen. Wahrscheinlich seit sich Chlodwig 496 in Reims zum Christen taufen ließ. Die Revolution von 1789 hat noch lange nicht gesiegt. Ein paar Jahre später hatte sich ja auch Napoleon Bonaparte, wie schon erwähnt, in der Kathedrale von Paris vom Papst zum Kaiser krönen lassen. In dem Gotteshaus, 1940 von den Deutschen zerbombt, versprachen sich dann Charles de Gaulle und Konrad Adenauer, beides Katholiken, am 8. Juli 1962, 17 Jahre nach Kriegsende, ewige Liebe. In Wirklichkeit ist Frankreich immer noch ein tief katholisches Land.

„Geisteshaltungen, insbesondere der Katholizismus, selbst wenn er nicht mehr praktiziert wird, beherrschen die Wirtschaft", stellen die Soziologen Emmanuel Todt und Hervé Le Bras in ihrem gemeinsamen Werk *„Le mystère français"* fest. Sogar die Kommunistische Partei Frankreichs, die sich als einzige KP Europas nicht umtaufen ließ, denkt katholisch. Genauso wie der Staat katholisch-monarchische Allüren hat. Im Kopf denken die Franzosen, selbst die Atheisten, katholisch, das heißt zentralistisch. Der Elysée-Palast als Vatikan der Politik. Der politische Dialog bleibt schwierig. Frankreich hat die Beichtkultur durch die Streikkultur ersetzt, ohne die Streitkultur kennenzulernen.

Das alles wirkt überzogen, wenn man weiß, dass die Franzosen das christliche Erbe in der Europaverfassung nicht erwähnt haben wollen, Kreuze und Kopftücher in den Schulen verbieten. Doch der Widerspruch ist kein Widerspruch. Gerade weil wir noch so katholisch sind, müssen wir unsere geistige Herkunft im Namen der Aufklärung verleugnen. Wir haben die Katharsis noch nicht vollendet.

— · —

Wenn auch zahlenmäßig in der Minderheit, haben die Protestanten, die die Verfolgungen überlebten, seit der Französischen Revolution schubweise eine politische, soziale und kulturelle Elite hervorgebracht. Es gab sowohl im 19. als auch im 20. Jahrhundert einen Kulturprotestantismus, der als liberal zu bezeichnen ist. Für die Protestanten war Christus der erste Demokrat. Sie begleiteten die Republik: Laizismus, Säkularisierung, Feminismus, Sozialismus, Internationalismus, die Ideen des *Siècle des lumières* wurden nahtlos übernommen. Der Umgang mit der Moderne galt als intellektuelle Umleitung des Ur-Christentums.

In dem abschließenden Kapitel seiner „Geschichte des Westens", „Rückblick und Ausblick", schreibt Heinrich August Winkler: „Als Jesus das von drei Evangelisten überlieferte Wort aussprach – so gebet dem Kaiser, was des Kaisers ist, und Gott, was Gottes ist –, schloss das ein Nein zu jeder Art von Priesterherrschaft ein. Die christliche Unterscheidung von göttlichen und irdischen Gesetzen, zu der es keine Entsprechung im gleichfalls monotheistischen Islam gibt, ermöglichte letztlich die Säkularisierung der Welt und die Emanzipation des Menschen – eine weltgeschichtliche Wirkung, die freilich erst nach schweren Kämpfen, beginnend mit innerkirchlichen Auseinandersetzungen, eintreten konnte." Die französischen Protestanten haben die Unterscheidung von göttlichen und irdischen Gesetzen immer mitgetragen.

Ganz anders ihre katholischen Brüder, die sich nur schwer aus dem vatikanischen Korsett befreien konnten, selbst dann, wenn sie sich zum *Christianisme social* bekannten, zur Enzyklika *Rerum Novarum (1891).*

Der Kulturkampf zwischen Rom und Paris beruhigte sich zwar mit der Trennung von Staat und Kirche am 9. Dezember 1905. Im Ersten Weltkrieg stand die Kirche auf Seiten der Republik, um das Vaterland zu verteidigen. Aber im Frieden danach waren auch in der Kirche die Gegner der Demokratie wieder aktiv und liebäugelten mit den Faschisten, genau wie in Italien. Die Losung von Marschall Philippe Pétain, der mit den Nazis paktierte, *„travail, famille, patrie"* (Arbeit, Familie, Vaterland), war bei vielen Katholiken willkommener als *„liberté, égalité, fraternité"*.

— · —

Während des Zweiten Weltkrieges wurde die Gegend um Chambon-sur-Lignon (Département Haute-Loire, nahe der Grenze zu den Cevennen), eine Hochburg der Nachfahren der Hugenotten, zur Zuflucht für Tausende jüdischer Kinder. Die israelische Regierung gab den Einwohnern der Region die Bezeichnung *„Justes parmi les nations“*. In Jerusalem erinnert die Gedenkstätte von Yad Vashem an sie. Mein Theologieprofessor (Exegese) an der Uni Straßburg, André Trocmé, war während des Krieges Pfarrer in Chambon-sur-Lignon. Sein Cousin Daniel Trocmé überlebte das KZ von Majdanek nicht.

Im vom Dritten Reich annektierten Elsass kam ich damals auf die Welt. Der lutherische Pfarrer, der mich taufte, schwärmte vom Führer, wie so viele lutherische Pfarrer in Deutschland. Die französischen Calvinisten jedoch ließen sich nicht vom Faschismus anstecken wie ihre elsässischen und deutschen Kollegen. Denken wir nur an Bischof Müller, der die evangelische Jugend sozusagen an Baldur von Schirach übergab.

Die Calvinisten waren zweifellos vom Schweizer Theologen Karl Barth beeinflusst: Der Christ hat sich nicht mit einer Ideologie zu identifizieren, seine Haltung gegenüber den Vertretern der Macht muss stets kritisch bleiben. Er war als Mitverfasser des „Barmer Bekenntnisses“ von 1934, einer Schrift, die sich gegen die Ansprüche der Nazis auflehnte, auch in Deutschland bekannt. Er musste Deutschland damals verlassen und zog sich in seine Schweizer Heimat zurück.

Pastor Marc Boegner schrieb an Marschall Pétain, um gegen die Deportation der Juden zu protestieren. Er traf sich sogar mit Premierminister Pierre Laval. Klaus Harpprecht, Journalist und Redenschreiber des Bundeskanzlers Willy Brandt, gibt das Gespräch in seinem Buch „Mein Frankreich“ wieder. Boegner fragte Laval mit Blick auf die Juden Frankreichs: „Sie lassen Jagd auf Menschen machen?“ Laval: „Man wird sie überall suchen, wo immer sie sich verstecken.“ Boegner: „Erlauben Sie uns, dass wir die Kinder retten?“ Laval: „Kinder müssen bei ihren Eltern bleiben.“ Boegner: „Aber Sie müssen doch wissen, dass sie (in den Lagern) von ihnen getrennt werden.“ Laval: „Nein.“ Boegner: „Aber ich sage Ihnen, dass es so ist!“ Laval: „Was wollen Sie mit den Kindern machen?“ Boegner: „Französische Familien werden sie adoptieren.“ Der Premierminister: „Ich will das nicht: Nicht eines darf in Frankreich bleiben

…“ 11.558 jüdische Kinder wurden schließlich ins Reich deportiert.

Diese Zeilen sollte der Publizist und Supernationalist Eric Zemour lesen. Der Autor von „*Le suicide français*“ behauptet nämlich, dass Pétain sich für die Rettung jüdischer Kinder einsetzte.

Um der Wahrheit willen muss betont werden, dass nicht wenige Katholiken jüdische Kinder retteten, wie meinen Freund Dany Weinryb, Besitzer des Hotels „Saint-Grégoire“ in Münster i. Elsass, dessen Vater eine führende Figur von „Herzl“ war. Die Mitglieder des zionistischen Vereins schlossen sich der *résistance* an. Der Vater überlebte das KZ Flossenbürg nicht. Dany wurde in einem Kloster bei Toulouse als kleiner Katholik versteckt und erzogen. Seine Zugehörigkeit zum Judentum entdeckte er erst nach dem Krieg.

Pierre Laval wurde schon im Herbst 1944 als Vaterlandsverräter hingerichtet. Pétain starb in Haft. Pastor Marc Boegner wurde nach dem Krieg Oberhirte der französischen Protestanten und 1962 in die *Académie française* aufgenommen.

Katholische Theologen und Intellektuelle wie die Franzosen Jacques Maritain und Yves Congar trugen nach dem Krieg gewiss zur Aufbruchstimmung des Zweiten Vatikanischen Konzils bei. Anderswo in der Welt begann die katholische Kirche, sich aus dem dogmatischen Stillstand herauszubewegen. Der Peruaner Gustavo Gutiérrez weckte Rom mit seiner Theologie der Befreiung von der Armut in Lateinamerika. Der Brasilianer Leonardo Boff legte sich mit den Großgrundbesitzern an, die die Bauern als Sklaven betrachteten. Kein Geringerer als der zukünftige Papst Benedikt XVI., damals Chefzensor im Vatikan, entzog Boff die Lehrerlaubnis als katholischer Theologe.

In Frankreich selbst machten die sogenannten „*Prêtres ouvriers*“, Arbeiterpriester, von sich reden. Einige waren gar Mitglieder der kommunistischen Gewerkschaft CGT. Als ich im „Katholischen Tagebuch“ des ZDF darüber berichtete, verlor der Moderator Elmar Lorey gleich seinen Posten. Er hatte die deutschen Oberhirten etwas zu penetrant dazu aufgefordert, sich das französische Beispiel zu Herzen zu nehmen. Damals, Anfang der Siebziger, galt die Führung der katholischen Kirche in Frankreich als fortschrittlicher als die der deutschen.

Hatte vielleicht auch was mit dem priesterlichen Fuhrpark zu tun. In Lourdes kam Kardinal François Marty, als Erzbischof von Paris auch Chef der französischen Katholiken, in einem alten, klapprigen

Peugeot 403 zum Drehort. Als Rentner übersah er in seiner Ente einen Bahnübergang und wurde von einem Zug ins Jenseits befördert. In Fulda beobachtete ich mit Erstaunen, wie die deutschen Kollegen des französischen Kardinals wie Minister in schwarzen Limousinen mit Chauffeur zur Bischofskonferenz anreisten.

Aber auch in Paris blieben die Freidenker im Visier des Vatikans. Jean-Claude Barreau, der fesche Sekretär von Mgr. Marty, verlor seinen Posten. Ich filmte ihn daraufhin, wie er auf einem weißen Motorrad der Marke „Guizzi" die Champs-Elysées auf und ab sauste. Ein paar Wochen später sorgte der Sekretär des Wiener Kardinals Franz König für Aufmerksamkeit und musste weichen. Ich setzte ihn in einem Park vor die Kamera, um über sein Buch „Tod und Teufel" zu sprechen. Beim nächsten Werk, „Jesus in schlechter Gesellschaft", wurde ihm die Lehrerlaubnis entzogen. Der Franzose Barreau wurde Verleger und unter Mitterrand sogar Diplomat.

Als Karol Wojtyla als Papst in Rom einzog, war es bald vorbei mit dem reformatorischen Elan. Wobei auch die Reformatoren nie ernsthaft versucht hatten, die theologische Omertà über ethische Fragen wie Abtreibung oder Verhütung zu durchbrechen. Mit Ausnahme von Ex-Priestern wie Barreau oder Boff, die heirateten und sich damit selbst aus der Kirche ausschlossen.

Die massenhaften Kundgebungen gegen die Homoehe im Herbst 2013 und Anfang 2014 wurden als Rettung der christlichen, d. h. katholischen Werte angesehen. Man sprach gar von einer *„crise de civilisation"*. Die dauerhafte Präsenz des rechtsextremen *Front National* unter Federführung der Familie Le Pen, die sich betont katholisch gibt, gilt als Rettungsanker sowohl gegen die Linke als auch gegen einen Teil der parlamentarischen Rechten, die die Demokratie zähneknirschend akzeptieren.

Die Mitglieder der Partei versammeln sich bewusst an jedem 1. Mai in Paris vor der Statue der Jungfrau von Orléans, Place des Pyramides, im 1. Arrondissement. *„Au secours, Jeanne!"*, rief am 1. Mai 2015 der 87-jährige Jean-Marie Le Pen, Gründer der Partei, der Jungfrau zu, die sich auf einem vergoldeten Pferd für den Kampf bereitmacht. Le Pen trug einen knallroten Mantel, eine absichtliche Anspielung auf die Linken, die anderswo in Paris mutlos den Tag der Arbeit feierten.

Denker wie Paul Ricœur, Jacques Ellul und Georges Casalis gehören zu dieser weltoffenen Elite der Protestanten. An die zwanzig Titel von Ricœur wurden ins Deutsche übersetzt, ich nenne hier nur „Gedächtnis, Geschichte, Vergessen“. Vertreter dieser Geisteshaltung sind auch die Schriftsteller Jean Schlumberger und André Gide, Literaturnobelpreisträger 1947. Beide stammten aus protestantischen Familien. Schlumberger wurde im deutschen Elsass in Guebwiller geboren, aber seine Eltern verließen die Region, um wieder Franzosen zu werden, wie sie es vor 1870 schon gewesen waren. Schlumberger und Gide gründeten 1909 die *Nouvelle Revue Française*, eine bald führende Literaturzeitschrift, in der Autoren, die später berühmt wurden, wie z. B. Jean-Paul Sartre, ihre ersten literarischen Arbeiten veröffentlichen konnten. Sie gilt als Keimzelle der französischen Literatur. Jean Schlumberger ging aber auch deshalb in die Literaturgeschichte ein, weil er das Manuskript von Marcel Proust zu *„À la recherche du temps perdu“* (Auf der Suche der verlorenen Zeit) ablehnte.

Nach dem Sieg von François Mitterrand 1981 gab es eine ganze Reihe von protestantischen Ministern in der sozialistischen Regierung. Darunter der Erzrivale von Mitterrand, Michel Rocard, der noch zwei Jahre zuvor als sicherer Kandidat der Sozialisten für die Präsidentschaftswahlen gegolten hatte, von Mitterrand dann aber geschickt ausgetrickst wurde. Später nominierte ihn *Président* Mitterrand zum *Premier ministre,* um ihn nur zwei Jahre danach in die Wüste zu schicken.

Der Katholik Mitterrand und der Protestant Rocard – das war wie Feuer und Wasser. Mitterrand verstand den anderen einfach nicht. Rocard gibt es heute offen zu. Seine politische Ehrlichkeit war Mitterrands hinterlistigem Geist nicht gewachsen. Mitterrand war einst vom Pétain-Mitarbeiter nahtlos zum *Résistant* geworden, mit Kollaborateuren befreundet gewesen, hatte als Innenminister der IV. Republik Rebellen in Algerien zum Tode verurteilen lassen und dennoch später die Todesstrafe abgeschafft. Er war ein Mann, der, wie bekannt, ein Doppelleben führte und seine Geliebte Anne Pingeot, Mutter der gemeinsamen Tochter Mazarine, heimlich auf Kosten der Republik unterhielt. 1981, nach dem Wahlsieg von Mitterrand, arbeitete Hollande als Berater im Elysée.

Natürlich sind auch im rechten Spektrum Protestanten zu finden. Maurice Couve de Murville war zehn Jahre lang Außenminister unter General de Gaulle und dessen letzter Premierminister. Aber das sind Ausnahmen.

— · —

Peter Scholl-Latour widmet in seinem Buch „Leben mit Frankreich. Stationen eines halben Jahrhunderts", 1988 erschienen, der Wirkung der Protestanten im Staat ein langes Kapitel mit dem Titel „Späte Bekehrung zum Protestantismus". Gut gemeint, aber endgültig passé. Ich glaube, dass diese Periode, in der Protestanten auch als Minderheit das öffentliche Leben mitbestimmt haben, abgeschlossen ist. Heute haben sich die Protestanten politisch und intellektuell in der Masse der Bevölkerung aufgelöst und spielen keine große Rolle mehr. Mobilität und Säkularisierung der modernen Gesellschaft haben wesentlich dazu beigetragen. Außerdem gingen Mischehen schon immer zugunsten der Katholiken aus, ganz einfach, weil die Pastoren ihre Schäflein nicht wie ihre katholischen Kollegen bedrängten. Davon weiß ich ein Lied zu singen. Als junger Pfarrer war ich in Straßburg tätig. Und obwohl meine Gemeinde mit der des Münsters „brüderlich" verschwistert war, musste ich feststellen, dass der Erzbischof von Straßburg, Mgr. Arthur Elchinger, der als liberaler Katholik galt, sich immer schwertat, eine Dispens zu bescheinigen. Die Dispens erlaubte dem katholischen Gläubigen, sich mit einem Protestanten zu vermählen, ohne exkommuniziert zu werden. Er musste allerdings versprechen, die Kinder im katholischen Glauben zu erziehen.

Ein sprechendes Beispiel für den soziologischen Untergang der Protestanten in Frankreich ist die Automobilfirma Peugeot. Im Februar 2014 verlor die Familie Peugeot, die bis dato Eigentümer der Firma war, die Mehrheit im Vorstand der Aktionäre. Der Staat und die chinesische Firma Donfeng entmachteten die bekennenden Lutheraner und übernahmen das Ruder. Die Familie stammt aus Héricourt, bei Montbéliard, Mömpelgard zu Deutsch, Besitz des Herzogtums Württemberg bis 1793, also nach der Französischen Revolution. Ab 2016 *Région Bourgogne-Franche-Comté.*

Die Grafschaft Mömpelgard war der südlichste Besitz des Herzogtums Württemberg. Im Gegensatz zum Elsass sprachen die Menschen hier auch unter der Herrschaft des Heiligen Römischen Reiches Deutscher Nation Französisch. Die lutherische Reformation etablierte sich nach dem Prinzip *cujus regio ejus religio,* dennoch blieb Französisch die Hauptsprache. Herzog Christoph führte schon 1559, 200 Jahre früher als die *Grande Nation*, das Volksschulwesen ein. Angehende Pastoren studierten Theologie im Tübinger Stift. Württembergische Beamte arbeiteten in der Grafschaft. Es gab eine Art grenzüberschreitende Zusammenarbeit. Im lokalen Idiom zeugen einige Überbleibsel von der württembergischen Zeit: *les cartoufles,* Kartoffeln*; chmèquer,* schmecken; *la tringuelte*, Trinkgeld.

Kein Wunder, dass sich der typisch protestantische Unternehmergeist auf einem so fruchtbaren Boden rasch entwickelte.

Die Peugeots waren ursprünglich als Müller tätig. Sie liebäugelten mit der Aufklärung und sperrten sich nicht gegen die neuen Ideen aus Paris. Außerdem verhängte Frankreich damals eine Wirtschaftsblockade, genauso wie gegen Mulhouse, das sich den Schweizer Kantonen angeschlossen hatte. *L'argent n'a pas d'odeur*, Geld stinkt nicht, die Geschäfte mit Frankreich versprachen höhere Gewinne. Durch den Pariser Vertrag von 1796 kam die Grafschaft offiziell zu Frankreich. Die Familie Peugeot wechselte bald von den Mühlen zur Hüttenindustrie. Schon 1889 baute Armand Peugeot das erste Auto.

Auffallend für diese Zeit in Frankreich ist das soziale Engagement der protestantischen Unternehmer. Peugeot führte früher als andere den 10-Stunden-Tag ein. Zudem Arbeiterwohnungen, berufliche Ausbildung, Sozialversicherung, Witwenrente – alles Positionen, die im übrigen Frankreich erst 100 Jahre später eingeführt wurden. Paternalismus hin, Paternalismus her: In der ehemaligen württembergischen Grafschaft ging es den Arbeitern besser als anderswo in Frankreich.

Die Familie Peugeot war nicht allein. Protestantische Unternehmerfamilien wie die Familien de Dietrich, Hartmann und Schlumberger, alle aus dem Elsass, machten sich im 19. Jahrhundert in der Textilindustrie und im Maschinenbau einen Namen. Genauso protestantische Banken wie die *Banque Mallet* oder *Courvoisier.* Während das protestantische Bankwesen heute weitgehend globalisiert agiert und mit internationalen Strukturen verschmolzen ist, bestehen Industriezweige wie Schlumberger und de Dietrich weiter.

—— · ——

Im Mai 2013 fusionierten die Lutheraner und Reformierten in Frankreich zu einer „*Nouvelle église protestante unie de France*". Der erste Präsident der „unierten protestantischen Kirche" heißt Laurent Schlumberger und gehört zu der *HSP, Haute Société Protestante.*

Als ich als junger Pfarrer in Straßburg im Temple Neuf arbeitete, sorgte ich für Stress innerhalb der Straßburger *HSP.* Madeleine und Philippe waren bereit, sich ewige Liebe zu versprechen. Beide gehörten der *HSP* an. Deshalb war es aus der Perspektive der Eltern selbstverständlich, dass der Pfarrer aus demselben Milieu stammte. Ich gehörte aber nicht zur *HSP,* hatte lange Haare und eine freches Mundwerk. Meine Mutter war Putzfrau und nicht Bänkergattin. Philippe und Madeleine waren Jugendfreunde von mir und bestanden darauf, dass ich sie verehelichen solle. Vor der Hochzeit kamen wochenlang Mitglieder beider Familien zum Gottesdienst, um mich wie ein Kaninchen zu begutachten. Ende gut, alles gut. Die Ehe hält heute noch.

Nur jeder zehnte aller Franzosen gehört zu den mittleren und führenden Schichten. Aber 46 % der Protestanten sind Mitglieder der Führungsschicht: Ärzte, Ingenieure, Industrielle, Professoren usw. 19 % sind Mittelschicht und nur 9 % sind Arbeiter und Angestellte. 4 % sind Bauern, 3 % kleine Geschäftsleute und Handwerker.

Die *Nouvelle église protestante unie de France, EPUF* abgekürzt, gehört zur *Fédération Protestante de France,* ein Sammelbecken für Protestanten, die, wie schon erwähnt, nur 2 % der Bevölkerung ausmachen. Dazu gehören auch die sogenannten Evangelikalen, die wiederum auch viele Katholiken anziehen, genauso wie in Lateinamerika. Sie gelten als protestantische Fundamentalisten. Ihre Anführer gehören nicht zu der Elite der Nation.

Mehr denn je bleiben die Protestanten eine Minderheit, leider eine Minderheit mit wenig Einfluss. Dennoch kann sie noch für Überraschungen sorgen. Am 17. Mai 2015 gab die Unierte Kirche (Calvinisten und Lutheraner) den Weg frei für die kirchliche Homo-Ehe. Damit provozierte sie zumindest eine Debatte mit der katholischen Kirche, für die eine kirchliche Trauung undenkbar ist. Mitgliedskirchen der EKD, wie die Hessische Landeskirche, vollzogen diesen Schritt schon im Frühling 2013. Die elsässischen Lutheraner und Calvinisten, wie immer im Schlepptau von Paris oder Berlin, denken noch darüber nach und wollen sich erst im Lutherjahr 2017 entscheiden!

Anlässlich der Gedenkfeiern des Völkerschlachtens 1914–1918 fühlten sich die Repräsentanten der elsässischen und deutschen Kirchen zu ein paar öffentlichen Gesten verpflichtet. Am 23. Mai 2014, zwei Tage vor der Europawahl, trafen sich Vertreter der deutschen und französischen Kirchen zu einer ökumenischen Showveranstaltung auf der *Passerelle des deux rives*, der Fußgängerbrücke über den Rhein zwischen Straßburg und Kehl. Symbolisch steckten sie einen Wahlzettel für Europa in eine Urne. Am 25. Mai 2014, dem Tag der Europawahl selbst, veranstalteten die Protestanten von hüben und drüben in der ehemaligen Straßburger Garnisonskirche aus Kaiserszeiten, heute in *Eglise Saint-Paul* umgetauft, einen Gottesdienst.

Last but not least trafen sich am 3. August 2014, dem 100. Jahrestag der deutschen Kriegserklärung an Frankreich, deutsche und französische Protestanten im elsässischen Gunsbach zum Gottesdienst. Auch Jugendliche waren dabei. Sie hatten zuvor im Schwarzwald in einem internationalen Jugendcamp zum Thema „Frieden und Versöhnung" gearbeitet.

Gunsbach ist der Ort, in dem Albert Schweitzer als Pfarrerssohn aufwuchs. In der Kirche des Dorfes entdeckte der spätere Urwalddoktor die Orgelkunst. Gibt es ein besseres Symbol der Liebe zwischen den Völkern als den Friedensnobelpreisträger Albert Schweitzer?

2. François Hollande und die Protestanten

François Hollande weiß nicht, was ein Protestant ist, sagt sogar der Deutschenfresser Emmanuel Todt. Ich entschuldige *Monsieur le Président* gern. Waren doch die Protestanten vor nicht so langer Zeit im Wörterbuch unter der Bezeichnung „Sekte" zu finden.

Es wundert mich dennoch, weil er die Nachfolge von Lionel Jospin an der Spitze der sozialistischen Partei antrat. Er löste ihn ab, als dieser 1997 *Premier ministre* wurde. Und Jospin war bekannt als Protestant, nicht weil er sich (noch) zum evangelischen Glauben bekannte, sondern weil er dem Klischee des Protestanten entsprach: seriös, traurig, gar preußisch. Er bezeichnete sich selbst als *„un protestant athée, un austère qui se marre"*, als protestantischen Atheist, einen kargen Menschentyp, streng, diszipliniert, der auch lachen kann, was aber jeder Bürger und jeder Journalist bezweifelte.

Die Franzosen wollten keinen Protestanten als Präsidenten, sei er auch Atheist, und schon gar nicht einen *président austère qui se marre*, einen humorlosen Präsidenten, der verkrampft lacht. Sie katapultierten ihn bei der Präsidentschaftswahl 2002 im ersten Wahlgang aus dem Rennen. Sie bevorzugten den Politgauner Jean-Marie Le Pen, Verehrer von Jeanne d'Arc, bekennender Katholik, immer gut für forsche Witze auf Kosten der Juden und Ausländer. Jean-Marie Le Pen verlor gegen Chirac, der im zweiten Wahlgang mit 82 % siegte – ein Rekord im demokratischen Europa.

Kein Wunder, dass die Sozialisten das Wort *austérité* – hat ja rein phonetisch was mit *austère* zu tun – sogar noch Jahre später als politisches Unwort ablehnen. Protestanten, auch atheistische Protestanten, legen Wert auf das Wort. Französische Katholiken quatschen einfach drauflos, verwechseln dauernd Rezession mit Wachstum und führen das Land an den wirtschaftlichen Abgrund.

Schriftsteller Laurent Binet hatte ein Tagebuch über die Wahlkampagne von François Hollande veröffentlicht: *„Rien ne se passe comme prévu“* (Nichts läuft wie geplant). Zwei Jahre später schrieb er im Nouvel Observateur vom 10.07.14: „Wörter bedeuten nichts. Man kann sie wenden wie Handschuhe. Nehmen Sie das, was wir sagen, nie für bare Münze, glauben Sie nie, was man Ihnen erzählt. Reine Verarschung.“ Damit spielte er auf die Wende von Finanzminister Sapin an, der verkündete: „Die Finanzwelt ist unsere Freundin“. Dabei hatte François Hollande in seiner Wahlkampagne die Finanzwelt als Erzfeindin der Linken angeprangert.

Klarer Fall: Den Genossen fehlt die Tradition der Bibelstunde, um die Hürden, die das Schicksal bereithält, zu überwinden. Die Exegese als semantisches und etymologisches Instrument, um die Wörter, die wir benutzen, zu verstehen. Die Theologen sprechen von Hermeneutik.

Diese kulturelle Diskrepanz schlug 2015 ins Griechenlanddrama ein wie ein Meteorit auf freiem Feld. Das katholisch-orthodoxe Bündnis aus dem Süden gegen die sturen Protestanten aus dem Norden. „A Wort esch a Wort“, sagt der badisch-protestantische Alemanne Schäuble. Ein Wort ist ein Wort. „Ich glaube nicht an das, was ich Ihnen sage“, ließ dagegen Tsipras sein Parlament wissen, nach einem Referendum, in dem Wörter wie Lottokugeln durcheinandergeworfen wurden und es nicht nur den Griechen schwindlig wurde. François Hollande gab den französischen Salomon, als er

Tsipras aufforderte: „Hilf mir, dann helfe ich dir!“ Schon war der Grexit in weite Ferne gerückt. Für wie lange aber?

Jeder *Président de la République* erhält in Rom quasi automatisch den Titel „*Chanoine de la basilique Saint-Jean de Latran*“ (Kapitular der Lateranbasilika). 1604 hatte Heinrich IV. dem Vatikan die Abtei von Clairac geschenkt. Im Gegenzug verlieh der Vatikan den französischen Staatsoberhäuptern *ad aeternam* den Titel eines *Chanoine*.

Nicolas Sarkozy, bekennender Katholik, erhielt die Ernennung in der Basilika aus den Händen des deutschen Papstes. Die Weltöffentlichkeit erinnert sich nur an das Bild des Präsidenten, der wie ein Kind mit dem Handy spielte. Er nutzte in seiner Rede aber die Gelegenheit, den Priester über den Lehrer *(instituteur)* zu stellen. Das freute Benedikt, galt aber in Frankreich, einem Land, das so stolz ist auf seine „Husaren der Republik“, wie die Grundschullehrer früher bezeichnet wurden, als Todsünde.

François Hollande, katholisch erzogen, heute Atheist, blieb keine Wahl. Auch er war plötzlich *chanoine de la basilique Saint-Jean de Latran*. Er weigerte sich allerdings, die Basilika wie sein Vorgänger Nicolas Sarkozy zu betreten, um den Orden entgegenzunehmen.

Als er am 24. Januar 2014 vom neuen Papst Franziskus empfangen wurde, hatte er es nicht leicht, abgesehen davon, dass beide Namensvettern waren – in Frankreich heißt dieser Papst François. Er hatte gerade Freundin Valérie gefeuert. Mit seiner früheren Lebensgefährtin Ségolène hatte François in wilder Ehe vier Kinder gezeugt. Mehr als hunderttausend Katholiken hatten dem Papst geschrieben, um gegen das neue Gesetz zur Homoehe (2013) und das alte Abtreibungsgesetz (1974) zu protestieren.

François empfing François mit versteinerter Miene, obwohl es außer dem Namen noch etwas Gemeinsames gibt: Beide wohnen gegen ihren Willen in Palästen und wollen sich im neuen Amt „normal“ verhalten. Jorge Mario Bergoglio als einfacher Papst, François als einfacher Präsident, als *Président normal*. Außerdem benutzen sie beide bescheidene Beförderungsmittel, der Franzose einen Motorroller, der Argentinier einen Renault R4.

Premierminister Manuel Valls hat weniger Probleme mit der Nähe zum Papst. Kaum ernannt, reiste er nach Rom, um am 27. April 2014 den Heiligsprechungen von Johannes Paul II. und Johannes XXIII. beizuwohnen. Den Grund seiner Reise nach Rom erklärte er so: *respect, espérance, sacré* – Respekt, Hoffnung, heilig. Klare Anbiederung an das katholische Frankreich.

3. Der doppelte Kulturschock

Gerade erst gewählt, erlebte François Hollande Deutschland als Kulturschock, als er ausgerechnet mit der Pfarrerstochter Angela Merkel konfrontiert wurde. Sie wird in Paris als sture Preußin veräppelt, die nichts von Glanz und Gloria hält. Da hätten sich die beiden eigentlich verstehen müssen – weil Hollande sich ja so „normal" verhalten wollte wie Merkel, als er zum Präsidenten gewählt wurde. Ging in Paris natürlich nicht. Der republikanisch-monarchische Rahmen fraß François Hollande schon nach wenigen Wochen auf. Das fängt schon mit dem Arbeitszimmer an, wo man permanent an den Sonnenkönig erinnert wird. Das würde auch Merkel nicht aushalten.

Zu allem Überfluss wurde am 18. März 2012 auch noch ein Pfarrer, Joachim Gauck, zum Bundespräsidenten gewählt.

In seinem Büchlein „Freiheit – ein Plädoyer" zitiert Gauck ein altes Volkslied, das ihn zu DDR-Zeiten, als er noch in Unfreiheit lebte, tröstete:

Die Gedanken sind frei,
wer kann sie erraten?
Sie fliehen vorbei
wie nächtliche Schatten.
Kein Mensch kann sie wissen,
kein Jäger erschießen
mit Pulver und Blei:
Die Gedanken sind frei.

Diese Freiheitshymne ist auch den Elsässern bekannt. Der Barde Roger Siffer, Intendant des *Théâtre de la choucrouterie* in Straßburg, hat sie längst ins Französische übersetzt. Am 7. Februar 2015 hat Siffer sie in Strasbourg mit 200 elsässischen Künstlern vor 4.000 Zuschauern zweisprachig intoniert. In Erinnerung an den Schwarzen

Januar 2015: Journalisten, Polizisten und Juden wurden in Paris Opfer von Islamisten. Dazu später.

Elles sont libres les pensées
personne ne peut les deviner
les pensées peuvent s'envoler
comme une ombre dans l'obscurité
aucun homme ne peut les tuer
aucun fusil les chasser
aucun chasseur assassiner
la liberté de pensée.

Ich habe den elsässischen Barden gebeten, *Monsieur le Président* das Volkslied bei seinem nächsten Elsass-Besuch zu überreichen. Er hat zwar nie in einer Diktatur gelebt wie der Bundespräsident vor der Wende, aber auch in einer Demokratie braucht ein Staatschef mal Trost. Am 15. August 2013, Mariae Himmelfahrt, einem Feiertag in Frankreich, meldeten die Presseagenturen, dass *Toptensworld.com* ihn als den schlechtesten Staatsmann der Welt eingestuft hatte. Einfach unfair.

Im Elsass könnte sich François natürlich aus erster Hand über die deutschen Protestanten informieren. Das Elsass gilt zwar seit 1945 endgültig als französisches Territorium – dem Irrtum von Nicolas Sarkozy zum Trotz, hatte der doch im Winter 2011 im elsässischen Truchtersheim in einer Neujahrsansprache gesagt: „*Comme je suis en Allemagne …*“ (Da ich hier in Deutschland bin …). Aber auch im französischen Elsass ist die lutherische Reformation zu Hause.

Damals gehörte das „Ländle“ zwischen Rhein und Vogesen noch nicht zu Frankreich, sondern zum Heiligen Römischen Reich Deutscher Nation. Es galt sogar als Zufluchtsort für verfolgte Protestanten wie Jean Calvin. Der französische Reformator verbrachte mehrere Jahre in Straßburg. Er kümmerte sich um die Flüchtlingsgemeinde. Im Elsass lernte er auch seine Frau Idelette de Bure kennen.

Die Kirche nennt sich *Église de la confession d'Augsbourg*, nach der *confessio Augustana*, sprich Augsburger Bekenntnis, anno 1530, an dessen 25. Juni auf dem Reichstag in Augsburg unter Karl V. die Richtlinien des Protestantismus von den Reichsständen abgesegnet wurden.

Religiös gesehen stimmt demnach der *lapsus linguae* von Sarkozy „*comme je suis en Allemagne*“ sogar. Das evangelische Gesangbuch, mit Regionalteilen für das Saarland, Baden, Elsass und Lothringen und die Pfalz, ist dasselbe wie in Berlin.

Es gibt zwei Gründe, die erklären, weshalb der Sozialist Hollande nicht der Richtige ist, sich mit dem Elsass zu beschäftigen. Erstens ist die *Région Alsace,* mit Ausnahme von Straßburg, rechtslastig; unter der Herrschaft von Sarkozy wurden alle Regionen, mit Ausnahme des Elsass, von den Linken regiert, dies hat Hollande nicht vergessen. Zweitens würde es auch nichts bringen, wenn Hollande die lutherische Kirche von Soultzeren im elsässischen Münstertal besuchte. Heute wird nur noch auf Französisch gepredigt, gebetet und gesungen. Das lutherische Gesangbuch wird nicht mehr benutzt. Nur die Luther-Bibel liegt noch hinter dem Pfarrer auf dem Altar, aufgeschlagen jahrein, jahraus auf Seite 807, Prediger, Kapitel 10, 11 und 12: „O freue dich, Jüngling, in deiner Jugend und lass dein Herz guter Dinge sein in deiner Jugend ...“. Aus dem Vater-Unser ist das *Notre-Père* geworden. Auch die Deutschen, die das Elsass lieben und sich bei uns angesiedelt haben, lassen sich sicherheitshalber auf der rechten Rheinseite begraben.

4. Jean-Paul Sartre und die Familie Schweitzer

Am 3. August 2014 besuchten bekanntlich Gauck und Hollande zusammen den Hartmannsweilerkopf im Elsass, wo sie der Toten des Ersten Weltkrieges gedachten – ich werde später darüber berichten. Der Berg ist nur einen Katzensprung von Gunsbach entfernt. Warum hatte die elsässische Kirche nicht daran gedacht, Gauck und Hollande zu einem kurzen Besuch des Albert-Schweitzer-Museums einzuladen? Gauck hätte es gefreut, und Hollande hätte den Brief entdeckt, den Jean-Paul Sartre am 15. Februar 1949 an Schweitzer schickte, zusammen mit einem Exemplar seines neuen Werkes „*L'être et le néant*“ – Das Sein und das Nichts: „Meinem Onkel Albert, in der Hoffnung, dich bald zu sehen ... Herzlich, Jean-Paul“.

Sartre ist der Sohn von Anne-Marie, der Kusine von Albert Schweitzer. In seinem Buch „Die Wörter“ (Les mots) schreibt er über seine elsässischen Wurzeln. Der erste Satz beginnt mit: „Im Elsass ... um 1850 ...“. Der Großvater von Sartre, Charles Schweitzer, ließ sich noch vor 1870 als Deutschlehrer in Paris nieder. Genauso sein Bruder August, Geschäftsmann. Damals gehörte das Elsass zu Frankreich. Louis, der jüngere Bruder, Vater von Albert Schweitzer, blieb auch nach 1870, als das Elsass zum Reich gehörte, Pfarrer im Elsass. Nachdem Sartres Vater früh aus dem Leben geschieden war, erzog der elsässische Großvater Charles oder Karli, wie Sartre ihn liebevoll nannte, den Enkel.

„Zu Hause ließ er aus Treue gegenüber dem verlorenen Elsass-Lothringen und zur großen Erheiterung der Papstgegner, seiner Brüder, keine Gelegenheit aus, den Katholizismus lächerlich zu machen: seine Tischgespräche erinnerten an diejenigen Luthers", schreibt Sartre.

Charles Schweitzer war eine Art atheistischer Protestant, damals sagte man „liberal". Sartre beschreibt ihn als „verlorengegangenen Pastor, der, dem Willen seines Vaters treu, das Göttliche bewahrt hatte, um es auf die Kultur zu übertragen." Er veröffentlichte ein „Deutsches Lesebuch" für die Franzosen.

Von Charles Schweitzer erbte Poulou – so Jean-Pauls Kosename – die Liebe zur Literatur. Ohne Opa Karli hätte es keinen Schriftsteller Sartre gegeben.

Sartre erwähnt die Elsässer, die nicht unter deutscher Herrschaft leben wollten und sich 1871 für Frankreich entschieden hatten: „In den meisten Gymnasien wurde der Deutschunterricht von Elsässern erteilt, die für Frankreich optiert hatten und deren Patriotismus auf diese Weise belohnt wurde. Sie waren aber zwischen zwei Nationen und Sprachen aufgewachsen, hatten nicht richtig studiert, und ihre Bildung wies Lücken auf; darunter litten sie und klagten auch, die Feindseligkeit ihrer Kollegen zwinge sie, innerhalb des Lehrkörpers immer abseits zu stehen." Allein der elsässische Akzent führte schon zur Diskriminierung.

Immer wieder stoßen wir auf ein französisches Problem: große Vorsätze im Namen der Republik, aber ohne Anpassung oder Anbiederung gelingt den Betroffenen die Integration wohl nicht. Man gehört nicht „dazu". Das erfahren die Franzosen mit Migrationshintergrund täglich. Man hat einen arabisch klingenden Namen, und schon wird es schwierig bei der Wohnungs- und Arbeitssuche oder beim Discobesuch.

Auch Minister haben es nicht einfach. Bildungsministerin Najat Vallaud-Belkacem wird von Gegnern wegen ihres Migrationshintergrundes beschimpft. Ebenso Justizministerin Christiane Taubira aus Französich-Guayana. Wie sagte Karim Benzema, französischer Fußballnationalspieler algerischer Abstammung? „Schieße ich ein Tor, bin ich Franzose, schieße ich daneben, bin ich Araber."

Weiter schreibt Sartre: „Ich sollte der Rächer werden, ich sollte meinen Großvater rächen: ich, der Enkel eines Elsässers und gleichzeitig ein richtiger Franzose aus Frankreich. Karli würde dafür sorgen, dass ich ein umfassendes Wissen erwarb, dann würde ich mich ins gemachte Bett legen können. Durch meine Person würde das gemarterte Elsass in die *École normale supérieure* einziehen, glänzend alle Examina bestehen, um fürstlich zu enden: als Literaturprofessor."

Das Elsass seines Großvaters spielt eine große Rolle. Er erzählt vom Herbst 1914, als er 9 Jahre alt war: „Meine Mutter kaufte mir Hefte, die alle gleich aussahen; auf ihrem violetten Deckel sah man eine behelmte Jeanne d'Arc als Zeichen der Zeit. Unter dem Schutz der Jungfrau von Orléans begann ich die Geschichte des Soldaten Perrin. Er entführte den Kaiser, brachte ihn gefesselt in unsere Linien, forderte ihn dann vor versammeltem Regiment zum Zweikampf heraus, warf ihn zu Boden und zwang ihn, nachdem er ihm das Messer an die Kehle gesetzt hatte, einen Schandfrieden zu unterzeichnen und uns Elsass-Lothringen zurückzugeben."

Sartre berichtet von seiner doppelten religiösen Erziehung: „Ich war Katholik und Protestant; vereinigte den kritischen Geist mit dem Geist der Unterwerfung. Im Grunde fand ich dies alles schrecklich langweilig: Ich gelangte zum Unglauben nicht durch den Konflikt der Dogmen, sondern durch die Gleichgültigkeit meiner Großeltern ... Mein Großvater hatte so gut gearbeitet, dass ich alle katholischen Priester für sonderbare Tiere hielt; sie waren zwar die Diener meines Glaubens, waren mir aber fremder als die protestantischen Pfarrer, wegen ihrer Kleidung und wegen des Zölibats."

Kein Wunder, dass sich Sartre – anders als François Hollande – „in Feindesland" wähnte, als er eine katholische Schule besuchte.

Immer wieder ist die Religion im Spiel: „Ich war gleichzeitig Protestant und Katholik, und meine doppelte Religionszugehörigkeit hielt mich davon ab, an die Heiligen zu glauben, an die Muttergottes und schließlich an Gott, solange man sie mit diesen Namen benannte. Aber eine ungeheure Kollektivkraft war in mich eingedrungen, hatte sich in meinem Herzen eingerichtet und hielt dort Wacht: Das war der Glaube der anderen."

Sartres Buch „Die Wörter" hat einen typisch lutherischen Aufbau: Der erste Teil heißt „Lesen", der zweite „Schreiben". Das Lesen ist für das Schreiben unabdingbar.

„Ich werde auch einmal eine Schildwache der Kultur werden wie Charles Schweitzer.", schreibt Sartre.

Auch Albert Schweitzer stand Wache, nicht nur für *eine* Kultur, sondern für alle Kulturen.

Charles und Albert Schweitzer waren ein Herz und eine Seele. Charles öffnete Albert die Türen zur Sorbonne, wo er über Nietzsche und Schopenhauer referierte. Auch Sartre verdankte sein Wissen über die deutsche Philosophie seiner elsässischen Familie.

Albert Schweitzer war damals deutscher Staatsbürger. Die beiden Onkel in Paris, August und Charles, französische Staatsbürger. Alle waren mehrsprachig und fühlten sich als Weltbürger. Ganz anders als die Protestanten im heutigen Elsass.

Auf einem Briefkuvert der Evangelischen Akademie in Bad Herrenalb lese ich: „Protestantisch, streitbar, weltoffen". Im Elsass lese ich im Geiste: „Protestantisch, langweilig, weltfremd". Die elsässischen Protestanten sind endlich in Frankreich angekommen.

5. Tipps von Margot Käßmann für François Hollande

Angela hat einen gravierenden Fehler gemacht. Sie hat vergessen, François zum Evangelischen Kirchentag im Juli 2013 in Hamburg einzuladen. „Soviel du brauchst!" hieß das Motto, nach dem 2. Buch Moses, Kapitel 16, Vers 18. Das Volk Israel flüchtet in die Wüste, Mose organisiert den Alltag. „Als sie es aber abmaßen, hatten die, die viel gesammelt hatten, nicht zu viel, und die, die wenig gesammelt hatten, nicht zu wenig. Jeder hatte gerade soviel gesammelt, wie er zum Essen brauchte."

Das Treffen, alle zwei Jahre, gilt als geistiges Laboratorium der Protestanten in Deutschland und damit auch der gesamten Bundesrepublik. Sowohl Peer Steinbrück, damals Kanzlerkandidat der SPD, als auch Angela ergriffen schon das Wort.

Die Frankfurter Buchmesse und der Evangelische Kirchentag sollten ein „Muss" für jeden französischen Politiker sein, um Deutschland zu verstehen.

„Es wird uns nur gut gehen, wenn es den anderen in der Welt auch gut geht", predigte die Bundeskanzlerin. Wo ist da *l'intransi-*

geance égoïste de la Chancelière zu finden, die egoistische Unnachgiebigkeit, die Paris ihr vorwirft?

Hollande hätte auf dem Kirchentag auch die attraktive Ex-Bischöfin Margot Käßmann getroffen – was sicher zu einer Krise mit seiner eifersüchtigen Freundin Valérie geführt hätte, denn 2013 lebten die beiden noch zusammen unter dem Dach des Elysée.

Margot ist die offizielle Botschafterin des Rates der EKD für das Reformationsjubiläum 2017, im Grunde genommen eine Art geistliche Kanzlerin. François hätte Deutschland nach einem gemeinsamen Gebet mit Margot – die *la langue de Molière* sehr gut beherrscht – besser verstanden. In ihrem Buch „Mit Herzen, Mund und Händen“ unterhält sich Margot mit Martin Luther über Spiritualität im Alltag, im Kloster und in der Welt.

Inzwischen ist Valérie nicht mehr aktuell und der Elysée-Palast hat sich vorläufig in eine Art Kloster verwandelt. Ich habe mir erlaubt, François das Büchlein von Margot zu schicken und ihn auf die Seite 98 aufmerksam zu machen. Dort gibt Margot dem Leser Tipps:

„Schaffen Sie sich ihren ganz persönlichen Rückzugsort. Sie müssen dazu gar nicht in ein Kloster gehen.“

Sarkozy hatte 2007 angekündigt, dass er sich im Falle eines Sieges gegen Ségolène Royal in ein Kloster zurückziehen würde, um sich seelisch auf sein Leben als *Président de la République* vorzubereiten. Nach dem Sieg bevorzugte er aber die Luxus-Yacht des befreundeten Milliardärs Bolloré, was ihm natürlich gleich Minuspunkte und den Ruf eines Präsidenten der Reichen einbrachte.

„Aber es ist auch gut, in der eigenen Wohnung einen solchen Ort zu haben: vielleicht einen Meditationsschemel vor einem Kreuz oder einen besonders schönen Sessel am Fenster.“ – Mit Blick auf den wunderschönen Elysée-Garten. – „Einen Ort, an dem Sie Zeit für Ihre Seele haben. Das kann auch eine Bank im Park sein.“ Bänke sind mehrere im Elysée-Park vorhanden.

„Zugänglich muss dieser Ort sein, damit Sie dort Stille finden für Ihre Gespräche mit Gott. Zeit mit Gott zu verbringen, stärkt unsere Seele, gibt uns Kraft und macht uns frei von der Gefangenschaft, in die die Zwänge des Alltags uns so oft einbinden. Sie gibt uns die Balance im Innern, die wir brauchen, um das Leben in seiner ganzen Fülle wahrzunehmen.“

François Hollande hätte 2013 noch eine Möglichkeit gehabt, Margot zu treffen, nämlich am 31. Juli um 15.00 Uhr im Straßburger Temple Neuf, genau dort, wo ich als junger Pfarrer und Achtundsechziger die Straßburger *HSP*, die *Haute Société Protestante*, zur Weißglut trieb.

Margot sprach komischerweise Deutsch, obwohl sie doch so wunderschön französisch parliert. Deshalb war eine Dolmetscherin vonnöten, sonst hätte das elsässische Publikum nur die Hälfte verstanden.

Vor vollem Haus stellte sie die Frage: „Haben die Protestanten 500 Jahre nach der Reformation noch was zu sagen? – Ja", findet Margot, „ich glaube an das Erbe der Reformation: selbstständig zu denken."

Aber François Hollande war nicht in Straßburg. Auch gut so, weil ihn die Rede von Margot enttäuscht hätte. Keine Anspielung auf die wechselhafte Geschichte der Europa-Hauptstadt zwischen Frankreich und Deutschland. Keine Reflexion über das republikanische Modell des Laizismus, der Trennung von Staat und Kirche, mit dem Frankreich die Welt beglückt. Die Französische Revolution erwähnte sie *en passant*. Auch über Martin Bucer huschte nur ein einziger Satz über die Lippen der Ex-Bischöfin. Wo doch der Elsässer der europäischste aller Reformatoren des 16. Jahrhunderts war. Schade. Ein kurzer Anruf bei der Bucer-Forschungsstelle in Heidelberg und Stephen E. Buckwalter hätte sie sofort mit einem Gedicht von Bucer versorgt. Der niederländische Abgeordnete Dr. Johannes Blockland, Mitglied der damaligen Fraktion „Unabhängikeit/Demokratie", hat es am 30. Mai 2001 während einer Plenardebatte im Europarlament vorgetragen:

Gibt es denn auch nur ein Lebewesen
in der Luft,
auf der Erde,
im Wasser,
das wir nicht zerstören, das wir nicht vernichten?

Keine physische Kraft,
keine Behändigkeit,
noch viel weniger Schlauheit oder List
können sie retten
vor unserer zerstörerischen Kraft.

Kein Fels ist so hart,
kein Berg so hoch und gewaltig,
kein Baum so mächtig und ausgewachsen:
Alles kann von uns zerschlagen werden.

Kein Vogel fliegt so hoch am Himmel,
kein Fisch schwimmt so tief im Meer,
kein Tier lebt so weit entfernt,
an einsamen Orten,
dass wir es nicht in unsere Gewalt bringen
und töten.

Das Gedicht stammt aus Bucers Römerbriefkommentar von 1536. *Monsieur le Président* könnte es nahtlos in seine Eröffnungsrede zur UN-Klimakonferenz am am 30. November 2015 einbauen.

Im Jahr 2015 verpasste François Hollande gleich mehrere Chancen, die Lutherbotschafterin kennenzulernen. Vom 3. bis zum 7. Juni 2015 fand in Stuttgart erneut der Evangelische Kirchentag statt. Das Motto war sogar auf ihn zugeschnitten: „Damit wir klug werden“ (Psalm 90, 12). Auch Angela wartete vergeblich auf ihn.

Als ich feststellte, dass *Monsieur le Président* nicht nach Stuttgart kam, meldete ich mich im Elysée, um ihn auf eine von Margot Käßmann begleitete Studien-Seekreuzfahrt mit der „MS Hamburg“ hinzuweisen. Das Motto der Reise: „Länder der Reformation.“ Beginnend in Kiel und endend in Hamburg, werden Häfen in Schweden, Norwegen, Dänemark, England und Holland angelaufen. Eine einmalige Gelegenheit, sich vor Ort zu informieren, weil Frankreich sich nicht nur täglich mit Deutschland vergleicht – *comme l'Allemagne* –, sondern auch mit den Ländern des Nordens im Allgemeinen – *les pays du Nord* –, und die haben schließlich alle was mit der Reformation zu tun.

Die Preise waren für einen Präsidenten erschwinglich, je nach Kabinenkategorie von 1.295 bis 4.195 Euro pro Person, zzgl. Landausflüge, Paket ab 395 Euro. Die Reise passte genau in die Urlaubszeit von François Hollande, also vom 10. bis zum 19. August. Optional sogar mit einer Vorreise nach Wittenberg vom 8. bis zum 10. August.

Leider lehnte François Hollande das Angebot mit dem üblichen Argument, er müsse vor Ort in Paris bleiben, weil eine Revolution in Frankreich nie ausgeschlossen sei, ab. Und Revolutionen ereignen sich bekanntlich, wenn man sie am wenigsten erwartet.

6. Der lutherische Urknall

Nach dem Tod von Steve Jobs titelte der SPIEGEL: „Der Mann, der die Welt veränderte." Wetten, dass der SPIEGEL 2017 „Martin Luther – der Mann, der die Welt veränderte!" titeln wird? Die BILD-ZEITUNG wird sich auch nicht bescheiden geben. „Wir sind Luther!" ist als Schlagzeile reserviert.

Beim demokratischen Urknall denkt man natürlich eher an die Agora zu Zeiten Sokrates', an die Französische Revolution, an den Schweizer Rütlischwur, vielleicht sogar an die gegenüber Rom kritischen Waldenser in den Alpentälern oder an die Katharer, die in Südfrankreich gegen die Allmacht der katholischen Kirche revoltierten und eine Gesellschaft ohne Klassen forderten, bevor sie in Montségur in den französischen Pyrenäen endgültig besiegt wurden. In Wirklichkeit hat erst der lutherische Urknall die Demokratie in Europa und in der Welt ermöglicht, ohne dass der Begriff Demokratie für den ehemaligen Augustinermönch eine Rolle spielte. Er forderte ganz einfach, dass jeder Mensch das Wort Gottes lesen dürfe und müsse. Damit brach er das Interpretationsmonopol der katholischen Kirche. Es brauche keinen Priester, keine geistliche Obrigkeit, um mit Gott in Verbindung zu kommen. Heute sagt Margot Käßmann: „Ich telefoniere mit Gott", was gewiss ein gewagtes Bild ist, aber klar aussagt: Ich bin ich, ich brauche keinen Priester, ich bin selbst Priester. Mein Verhältnis zu Gott verantworte ich allein. Ich benötige keinen Vermittler. Dafür brauche ich nicht zu bezahlen. *Sola fides sola gratia.* Allein der Glaube rechtfertigt meine Rettung. Weg mit Ablässen aller Art. Die Gnade Gottes allein spielt eine Rolle.

Die Aussage Luthers hatte die Kraft eines Stimmzettels, wenn auch der Stimmzettel erst später auftauchte. Die Reformation war die Revolution vor der Revolution. *„Luther père de la liberté"*, Vater der Freiheit, meinte Jean Jaurès, Gründer der Sozialistischen Partei Frankreichs.

Wenn jeder von uns die Bibel lesen und interpretieren darf und kann, werden Kräfte freigesetzt, die sonst unter dem Mantel der Autorität, damals der römischen Autorität, ersticken. Martin Luther nergiemoleküle freigesetzt, die sich durch die Aufklärung sogen autonom, ohne Bezug auf die Heilige Schrift entwickelten. , ob Montesquieu, Rousseau, Voltaire, Locke, Hume oder Hobbes, hat Luther als *Eleutherios*, als Befreier, den Weg bereitet.

Max Weber hat meine These besonders in Bezug auf Johannes Calvin schon vorweggenommen, indem er ihn quasi zum Vater des Kapitalismus ausrief. Aber ich behaupte: Der Urknall der modernen Welt ist bei Luther zu finden.

Herzog Christoph von Württemberg führte die Lese- und Schreibpflicht ein. Natürlich blieben die Bürger Untertanen, aber die Saat für den Erfolg des deutschen Mittelstandes im späteren Baden-Württemberg war gelegt. Ich nehme mit Absicht das Ländle als Beispiel, weil es einmalig zwischen Krähwinkel und Kalifornien schwebt, wie Peter Hölzle, Mitarbeiter der „Evangelischen Kommentare", es treffend formuliert, also zwischen Titisee und Silicon Valley. Die Reformation war der Durchbruch, der die demokratischen Bewegungen erst ermöglichte.

Die katholische Kirche wollte die Weltherrschaft. Luther spaltete diesen Anspruch auf. Damit entstand seine Lehre der zwei Reiche, in der er Kirche und Welt trennte, wie Karl Barth es formulierte. Gewiss, das war noch lange keine Revolution. „Die deutschen Protestanten emanzipierten sich vom Papst und seiner Kurie, aber sie blieben Untertanen und wurden keine *Citoyens*", schreibt Christian Feldmann in seiner Luther-Biographie zu Recht. Aber wie lange brauchten die *Citoyens*, um sich wirklich zu emanzipieren?

Pierre Joxe schreibt in *„Soif de justice"*: „Ich bin heute überzeugt, dass die Ursachen, warum wir so viel Mühe haben, einen Sozialstaat zu errichten, der auf dem Fundament eines Rechtsstaates basiert, in der langen französischen Tradition der Sklaverei mit ihrer nicht aufhören wollenden Verlängerung in den Kolonien bis zum Ende des Algerienkrieges zu finden sind. ... Die Französische Republik hat diese Tradition der Sklaverei geleugnet und verdrängt."

Harte Worte, die von einem strammen Protestanten stammen, der es immer ernst meinte und meint mit der Republik. Der dreifache Minister unter Mitterrand – Justiz-, Verteidigungs- und Innenminister – hat in seinem Buch *„Cas de conscience"* radikal mit sich und seinen Gewissensfragen als Minister abgerechnet. Ich kenne kein zweites derartiges Beispiel von Selbstkritik bei einem Politiker, ob Deutscher oder Franzose.

Die Jugend mit Migrationshintergrund fühlt sich auch mit französischem Pass immer noch nicht heimisch in der Republik der Menschenrechte. Dies hat eben mit der Unfähigkeit zu tun, die Worte der Republik in Taten umzusetzen. Der berüchtigte *Code Noir* von Ludwig XIV., der die Bewohner der Kolonien quasi zu Untermenschen abstempelte, geistert bis heute durch die französische Geschichte. Deshalb sagt Robert Badinter, der 1981 als Justizminister unter Mitterrand die Todesstrafe abschaffte, mit Recht: „Frankreich, das Vaterland der Menschenrechte, ist in Wirklichkeit nur die Heimat ihrer Erklärung."

Der lutherische Urknall machte es immer wieder möglich, dass die Demokratie siegte, auch wenn sich ausgerechnet die deutschen Lutheraner damit so lange schwertaten und sich besonders im Dritten Reich ein paar tödliche ideologische Ausrutscher erlaubten.

Eine demokratische Gesellschaft ist eine Gesellschaft, in der die Macht unter einer möglichst großen Zahl von Bürgern verteilt wird. Dadurch werden Energiemoleküle freigesetzt, die ein moderner Staat braucht, um zu existieren. Der französische Zentralismus brachte Versailles, die Atomkathedralen und den TGV hervor. Der deutsche Föderalismus erfand den Mittelstand – weniger spektakulär, aber auf Dauer produktiver. Lebendige Provinzstädte gab es übrigens schon zu Luthers Zeiten.

7. Franzosen ohne lutherischen Urknall

Die Unterschiede zwischen Frankreich und Deutschland haben ihren Ursprung in der Reformation, die Argwohn durch Vertrauen ersetzte, nur weiß es keiner. Dennoch fehlt es in Paris nicht an Selbstkritik.

Yann Algan, Pierre Cahuc und André Zylberberg beschreiben in ihrem Buch *„La fabrique de la défiance"* mit klaren Worten, wie Misstrauen und Argwohn die französische Gesellschaft ruinieren: „Zwei von drei Franzosen begreifen die Gesellschaft als eine Pyramide. Eine kleine Elite ganz oben, ein kleiner Mittelstand. Die Mehrheit der *Citoyens* bleibt ganz unten hängen."

Natürlich kann der deutsche Leser behaupten: „So ist es ja auch in Deutschland". Alles eine Sache der Perspektive.

Die französische Gesellschaft bleibt hierarchischer strukturiert, weil zwischen den unterschiedlichen Schichten weniger Brücken vorhanden sind als in Deutschland. Kein Wunder, dass wir die größte Rate an Konflikten zwischen Angestellten und Führungskräften innerhalb der westlichen Länder vorweisen. Geert Hofstede hat in seinem *Power Distance Index* (Hierarchie-Index) die hierarchische Spannung zwischen Angestellten und Führungskräften in 50 Ländern analysiert: „Unter den vergleichbaren westlichen Industriestaaten ist Frankreich das Land, in dem die Hierarchie am ausgeprägtesten ist."

Collin Crouch bestätigt in *„Industrial Relations and European State Traditions"*: „Frankreich ist ein Meister der Konflikte. Es befindet sich laut einer Analyse des Weltwirtschaftsforums unter 139 Ländern auf Position 129."

Christian Saint-Etienne schreibt in *„France: état d'urgence. Une stratégie pour demain*" (Frankreich: Notstandsstaat. Eine Strategie für morgen): „Die Auswahl der Führungskräfte ist die eines Hofstaates. Sie hat wenig mit der beruflichen Qualifikation der Akteure zu tun. In Deutschland stammen die Führungskräfte der 500 größten Unternehmen zu 80 % aus dem eigenen Haus. In französischen Konzernen kommen sie von außen. Vierzigjährige Manager, die so schnell wie möglich die Gewinne der Betriebe optimieren sollen. Jeder Esel kann solche Ziele kurzfristig erreichen, indem er die Zulieferer in die finanzielle Enge treibt. Auf längere Sicht bremsen diese Manager aber Innovation, Kreativität und Wachstum."

Martin S., Farbenfachmann, schaffte es in der Hierarchie der BASF in Ludwigshafen von unten nach oben. Der Boss einer französischen Chemiefabrik empfing ihn im staatseigenen Werk bei Paris. Martin staunte, dass der smarte Franzose, kaum der Eliteschule entsprungen, schon einen Riesenbetrieb leitete. Der sprachgewandte Chef gab ohne Hemmungen zu, dass er mit Farben eigentlich nichts am Hut habe, und beklagte sich über die schlechten Zeiten: „Wie schafft es die BASF, zu überleben?"

Martin stellte ziemlich schnell fest, dass die Maschinen ursprünglich aus seinem eigenen Betrieb in Ludwigshafen stammten, Baujahr 1930. Er sagte zu dem Franzosen: „Sie haben den Krieg gewonnen und sich nach 1945 bei uns bedient. Alles in Ordnung. Das Problem ist nur, diese Maschinen stammen aus den Dreißigerjahren und sind völlig überholt." Er deutete auf die Plakette, auf der die Herkunft und der Jahrgang der Maschine zu lesen waren. *„Je ne l'avais pas remarqué"*, das habe ich nicht bemerkt, antwortete der

Franzose. Ein paar Monate später wurde die Produktion eingestellt und der junge Mann anderswo entsorgt.

Hubert Védrine leitete unter Mitterrand fünf Jahre lang das französische Außenministerium. In seinem Werk *„La France au défi"* (Herausforderung für Frankreich) warnt er den Leser: „Ich bin von ganzem Herzen Franzose. Allerdings bin ich, nachdem ich die Welt bereist habe, analysiert habe, verglichen habe, bestürzt, wenn ich die Widerstände in der französischen Gesellschaft sehe. Ihre Konsequenzen für Frankreich machen mich traurig."

Seitenlang bedauert er, dass wir Franzosen unser Selbstvertrauen verloren haben, obwohl wir doch so eine wunderbare Republik geschaffen haben. Leider bleiben wir zu sehr von uns selbst überzeugt, immer bereit, den anderen Lektionen zu erteilen, aber unfähig, etwas von den Nachbarn anzunehmen.*„Serions-nous uniques?"* – Sind wir etwa einzigartig? –, fragt Védrine selbstironisch. Zum Schluss landet er bei einer „Revolution der Mentalitäten *à l'anglo-saxonne.* Wir könnten uns doch von Finnland, Deutschland oder Kanada inspirieren lassen, um einen nationalen Konsens zu entwickeln und unser Schulwesen mit einem neuen Stolz zu erfüllen ...". Damit hat Védrine es sich mit den Gewerkschaften verdorben.

Jeden Tag kommen neue Bücher auf den Markt, die Hollande sagen, was er machen soll, um Frankreich zu retten. *„Changer de modèle, de nouvelles idées pour une nouvelle* croissance" (Das Modell wechseln, neue Ideen für ein neues Wachstum) nennen Philippe Aghion, Gilbert Cette und Elie Cohen ihr Werk.

Seine Berater haben ihn auf das Buch von Thomas Piketty, *„Le capital au XXIème siècle"*, aufmerksam gemacht. Als er in dem Werk blätterte, stellte er fest, dass es 968 Seiten dick ist, und schenkte es dem nächsten Besucher. Am selben Tag las er in der Zeitung, dass das Opus in den USA eine Auflage von einer Million Exemplaren erreicht hatte. Daraufhin verlieh er Piketty sofort die *„légion d'honneur"*, die Ehrenlegion, eine Auszeichnung, für die mehr als ein Franzose bereit wäre, seine Seele dem Teufel zu verkaufen. Er hatte nur vergessen, Piketty zu fragen, ob er sie annehme. Der Weltökonom machte einen auf Jean-Paul Sartre, der sogar den Literaturnobelpreis abgelehnt hatte, und lehnte auch ab.

Jean Pisani-Ferry überreichte Hollande vor laufenden Kameras den Bericht der Stiftung *France-Stratégie: „Quelle France dans dix ans?"* – Wie sieht Frankreich in zehn Jahren aus? Was bringt diese Frage? Hollande denkt an seine Wiederwahl, und die findet schon im Lutherjahr 2017 statt.

Bekanntlich haben die Deutschen eine gewisse Neigung zur Selbstzerfleischung, und die Franzosen sollen alles auf die leichte Schulter nehmen. In Wirklichkeit sind die Franzosen die wahren Meister der Selbstbezichtigung. Besonders seit die Sozialisten an der Macht sind, ergehen sich die Experten mit Genuss in Selbstzerfleischung.

Mit seinem Versprechen, die Arbeitslosigkeit in den Griff zu bekommen, was aber nicht gelingt, ist Hollande der Kritik im eigenen Land ausgesetzt. Vergessen ist, dass es unter Sarkozy nicht besser lief. Sein Vorgänger machte sich sogar lustig über die Defizite. Der ewige Vergleich mit Deutschland – *comme l'Allemagne* – hat eine Art Theologie des Niedergangs produziert.

In seinem Frankreich-Buch erwähnt Peter Scholl-Latour ein Gespräch mit einem Taxi-Chauffeur in Paris, geführt am 24. Juni 1987, also vor fast 30 Jahren: „Er habe unlängst aus dem Fernsehen erfahren, daß die Löhne und die Produktivität in Westdeutschland die entsprechenden französischen Ziffern um dreißig Prozent überstiegen. ‚Bei uns wird nicht genug gearbeitet, wird zu schlampig gewirtschaftet.' Mein Hinweis auf die sinkende Arbeitsmoral der Deutschen, auf die Veränderungen der deutschen Mentalität im Zeichen einer sich ausdehnenden Freizeitgesellschaft stießen auf höfliche Ungläubigkeit. ‚*Le déclin* – der Niedergang, davon redet jeder heute in Paris', fuhr mein Cicerone fort. ‚Schlagen Sie die Zeitungen auf von links oder von rechts. Jeder will dem anderen den Niedergang in die Schuhe schieben.'"

Diese Theologie des Niedergangs bleibt aktuell.

8. Von Martin Luther zu Charles-Louis de Montesquieu

Die französischen Experten schaffen es merkwürdigerweise nie, die wahren Ursachen der Katastrophe zu beleuchten. Uns fehlt die Tradition der Bibelstunde, die befreiende Auseinandersetzung der Exegese, die auch Gott in Frage stellt, um die Macht schließlich den Menschen zu überlassen.

Dabei haben wir doch so wunderbare Philosophen wie Voltaire hervorgebracht: „Allein die Philosophie, diese Schwester der Religion, hat den Händen, die sich so lange am Aberglauben blutig gemacht haben, die Waffen abgenommen."

Aber auch Voltaire blieb vorsichtig. In Ferney-Voltaire, an der Schweizer Grenze, zeigte mir Denis de Rougemont die Privatkapelle von Voltaire. *Deo erexit*, Gott gewidmet, steht über der Tür. Der Grabstein des Philosophen ist an die Mauer des Gotteshauses gelehnt. „Voltaire wollte es so, nicht in der Kirche und nicht außerhalb der Kirche begraben zu werden", erklärte mir der Schriftsteller. In Wirklichkeit weiß man bis heute nicht, wo Voltaire tatsächlich begraben liegt.

Die Republik ist ein Abziehbild des Vatikan geblieben, genauso wie der König es war, auch wenn er oft mit Rom in Konflikt geriet. Johannes Calvin, etwas jünger als Luther, hat es nicht geschafft, die Reformation in Frankreich fest zu verankern, obwohl ein Drittel der Franzosen vorübergehend als protestantisch galt. Der französische Staat war damals schon gefestigt, als sich die Deutschen noch mit ihrer Kleinstaaterei verzettelten. Ein Zentralstaat kann seine Macht besser verteidigen, aber in Krisenzeiten kann die Macht natürlich auch über Nacht wechseln.

Nicht so im föderalistischen Staat. Davon profitierte Luther damals. Er hatte Deutschland, um zu experimentieren. Calvin dagegen musste Frankreich verlassen und über Straßburg und Basel bis nach Genf flüchten.

Vorteile und Nachteile des Föderalismus und des Zentralismus sind heute bekannt. In Frankreich setzte die Regierung das Rauchverbot in den Kneipen mit Erfolg über Nacht durch. Die Deutschen hatten es schwerer: Ausnahmen über Ausnahmen! Da blickte man lange nicht durch. Noch heute gibt es Kneipen, in denen man ganz oder teilweise rauchen darf.

Revolution über Nacht in Frankreich, aber nicht in Deutschland. Wie allerdings Hitler im föderalistischen System Deutschlands an die Macht kommen konnte, bleibt mir ein Rätsel.

Den Franzosen kam der lutherische Urknall nicht zugute. Sie blieben trotz Revolution katholisch, ohne es zu merken. Diese Aussage sorgt immer für Ärger unter meinen französischen Freunden, für die der Laizismus der Heilige Geist der Republik ist. Die größten Verfechter der Trennung von Staat und Kirche schicken ihre Kinder allerdings lieber in katholische Schulen. Wenn ich dann noch behaupte, dass sogar die Kommunistische Partei Frankreichs – ja, die gibt es noch, wenn auch museumsreif – katholisch ist, flippen alle aus.

Die deutschen Energiemoleküle schweben heute rund um die Welt, und die Franzosen zerbrechen sich Tag und Nacht den Kopf, wie sie die Deutschen einholen könnten.

Dabei hatten die Franzosen eigentlich die besten Voraussetzungen, um einen modernen Staat zu gestalten. Es war schließlich ein Franzose und kein Deutscher, der *„l'Esprit des lois"* (Geist der Gesetze) verfasste: Charles-Louis de Montesquieu. Er trennte die Legislative von der Exekutive und der Judikative, eine Art Dreieinigkeit der Demokratie. Das Ergebnis lesen wir in der *„Déclaration des droits de l'homme et du citoyen"*, der Menschenrechtserklärung vom 26. August 1789. „Um den Missbrauch der Macht zu verhindern, muss die Macht der Macht Schranken setzen", schreibt Montesquieu in *„l'Esprit des lois"*. Und wo kam er auf diese Idee? In Frankreich oder in Deutschland?

„Meine Reisen in Deutschland 1728–1729" ist erst kürzlich auf Deutsch erschienen. Herausgeber Jürgen Overhoff schreibt: „Montesquieu entdeckte in Deutschland die Möglichkeiten des Föderalismus in ganz neuer Weise, und so arbeitete er in den Folgejahren weiter am Konzept der föderalen Republik. 1734 forderte er in der kleinen Abhandlung *Réflexions sur la Monarchie Universelle en Europe*, dass sich ‚ähnlich dem Reich auch ganz Europa als eine Nation' betrachten solle, welche sich ‚aus mehreren Staaten zusammensetzt'. 1748 veröffentlichte er seine nun ausgereiften Überlegungen zum Bundesstaat im ‚Geist der Gesetze'. Indem er in diesem bedeutenden Werk seine Theorie des Föderalismus als festen Bestandteil der Lehre von der Gewaltenteilung kennzeichnete und dabei als Bezeichnung für ein föderal verfasstes Gemeinwesen die Kategorie der *république fédérative* ersann, prägte er wie kein zweiter Rechtsphilosoph die moderne Vorstellung von den offensichtlichen Vorzügen eines gut organisierten Bundesstaates."

9. Die lutherischen Satelliten

2017 dürfen die Schattenseiten des deutschen Reformators freilich unter den Tisch gekehrt werden. Luther-Botschafterin Margot Käßmann ebnet mit ihrem Charme schon mal den Weg. In ihrem Band „Schlag nach bei Luther", schon 2012 erschienen, schreibt sie: „In diesem kleinen Band hat man darauf verzichtet, die kritischen ökumenischen, antijüdischen und gewalthaltigen Texte aufzugreifen, da dies einer inhaltlichen Aufbereitung, Auseinandersetzung und Einordnung bedürfe.“ Klar, lieber beschäftigt man sich mit dem Seelsorger Luther: „Wie liebevoll er über Kinder und auch über die Ehe sprechen kann.“

Gut, um korrekt zu bleiben, erwähne ich gerne die Worte von Prof. Dr. Wolfgang Huber, die im selben Band zu lesen sind: „Deutsche im Inland wie auch im Ausland wurden unter Berufung auf Luther lange Zeit dazu verführt, Patriotismus und Nationalismus miteinander zu verwechseln.“ Huber weiß in der Tat, wovon er spricht. Sein Vater war ein bedeutender Nazi-Jurist, Schüler von Carl Schmitt, ins Elsass versetzt, um die widerspenstigen Elsässer zu germanisieren und die Universität Straßburg als Sorbonne des Nationalsozialismus zu festigen. Huber selbst kam in Straßburg auf die Welt.

Als ich feststellte, dass er nach dem Krieg im Schwarzwald aufgewachsen war und in Freiburg studiert hatte, schrieb ich ihm einen netten Brief, sozusagen als Nachbar, da ich gegenüber in den Vogesen lebe. Ich wollte wissen, ob er was über Frankreich und das Elsass geschrieben hatte, das mir entgangen wäre. Vielleicht sogar an meinem Bauernhof vorbei mit dem Fahrrad den Col de la Schlucht hinaufgefahren war, genauso wie Jan Ullrich? Seine Sekretärin ließ mich wissen, dass er nichts über die angesprochenen Themen geschrieben habe.

Als er später im nahen Schwarzwald seinen Urlaub verbrachte, eilte ich nach Kandern, wo er in der evangelischen Kirche über „Glaube und Macht“ sprach. Er gab mir sogar die Hand, ich outete mich aber nicht und verzichtete auf Fragen nach der Tätigkeit seines Vaters im von den Nazis annektierten Elsass. Warum sollte ich ihm den Urlaub verderben?

—— · ——

Bei einem Rückblick auf die vergangenen 500 Jahre stellen wir fest, dass mehrere Lutherbilder wie Satelliten durch die Geschichte kreisen. Ist auch ganz normal, weil das Denken eines Denkers sich immer irgendwann vom Denker selbst löst, um unsere Gedankenwelt zu beseelen. Dies war bei Marx genauso wie bei Luther. Der Gulag war im „Kapital“ nicht vorgesehen, genauso wie die Faszination mancher lutherischer Pfarrer für den Nationalsozialismus nicht von den 95 Thesen des Reformators abzuleiten ist. Diese Faszination hatte – im Gegensatz zu dem, was behauptet wird – nichts mit Luthers Behauptung, „der Staat sei von Gott gewollt", zu tun.

Der Antisemitismus der Nazis wiederum hatte vielleicht doch was mit Luther zu tun. Christian Feldmann schreibt in seiner Luther-Biografie: „Martin Luther ... gab so schauderhafte Sätze über die Juden von sich, dass bei den Nürnberger Kriegsverbrecherprozessen 1946 der Herausgeber des antisemitischen Nazi-Hetzblatts ‚Der Stürmer', Julius Streicher, behaupten konnte, würde er noch leben und hätten die Richter mehr historisches Gespür, dann säße sicher Martin Luther an seiner Stelle auf der Anklagebank."

Ich gebe zu, dass ich als Theologiestudent auch überrascht war, als ich die Abhandlung „Von den Juden und ihren Lügen" las und seine Beschimpfungen der Juden entdeckte, inklusive der Aufforderung, Synagogen und Schriften zu verbrennen. Da war seine frühere Beziehung zu dem elsässischen Juden Josel von Rosheim, der den Kontakt zu Luther gesucht und mehr Verständnis bei einem anderen Elsässer, Wolfgang Capito aus Straßburg, gefunden hatte, auch kein Trost.

Ich habe eine Menge von Luther-Büchern sorgfältig durchgearbeitet. Wolfgang Wippermann, Autor von „Luthers Erbe. Eine Kritik des deutschen Protestantismus", war in Bezug auf die antisemitischen Schriften Luthers, genauso wie ich, lange ahnungslos: „Ich jedenfalls habe von ihnen weder im Schul- noch im Konfirmandenunterricht gehört. Als ich 1983 erstmals davon las und darüber einen öffentlichen Vortrag hielt, wurde ich deshalb heftig gescholten, dabei war ich nur der Überbringer der schlechten, weil antisemitischen Nachricht."

Das Standardwerk wird wahrscheinlich noch lange das schon erwähnte Buch von Heinz Schilling bleiben: „Martin Luther. Rebell in einer Zeit des Umbruchs". Klassiker wie „Martin Luther. Leben und Glaube" von Hans Mayer bleiben aktuell.

Spannend bleibt das schon im Kapitel „Im Spiegel der Sprache" erwähnte Werk von Dietz Bering mit seiner These vom „deutsch-jüdischen Verhältnis als Tragödie der Nähe". Er zitiert eine Aussage des „Central-Vereins Deutscher Staatsbürger jüdischen Glaubens" aus dem Jahr 1897: „In dieser Beziehung (d. h. der Nationalität) haben aber die Juden eine merkwürdige Wahlverwandtschaft mit den Deutschen; sie assimilieren sich seit den Zeiten der Reformation keinem Volke so leicht wie dem deutschen.“ Weiter finden wir einen Satz aus dem Ersten Weltkrieg: „Deutschland ist das Mutterland der jüdischen Seele!“ Bering stellt die Frage: „Deutsche und Juden – ein kulturelles Paar?“

Am originellsten finde ich die Romanbiographie von Klaus-Rüdiger Mai, „Martin Luther. Prophet der Freiheit“. Er besteht mit geradezu lutherischer Beharrlichkeit auf den Unterschied zwischen Antisemitismus und Antijudaismus. Für ihn ist Luther kein Antisemit. Er schießt aus allen Rohren, um „seinen“ Luther zu verteidigen. In anderen Schriften behauptet er gar, dass Margot Käßmann als Luther-Botschafterin eine glatte Fehlbesetzung sei. Kurzum, Theologie als Kabarett hat auch was.

Bis zum Lutherjahr 2017 werden die Luther-Bücher wahrscheinlich astronomische Auflagenhöhen erreichen. Alle Autoren haben eines gemeinsam: Sie geben sich große Mühe, zu belegen, dass Luther bei seinem Kampf gegen die Juden keine „Endlösung“ forderte. Es sei ihm nicht um Biologie gegangen, sondern nur um Religion. Luther sei kein Antisemit. Dennoch hatte er antisemitische Aussetzer. Mit diesem Euphemismus kommen wir zu meiner Hauptthese zurück.

— · —

Der lutherische Freiheitssatellit war schon lange vor der unsäglichen Judenschelte unterwegs, losgelöst vom Antisemiten – oder Antijudaisten – Luther. Denken wir nur an den Satelliten der französischen Revolution. Die Baumeister des Satelliten, ob Robespierre, Danton, Marat oder Saint-Just, brachten sich gegenseitig um. Auch die Erklärung der Menschenrechte, sei es die amerikanische von 1776 oder die französische von 1789, wurde im Lauf der Geschichte mehrfach verraten, wie August Heinrich Winkler dokumentiert: Die Sklaverei verschwand erst Jahrzehnte später, und am 8. Mai 1945, dem „Tag der Befreiung“ als Ende des Zweiten Weltkrieges, lösten die Franzosen nach einem Protestmarsch der Algerier im algerischen Sétif ein Massaker aus. In den folgenden Wochen kamen 20.000 Araber und mehrere Hundert Franzosen um. Dennoch kreiste der Satellit der Menschenrechte immer weiter um die Erde.

1517 fand in Wittenberg der lutherische Urknall statt, in Form von 95 Thesen, mit denen Luther den Papst zum Teufel jagt. Jeder ist nun Priester, keiner ist Papst. Vollgestopft mit Freiheitsbotschaften kreist der erste Luthersatellit um die Welt. Bis heute ist er nicht abgestürzt. Natürlich bekam Luther gleich Angst vor der eigenen Courage, als die Bauern sich auf ihn beriefen und gegen ihre Fürsten revoltierten. Aber der Satellit der Freiheit kreiste weiter um die Erde, egal was Luther in fortgeschrittenem Lebensalter vorhatte.

1617 wird Luther als genialer Theologe gefeiert, der sozusagen einen neuen Kanon entworfen hatte, obwohl er kein sturer Dogmatiker war und sich vor allem um die prophetische Umsetzung des Wortes Gottes im Alltag kümmerte. Am Ende seines Lebens ging ihm der theologische Alltag – „Wie baut man eine neue Kirche auf?" – gar auf die Nerven. Der Kämpfer war müde. Ein neuer Satellit war unterwegs.

1717 wird Luther als Schicksalsmensch gefeiert, als Mann, der einen kosmischen Kampf zwischen dem Guten und dem Bösen auf sich aufgenommen hatte. Der Mönch, der mit Katharina von Bora die Liebe entdeckte und das evangelische Pfarrhaus als Gesellschaftsmodell gründete. Man denkt an den inneren Kampf der Romantiker, an den Seelensturm der Pietisten. Eigentlich ein guter Stoff für einen Hollywood-Film. Schon schwebte der dritte Satellit im Weltall der Gedanken.

1817 wird er als Vorfahre der Aufklärung gefeiert, als Vater der Humanisten, wobei auch da schon der historische Luther verbogen wurde. Freiheit war kein Fremdwort für ihn, aber er war kein Voltaire – denken wir an den Streit mit Erasmus von Rotterdam. Der freie Wille ist für Luther „eine Lüge". Er versucht, den Glauben immer als Lehre zu objektivieren. Allerdings sorgten die Napoleonischen Kriege für den kommenden nationalistischen Protestantismus, wie das Wartburgfest im Jahr 1817 dokumentiert. Der neue Luthersatellit fliegt in Blickweite des Satelliten der Französischen Revolution. Auch Deutschland möchte als Nation auftreten.

1917 sieht man in Luther den deutschen Mann *per se*, eine Denkersäule des unabhängigen Deutschlands. Nietzsche betrachtet ihn als Übermenschen. Dieser Satellit wurde ein paar Jahre zuvor aus dem Spiegelsaal zu Versailles ins Universum geschossen.

Die Nazis hatten keine Ruhe, bis sie alle Luthersatelliten, außer dem von 1917, abgeschossen hatten. Den Satelliten von 1917 holten sie runter, steckten „Mein Kampf" zur Luther-Bibel und schossen ihn ins Weltall zurück. Am 8. Mai 1945 explodierte er.

Zum 450. Jahrestag des Thesenanschlags feierte die DDR Luther als ideologischen Urvater, nachdem sie ihn kurz zuvor noch als Fürstenknecht fertigmacht und ihm Thomas Müntzer gegenübergestellt hatte. Auch die neue BRD schaffte es mit Hilfe der Alliierten, einen neuen Satelliten um die Erde zu schicken. Beide Satelliten kollidierten am 9. November 1989. Endlich siegte in Deutschland die Demokratie.

Was wird mit Luther im Jahr 2017? „Martin Luther, der Mann, der das demokratische Europa ermöglichte."

10. Die *Tour de France* von Martin Luther

2013 fand die hundertste Ausgabe der *Tour de France* statt. Die Tour begann in Korsika, dann ging es auf dem Kontinent weiter über Nizza und Marseille, bevor die sechste Etappe in Aix-en-Provence startete. Die Strecke führte am Haus meines Schulfreundes Marc vorbei, zwischen Aix und Les Eguilles. Er war besorgt. Wenn die Fans am Straßenrand ihre Kippen wegwarfen, drohte Feuer und sein Anwesen lief Gefahr, in Flammen aufzugehen. Vorsichtshalber schloss er einen Schlauch an der Pumpe seines Schwimmbades an.

Ich teile die Begeisterung von Peter Sloterdijk für die Tour ohne Wenn und Aber. Obwohl ich ebenso Antipapist bin wie Luther, überzeugt mich der Philosoph: „Der Radsport ist auch hierin strukturell katholisch: ohne Heuchelei nicht überlebensfähig, Reformation der *Tour de France* bleibt unvorstellbar."

Wie immer holt Peter weit aus. Als der Spiegel-Reporter im Interview feststellt: „Barthes (Roland) schreibt in seinem Essay aus dem Jahr 1957 bereits über Doping", antwortet Sloterdijk: „In seinen Augen war das Doping unverzeihlich, weil es eine Profanisierung bedeutete. Barthes erbaute sich an der Vorstellung, dass die Kraft, mit der der Fahrer die schwersten Abschnitte meistert, nicht nur aus ihm selbst kommt." Frage des Spiegel: „Sondern von den Göttern?" Sloterdijk: „Etwas in dieser Art."

Ich bin Sloterdijk nie persönlich begegnet, obwohl er in Straßburg unterrichtete, dafür aber Roland Barthes, zu Hause, in der *Rue Servan Denis*, im *Quartier latin,* der Wiege des französischen *Esprit.* Dummerweise habe ich mit ihm nicht über die *Tour de France* gesprochen, sondern über eine Novelle von Balzac, *„Sarrazine"*.

Nachdem die Radrennfahrer Richtung Montpellier weitergesaust waren, schlenderte ich mit meinem ehemaligen Schulfreund aus Epinal durch die Gassen von Aix-en-Provence, berühmt – unter anderem – durch sein *Festival de musique classique.* Auch durch die Nähe zur *Montagne Sainte-Victoire,* die ihre weltweite Bekanntheit Cézanne verdankt.

Als wir am *Hôtel des Augustins* – vier Sterne – vorbeikommen, erwähnt Marc, dass Martin Luther hier übernachtet haben soll. Soweit ich mich erinnere, hat Luther Frankreich nie besucht. Da mein Freund nicht zu Scherzen neigt – er ist strenger Protestant und kümmert sich, seit er als Arzt im Ruhestand ist, um die finanziellen Angelegenheiten der kleinen reformierten Gemeinde der Stadt –, gehe ich zur Rezeption und frage nach dem Aufenthalt des deutschen Reformators in dem Hotel, das früher ein Dominikanerkloster war.

Ich staune nicht schlecht, als mir Léon, der Rezeptionist, sofort einen Flyer ausdruckt: *Via Lutheri. Un voyage scénique de Rome à Wittenberg du 11 avril au 14 juillet 2012* – eine Theaterreise auf den Spuren Martin Luthers anlässlich des 500. Jahrestages seiner Wanderung durch Italien, Frankreich, die Schweiz und Deutschland. Beigefügt eine Karte der Reiseroute von Rom über Siena, Livorno, Bastia (Korsika), Nizza, Aix-en-Provence, Pernes-les-Fontaines, Vienne und Genf.

Ich werde immer nervöser. Luther war nie in Frankreich, auch nicht im Elsass. Ist er vielleicht doch über Straßburg nach Deutschland zurück? Enttäuschung: Von Genf führt die Route via Murten und Bern nach Zürich, später dann über Konstanz, Memmingen und Augsburg bis nach Wittenberg.

Ich kann es nicht fassen. Ich wusste, dass Luther mit einem Kumpan über die Alpen nach Rom gewandert war, um dort Angelegenheiten der Augustiner zu erledigen. Aber vom Rückweg über Frankreich, immerhin ein Riesenumweg, keine Ahnung. Im Flyer finde ich den Hinweis auf einen gewissen Prof. Dr. Hans Schneider, Marburg, Historiker für die Reformation.

Meine Begeisterung ist natürlich grenzenlos, außerdem stimmt die Route Luthers mit der Strecke der *Tour de France 2013* überein. Ich kann es kaum glauben. Kürzlich erst habe ich die Mammut-Biographie Martin Luthers von Heinz Schilling gelesen: „Rebell in einer Zeit des Umbruchs." Darin steht aber kein Wort über die Frankreichreise des Reformators. Ist der Professor aus Marburg ein Spinner? Ich quäle alle meine Freunde mit der Frage: „Hast du gewusst, dass Luther damals durch Frankreich gereist ist?“ Nur negative Rückmeldungen. Sogar mein Schulfreund Jean-François Collange, Ex-Präsident der Lutherischen Kirche von Elsass-Lothringen, weiß nichts davon.

Egal. Die Informationen aus Aix-en-Provence eröffnen neue Perspektiven. Hat diese Reise für Luther eine Rolle gespielt? Schnell nachschauen: Wie alt war er? 28, es war das Jahr 1512, also 5 Jahre vor dem Anschlag der Thesen an das Kirchenportal in Wittenberg, 1517. Da war er noch Mönch. „In gewisser Weise kam Bruder Martin konservativer und kirchenkonformer aus Rom zurück, als er dorthin aufgebrochen war“, urteilt Heinz Schilling aus Berlin.

Vielleicht ist die Reise durch Frankreich wichtiger als bisher gedacht? Wem ist er dort begegnet? Hat er in der Provence vielleicht Nachfahren der Katharer getroffen? Letztere hatten schon lange vor ihm gegen die katholische Kirche rebelliert und waren von Kirche und König vernichtet worden. Ist er am Rande der Alpen vielleicht sogar Waldensern begegnet, deren Frauen ebenso predigten wie die Männer? Sie galten ebenfalls als Häretiker und wurden Opfer der Inquisition. Ist der Keim der Reformation in Luthers Frankreichreise zu suchen? Fragen über Fragen. Wie alt war Calvin 1512? Drei Jahre. Bringt nichts. Erst um 1523 wurden in Paris die ersten Lutheraner auf dem Scheiterhaufen verbrannt.

Hat der Mönch die neue Wahrheit vielleicht dennoch in den Olivenhainen der Provence entdeckt? War vielleicht eine Frau im Spiel? Ich weiß, die Affäre mit Katharina kam viel später. Er hat sie erst 1525 geehelicht, da war er schon 42. Die Frauen haben keine Rolle dabei gespielt, dass aus dem Mönch langsam ein Rebell wurde, sagen alle. Aber stimmt das? Muss man den Lebenslauf Luthers neu beleuchten?

„Sein Interesse an der Heiligen Schrift zielte im Kern nicht auf die Geschichte oder die philologisch-grammatikalische Struktur des Textes. Er nahm die Bibel existentiell“, schreibt Schilling. Genau, da haben wir’s. Luther war doch mehr Kierkegaard als Kant oder Calvin, dieser sture französische Gelehrte. „Die Bibel war ihm Richtschnur für das Leben, das ihm im Kern ein Leben für oder gegen das ewige Heil war.“ „Entweder – Oder“ war auch das Leitmotiv des dänischen Philosophen.

Luther der erste Existenzialist? Vorgänger von Sartre, dessen Mutter eine „Schweitzer“ war? Wie schon erwähnt, habe ich in Gunsbach den Brief von Sartre gelesen: „*Cher oncle ...*". Er hatte Schweitzer 1949 sein Buch „*L'être et le néant*" geschickt, mit Widmung: „*Jean-Paul*". Auch Luther hätte ein Buch mit diesem Titel schreiben können.

Ich beruhige mich und gehe ein paar Stunden im Wald arbeiten. Später telefoniere ich mit Prof. Dr. Hans Schneider in Marburg. Er schickt mir weiteres Material. Ich entdecke, dass die These der Frankreichroute nicht aus der Luft gegriffen ist. Schon im 19. Jahrhundert war die Rede davon. Aus Mangel an Beweisen ließ man sie fallen.

Welche Beweise hat Professor Hans Schneider? Der Grund für den Umweg über Frankreich leuchtet ein: Im Winter 1512 gab es in Norditalien schwere Kämpfe zwischen Italienern und Franzosen. Da lag es auf der Hand, einen Umweg in Kauf zu nehmen. An Augustinerklöstern fehlte es auf der Frankreichroute nicht. Die Spuren häufen sich. In Nizza soll Martin sogar eine Messe gelesen haben. An weiteren Orten wie Aix-en-Provence oder Pernes-les-Fontaines bei Avignon gibt es mündliche Überlieferungen von Aufenthalten des späteren Reformators. Wieso?

Luther selbst hat über seine Romreise kaum berichtet, und wenn, dann Jahre später. Er erwähnt die Legende vom Aufenthalt des Pilatus bei Lyon, wo dieser sich im Exil befand: „*in deserto*", an einem einsamen Ort. Pons (Ponce Pilate) soll er heißen, „*circa Rhodanum*", nicht weit von der Rhône. In der Tat gibt es dort in der Ortschaft Vienne ein Pilatus-Haus. Wieso spricht Luther davon? In seiner Schrift „Wider das Papsttum in Rom" findet man Ausdrücke auf Italienisch, aber auch französische Varianten, die es im Italienischen gar nicht gibt, wie „*Gremmerze*" *(grand merci)*. Wieso? Hatte er diese Wörter noch im Ohr?

Die Wissenschaftler stehen vor einem Problem: Luther nannte sich damals noch Luder und nicht Lutherius, wie es in manchen Dokumenten zu lesen ist. Vielleicht aber haben die Überlieferer den Namen Luder erst später, als Luther bekannt war, durch Lutherius ersetzt, um den Wert des Dokumentes zur erhöhen. Schließlich sind auch die Evangelien erst Jahre nach den geschilderten Ereignissen niedergeschrieben worden, von Autoren, die nicht immer selbst dabei gewesen sind.

Ich besuche Dr. Schneider in Marburg. Er hofft immer noch, in Nizza auf einen endgültigen Beweis zu stoßen. Er hat das Gefühl, dass seine Recherchen dem dortigen Episkopat nicht koscher sind. Auch die Archivare vor Ort scheinen keinen Spaß an der These eines Aufenthaltes von Martin Luther in Nizza zu haben. Komischerweise bleiben auch die französischen Lutheraner mucksmäuschenstill. Zwar publizierten sie 2012 in der Zeitschrift *Positions luthériennes* Schneiders Aufsatz *„Luther en France"*, doch es gab keine Reaktion darauf.

Erst Monate nach meinem Besuch in Marburg gelingt es mir, Kontakt zu Ulrich Pfingsten aufzunehmen, dem Initiator der Theaterreise von Rom nach Wittenberg. Schon 1993 unternahm der ehemalige Kulturdezernent der Stadt Wittenberg eine erste Theaterreise von Wittenberg über die Alpen nach Rom. Als Requisiten hatte die Truppe eine Tür und einen Hammer dabei. Allabendlich hämmerte Pfingsten Luthers 95 Thesen an die Tür. Ein paar Jahre später verriet ihm Professor Hans Schneider, bei dem er früher an der Uni Göttingen Assistent gewesen war, das Geheimnis der Rückkehr Martin Luthers über Frankreich. So entstand 2012 eine neue Theaterreise.

Ulrich Pfingsten, Jahrgang 1940, schreckt vor keiner Aufgabe zurück. In Nizza inszenierte er ein Treffen zwischen Klaus Mann, der dort im Exil weilte, und Martin Luther. Der slowakische Kaplan der noch existierenden Augustinerkirche führte Pfingsten zum Altar, vor dem Luther gebetet haben soll, und behauptete ohne Zögern: „Luther hat in Nizza die Reformation entdeckt, nachdem er in Rom dem Teufel begegnet war." Später, in Genf, inszenierte Ulrich natürlich ein Streitgespräch zwischen Luther und Calvin.

Ich bin auf das Jahr 2017 gespannt. Es ist durchaus möglich, dass Pfingsten in seinem nächsten Theaterstück in der Lutherstadt Margot Käßmann als Katharina von Bora, Luthers Frau, auf die Bühne bittet.

Une affaire à suivre, wie der Franzose sagt. Fortsetzung folgt. Schneller als erwartet.

Auf der Frankfurter Buchmesse besuche ich die ZDF-Kollegen, die das „Blaue Sofa" betreuen. Im Halbstundentakt werden Autoren interviewt. Klaus-Rüdiger Mai stellt sein Buch „Martin Luther – Prophet der Freiheit" vor. Routinemäßig stelle ich ihm die Frage nach der Frankreich-Tour des Reformators und erwarte eigentlich eine negative Antwort. Zu meiner Überraschung kennt er die These von Professor Hans Schneider nicht nur, sondern teilt sie auch. Ich tauche sofort in sein Werk ein und lese auf Seite 312: „Martin könnte mit dem Schiff von Civitavecchia nach Nizza gereist sein. Später sollte er sich immer wieder über die Eigenart der Franzosen äußern, was aus einer persönlichen Erfahrung herzurühren scheint ... Deutlich erinnerte er sich an den Aberglauben der Franzosen sowie an die Unbildung der Priester in der Messe und machte sogar geographische Angaben, die den angeblichen Verbleib des Pontius Pilatus in Frankreich betrafen und anhand deren sich eine Reiseroute rekonstruieren lässt ...".

11. Benedikt XVI. begegnet Martin Luther

Als Papst Benedikt abdankte und sich zurückzog, dachte ich einen Augenblick, aber nur einen Augenblick: „Was, wenn der wahre Grund eine innere, geistige und theologische Entdeckung wäre? Josef Ratzinger begreift fast fünfhundert Jahre nach Martin Luther, dass der Zölibat nicht mit der Bibel zu rechtfertigen ist. Er schreibt ein Manifest, das eine Revolution entfachen wird. Ein Drehbuchautor aus Hollywood würde ihm glatt eine Liebesgeschichte andichten." Wohl nur ein Traum?

Ich habe schon vor dreißig Jahren in meinem Buch „Der Joker und der Schmetterling" von einem Papst geträumt, der inkognito durch die Welt reist, um das wahre Leben zu entdecken. Mein Papst hat einen Zwillingsbruder in Rom, der das Alltagsgeschäft erledigt. Als Marek, der echte Papst, drauf und dran ist, das dritte Vatikanische Konzil auszurufen, stirbt er in Kolumbien bei einer Schlägerei zwischen illegalen Goldsuchern ... und sein konservativer Zwillingsbruder Roman führt die katholische Kirche wie gehabt weiter in konservativen Gewässern.

Kaum hatte ich damals diese Zeilen geschrieben, schickte mir Eveline, eine Wiener Freundin, einen Hinweis auf den Roman „Die linke Hand des Papstes" von Friedrich Christian Delius. Ich fuhr sofort über den Rhein nach Breisach, wo Annette, Inhaberin der Buchhandlung Neutor, das Buch sogar parat hatte.

Ein Archäologe, auch Fremdenführer, entdeckt Benedikt XVI. durch Zufall in der *Chiesa evangelica Luterana di Roma, via Sicilia 70*. Der Papst sitzt inkognito, tief in Gedanken versunken, auf einer weißen Marmorbank. Weit und breit keine Kameras oder Journalisten. Plötzlich steht er auf und sinkt zu Boden.

„Ich bewegte mich zwei Schrittchen nach rechts und meinte, in dem Schriftfeld die Buchstaben L und U und T nebeneinander in einer Reihe zu erkennen. Was ich deutlich gesehen habe, war allein der Körper mit dem nach unten gewandten Gesicht in einer Art liegender Verneigung vor diesen Buchstaben, diesem Namen ... Der Unfehlbare hat sich vor Luther verneigt, vor Luther!“

Es kommt noch besser. Der Papst ging „festen Schrittes auf die Kanzel zu ... Er stieg das schmale Treppchen hinauf, das auf den Kanzelkorb mit einem Adlerpult führte, zog kein Brevier und keinen Stichwortzettel aus dem Jackett, stützte beide Arme, beide Hände auf die Brüstung. Die linke Hand, die rechte Hand, beide waren sie wieder im Dienst. Er holte Luft und ließ, ohne weitere Vorrede, die Worte durch den hohen Raum schallen: Ein feste Burg ist unser Gott, jede Silbe betont gesprochen, nicht gesungen.“

Delius, selbst in Rom geboren, informiert im Nachwort, dass er den Text drei Tage vor dem Rücktritt des deutschen Papstes an seinen Verlag geschickt hatte.

— • —

1974 interviewte ich Hans Küng live auf der Buchmesse für die Sendung Aspekte. Sein Buch „Christ sein“ war gerade erschienen. Nach der Sendung sprachen wir ohne Kamera weiter. „Hätte ich im Mittelalter gelebt, da hätte man mir schon lange die Kehle durchgeschnitten“, sagte der ehemalige Studienfreund des späteren Papstes zu mir. Mit seiner rechten Hand deutete er das Halsabschneiden an.

Hans und Josef hatten zusammen Theologie studiert. Sie blieben danach Freunde. Josef machte eine glänzende Karriere in Rom, Hans eine glänzende Karriere an der Universität, bis der Vatikan ihm die Lehrerlaubnis entzog. Josef war am Berufsverbot seines Freundes Hans maßgeblich beteiligt.

12. Die Kurienschelte des Jorge Mario Bergoglio

Als Benedikt XVI. abdankte und sich zurückzog, kam mir – wie im vorigen Kapitel erwähnt – der Gedanke, dass er uns alle mit einer Offenbarung verblüffen würde: Die Menschen bräuchten keinen Papst. Kurzum, Benedikt bekennt sich zu Luther. Schließlich war auch Luther überzeugter Katholik gewesen, bevor er mit Rom brach.

Wie wir erfahren haben, hatte Autor Friedrich Christian Delius dieselbe Idee, als er dem deutschen Papst zutraute, in der evangelischen Kirche in Rom auf die Kanzel zu steigen, um „ein feste Burg ist unser Gott" zu rezitieren. Bisher geschah nichts und die Umkehr des Josef Ratzinger wird wohl ein Wunschtraum fantasievoller Autoren bleiben.

Was aber ist mit Papst Franziskus? In seiner alljährlichen Weihnachtsbotschaft an die römischen Kurienkardinäle gab er am 22. Dezember 2014 zwar nicht 95 Thesen wie Martin Luther, sondern nur 15 von sich. Doch diese 15 Thesen sind interessanter als die Thesen des Reformators, die sich eigentlich nur mit der Ablassfrage beschäftigen. Außerdem ist der berühmte Thesenanschlag am Portal der Schlosskirche zu Wittenberg vielleicht nur eine Legende. Die 15 Thesen des Franziskus sind dagegen belegt. Es lohnt sich, die 15 „Krankheiten" – so bezeichnet der Argentinier sie – zu wiederholen:

1. Sich unsterblich, immun oder unersetzbar zu fühlen.
2. Zu hart zu arbeiten.
3. Spirituell und geistig abzustumpfen.
4. Zu viel zu planen.
5. Ohne Koordination zu arbeiten wie ein lärmendes Orchester.
6. „Spiritueller Alzheimer".
7. Sich in Rivalitäten zu verlieren und zu prahlen.
8. Das Leiden an „existentieller Schizophrenie".
9. „Terror des Geschwätzes".
10. Verehrung der Vorgesetzten.
11. Gleichgültigkeit gegenüber anderen.
12. Ein Trauermine aufzusetzen.
13. Immer mehr zu wollen.
14. Die Bildung „geschlossener Kreise".
15. Das Streben nach weltlichen Profiten und die Prahlerei.

Die Körpersprache der anwesenden Kardinäle sprach Bände. Sie konnten es nicht fassen. Mehr als einer unter ihnen fragte sich: Ist der Papst verrückt geworden? Wieso haben wir ihn überhaupt gewählt? Wird er uns gleich nach Hause schicken?

Bleiben wir beim „spirituellen Alzheimer": „Die Heilsgeschichte wird einfach vergessen. Die persönliche Beziehung zum Herrn, die erste Liebe. Offenbarung 2, Vers 4: ‚Aber etwas habe ich an euch auszusetzen: Ihr liebt mich nicht mehr wie am Anfang.‘ Es handelt sich um das progressive Nachlassen der geistigen Fähigkeiten, das früher oder später zu schwerwiegenden Behinderungen führt, die eine autonome Tätigkeit unmöglich machen. Die betroffene Person lebt dann in einer Scheinwelt. Wir stellen diese Krankheit bei Menschen fest, die sich nicht mehr an ihre Begegnung mit dem Herrn erinnern, bei den Menschen, die die geschichtliche Perspektive ihres Lebens aus dem Auge verloren haben, bei den Menschen, die vollständig von ihrer Gegenwart, von ihren Leidenschaften, von ihren Launen und von ihren krankhaften Angewohnheiten abhängig sind. Auch bei Menschen, die um sich herum Mauern und Gewohnheiten errichten und immer mehr zum Sklaven der Götzen werden, die sie mit ihren eigenen Händen geschaffen haben.“

In diesem Stil kommentierte der Papst alle aufgezählten Punkte. Bei 12 der 15 Thesen berief er sich ausdrücklich auf Bibeltexte. Eigentlich fehlte nur noch das theologische Harakiri, die Aufgabe seines eigenen Amtes.

Leider wurden wir schon bald enttäuscht. Im Winter 2015 plauderte er im Flugzeug zwischen Sri Lanka und den Philippinen mit Journalisten und verglich kinderreiche katholische Frauen mit Karnickeln, die hemmungslos gebären. Zu allem Überfluss lehnte er die modernen Verhütungsmethoden weiterhin ab. Nicht nur Frauen fühlten sich beleidigt, auch der Präsident des deutschen Karnickelzüchterverbandes reagierte empört, da es doch Unterschiede zwischen wilden und gezüchteten Karnickeln gäbe.

Während desselben Fluges teilte uns Franzikus mit, dass wir ohne Weiteres „physisch“ auf eine verbale Aggression reagieren dürften. Im Evangelium allerdings fordert Christus das Gegenteil: „Doch ich sage euch: Widersteht nicht dem, der böse ist, sondern wenn dich jemand auf die rechte Wange schlägt, so wende ihm auch die andere zu.“ – Matthäus 5, Vers 39. In diesem Punkt war Luther Franziskus voraus, als er hinnahm, dass die Bauern gnadenlos niedergeprügelt wurden.

Später überraschte der Papst die Pädagogen, als er Schläge auf den Hintern zur Erziehung von Kindern rechtfertigte. Eine Methode, die in Frankreich übrigens noch nicht strafbar ist. Dafür wurde die *Grande Nation* vom Europäischen Gerichtshof für Menschenrechte gerügt.

Am 9. Juli 2006 fand in Berlin das Finale der Fußball-WM statt: Frankreich – Italien. In der 110. Minute stand es 1:1. Zinédine Zidane versetzte dem Italiener Marco Materazzi einen Kopfstoß. Zidane bekam die rote Karte und musste den Platz verlassen. Frankreich verlor die Elfmeterlotterie 5:3. Vorausgegangen war eine Beleidigung durch den Italiener. Er soll Zidane als Hurensohn beschimpft haben. Die genaue Wortwahl ist umstritten, aber sicher ist, dass sich der Franzose schwer beleidigt fühlte. Wäre Papst Franziskus schon im Amt gewesen, hätte Zidane es leichter gehabt, sich zu rechtfertigen: „Ich, Zinédine Zidane, teile die Meinung des Papstes. Wenn jemand meine Mutter oder meine Schwester beleidigt, muss er mit einem Kopfstoß oder Faustschlag rechnen."

—— · ——

Schauen wir uns diese alte Herrenrunde in Rom an. Sie will doch heute noch in ethischen Fragen die Welt regieren. Wenn sich der neue Papst bescheiden gibt, begeistern sich die Katholiken – und vergessen dabei eins: Allein die Tatsache, dass der Vatikan Präservative immer noch nicht erlaubt, bedeutet für Millionen von Menschen, die von Aids bedroht sind, den sicheren Tod.

Diese Herren denken darüber nach, ob geschiedene Katholiken in den Genuss des Abendmahls kommen sollten oder nicht. In welcher Welt leben wir?

Diese Herren, die angeblich Theologie studiert haben, glauben an die Jungfrau Maria, die ohne Sex Jesus empfing. Diese Herren glauben an die Unfehlbarkeit des Papstes.

Diese Herren trafen sich vom 5. bis zum 19. Oktober 2014 in Rom zur Familiensynode. Konservative und Progressive zankten sich. Nicht zufällig gingen ausgerechnet am 5. Oktober Hunderttausende Katholiken in Paris auf die Straße, um gegen den Untergang der „katholischen" Familie zu protestieren. Schuld ist natürlich die „linke" Regierung, die im Parlament die Homoehe durchsetzte und weitere teuflische Pläne bereithält, um die Gesellschaft zu zerstören.

Im Herbst 2015 geht die Familiensynode weiter. Der Papst wird entscheiden.

Isabelle de Gaulmyn, Journalistin bei der katholischen Tageszeitung *La Croix*, stellt in ihrem Buch *„François un pape pour tous"* (Franziskus, ein Papst für alle) die richtigen Fragen: „Wie kann eine Regierung, die vorgibt 1,2 Milliarden Katholiken zu vertreten, die

Frauen so sehr ausschließen?“ Im Vatikan gibt es zwar Frauen – 22 % des Personals –, aber keine in der Kirchenhierarchie, stellt Isabelle fest.

Warum wird den Frauen den Zugang zur Kurie verweigert? Der katholische Theologe ist Opfer der Auffassung, dass das Priestertum nur für Männer zugänglich ist, und dies für immer.

Unter Berufung auf seine Unfehlbarkeit verschloss Johannes Paul II. den Frauen 1994 mit seiner *Ordinatio Sacerdotalis* die Tür zum Priesteramt endgültig. Wird Papst Franziskus es dennoch schaffen, sie zu öffnen? Schon gibt es Theologen, die erklären, die Entscheidung von Johannes Paul II. sei nicht „unfehlbar“ gewesen.

Ohne Urknall wird es die katholische Kirche nicht schaffen, sich zu reformieren. Aber wenn sie es irgendwann schaffen sollte und das Priesteramt für Frauen öffnet, sogar das Amt des Papstes abschafft, dann sind wir Protestanten endlich alle wieder katholisch.

13. Und Johannes Calvin?

Heinrich August Winkler schreckt vor nichts zurück. Das 2. Kapitel im ersten Band seiner „Geschichte des Westens, von den Anfängen in der Antike bis zum 20. Jahrhundert“ nennt er „Der alte und der neue Westen. Von Wittenberg nach Washington. Luthertum und Calvinismus. Das neue Staatskirchentum.“ Ich lese: „Ihrem Ursprung nach war die Reformation eine deutsche, ihren weltgeschichtlichen Wirkungen nach eine angelsächsische Revolution. An Martin Luther orientierten sich alle anderen Reformatoren, soweit es um die theologischen Grundlagen der kirchlichen Erneuerung ging. Für die Entwicklung von Gesellschaft und Staat hatte hingegen Calvin eine ungleich größere Bedeutung als Luther. Kapitalismus und Demokratie sind in hohem Maß mit der Wirkung von Gedanken des Genfer Reformators verbunden. Das Luthertum enthielt demgegenüber keine Elemente, die auf eine dynamische Umwälzung des Wirtschaftslebens und eine Bindung der Regierenden an den Willen des Volkes hinausliefen. Politisch und gesellschaftlich gesehen, war Luther ein konservativer Revolutionär.“

Die Lorbeeren für Calvin sind mir unverständlich: Seit Max Weber sein Opus „Die protestantische Ethik und der Geist des Kapitalismus“ veröffentlicht hat, sind die Experten nicht mehr zu bremsen. Calvin ist der christliche Karl Marx des Kapitalismus.

Ohne ihn kein Silicon Valley, kein Steve Jobs, kein Mark Zuckerberg, kein Bill Gates. War Calvin vielleicht ein fortschrittlicher Revolutionär? Keineswegs.

Calvin war übrigens kein Schweizer Reformator, wie die Deutschen oft glauben. Er war Franzose, und zwar ein sturer Franzose, der in Genf einen Gottesstaat gründen wollte. Seine protestantische Scharia war für die Bürger unerträglich. Im Gegensatz zu Luther kam er aus der Juristerei, was auch seine Borniertheit erklärt. Bei ihm gab es keine existentielle Erschütterung wie bei Martin Luther. Keine Spur von der Lebensfreude des Deutschen. Auch sein Familienleben war mit dem des Sachsen nicht zu vergleichen. Wobei seine Frau Idelette de Bure, genau wie Katharina von Bora, sehr intelligent war, aber leider gesundheitlich sehr anfällig, ebenso wie Calvin selbst. Das Pfarrhaus in Genf war gegenüber seinem Pendant in Wittenberg eine eher traurige Herberge.

Die Genfer waren des französischen Besserwissers ziemlich schnell überdrüssig. Er musste ins Exil nach Straßburg, wo ihn der elsässische Reformator Martin Bucer ideologisch kurzzeitig etwas aufweichte und ihm praktische Tipps für den Aufbau einer Gemeinde gab, was Calvin, zurück in Genf, allerdings schnell vergaß.

Stefan Zweig hat es in seinem Buch „Castellio gegen Calvin oder ein Gewissen gegen die Gewalt“ auf den Punkt gebracht. Calvin war nicht der Prophet einer besseren Welt, sondern der Ayatollah des Protestantismus. Er ließ den spanischen Doktor Michel Servet auf dem Scheiterhaufen verbrennen, weil der die Dreieinigkeit in Frage stellte. Dieses Verbrechen brachte die protestantische Welt vorübergehend ins Wanken. Sebastian Castellio, selbst Theologe und Bewunderer des Genfer Reformators, der sogar zeitweise in Genf in seinem Haus gelebt hatte, warf Calvin das vor. „Die Wahrheit zu suchen und sie zu sagen, wie man sie denkt, kann niemals verbrecherisch sein. Niemand darf zu einer Überzeugung gezwungen werden. Die Überzeugung ist frei“, schrieb Sebastian Castellio in *„Contra Libellum Calvini“* und erinnerte Calvin gerne an seine eigenen Schriften aus der Zeit, als er auf der Flucht gewesen war. Damals hatte er die Intoleranz seiner französischen Zeitgenossen vehement angeprangert. Er war selbst Verfolgter.

Zweig kommentiert: „Aber wir wissen seit Thukydides, Xenophon und Plutarch, dass allezeit und allemal die Oligarchen nach dem Siege immer nur unduldsamer werden.“

Castellio, der ebenfalls in Genf lehrte, wurde von Calvin verfolgt. Offizieller Grund war die Frage der Interpretation des Hoheliedes aus dem Alten Testament. Für Castellio handelte es sich um einen weltlichen Text, eine Liebeshymne von König Salomon an seine Geliebte. Calvin bevorzugte eine metaphorische Interpretation: Liebe zu Gott.

Als die Calvinisten am 9. Juni 2009 den 500. Geburtstag des Reformators feierten, rief Serge Fornerod, Leiter des Projektes „Calvin 09" im Schweizerischen Kirchenbund, der Festgemeinde zu: „Nieder mit den Miesmachern." Man verwöhnte das Kirchenvolk mit erlesenem Wein – „*in Vino Veritas*" – und mit der eigens kreierten Schokolade „Calvin 09", einer „harmonischen Verbindung aus bolivianischer Grand-Cru-Sauvage-Schokolade und speziellen Gewürzen". Das Bild des Reformators als religiöser Robespierre, wie Honoré de Balzac ihn bezeichnete, musste aus dem öffentlichen Bewusstsein gelöscht werden.

Auch die absurde Lehre der doppelten Prädestination – vor und nach der Geburt – wurde und wird immer wieder als Geschenk des Glaubens interpretiert. Konfuser geht es nicht. Sogar Luther lehnte sich in seinem geistigen Turnier mit Erasmus nicht so weit aus dem Fenster. Um Klarheit in Sachen Prädestination zu schaffen, schlage ich gemäß dem Theologen Isidore Lumière folgende These vor: Jeder Mensch wird mit einer doppelten Prädestination geboren: einer geografischen und einer kulturellen. Bei der geografischen sind wir Opfer des Zufalls, kein Mensch auf der Erde hat sich seinen Geburtsort ausgesucht. Es ist biologisch einfach unmöglich, ein zweites Mal in China auf die Welt zu kommen, wenn man in Amerika geboren wurde. Bei der kulturellen Prädestination lässt sich was machen, auch wenn wir am Tag der Geburt der kulturellen Umwelt der Eltern nicht entkommen. Aber später ist es immerhin möglich, Sprache, Religion und Weltanschauung der Eltern abzustreifen. Hat Gott bei der geografischen und kulturellen Prädestination die Hand im Spiel? Laut Luther-Botschafterin Margot Käßmann ja. So habe ich sie jedenfalls am 29. Juni 2015 in Freiburg verstanden, als sie vor einem Unternehmer-Publikum über Glaube und Wirtschaft philosophierte. Aber habe ich sie richtig verstanden?

Stefan Zweig staunt schließlich selbst über das Schicksal des Calvinismus: „So ist in sonderbarster Verwandlung gerade aus dem System des Calvinismus, das besonders grimmig die individuelle

Freiheit beschränken wollte, die Idee der politischen Freiheit entstanden; Holland und Cromwells England und die Vereinigten Staaten, seine ersten Wirkungsfelder, geben den liberalen, den demokratischen Staatsideen am willigsten Raum. Aus puritanischem Geiste ist eines der wichtigsten Dokumente der Neuzeit gestaltet, die Unabhängigkeitserklärung der Vereinigten Staaten, die ihrerseits wieder die französische Deklaration der Menschenrechte entscheidend beeinflusste."

14. Ein evangelischer Pfarrer in Frankreich

Ein Versicherungsvertreter kam ins Pfarrhaus. Meine Frau war allein. Er fragte nach dem Beruf ihres Mannes. „*Pasteur*", antwortete sie. – „Oh! Ich habe einen Freund, der im *Institut Pasteur* arbeitet."

Louis Pasteur war ein berühmter Wissenschaftler, der unter anderem einen Impfstoff gegen Tollwut entwickelt hat. Er lehrte auch kurze Zeit in Straßburg.

„Nein", antwortete meine Frau, „mein Mann ist evangelischer Pfarrer, hat nichts mit dem *Institut Pasteur* zu tun!" – „Ich wusste nicht, dass es protestantische Priester gibt, die verheiratet sind", antwortete der Vertreter.

Hervorzuheben ist, dass *pasteur* (Pastor) im Französischen ausschließlich mit dem Protestantismus verbunden ist. Eine Verwechslung mit dem *prêtre*, Priester, wie in Norddeutschland, wo ein Pastor auch ein katholischer Geistlicher sein kann, ist nicht möglich.

Die Verwechslung des Versicherungsvertreters dokumentiert das Nichtvorhandensein der Protestanten im Bewusstsein der französischen Bevölkerung. Das geht so weit, dass in den Texten von Autoren aus Skandinavien, in denen oft ein Pfarrer eine Rolle spielt, der Pastor im Französischen nicht als *pasteur* erscheint, sondern als *prêtre*, um den französischen Leser nicht zu irritieren. Genauso wird aus dem evangelischen Gottesdienst eine Messe.

Nur zwei Prozent der französischen Bevölkerung können, wie schon erwähnt, den Protestanten zugerechnet werden. Im Elsass sind es immerhin acht Prozent.

Im 17. Jahrhundert wurden die Protestanten bekanntlich gnadenlos von den Soldaten des Königs verfolgt. Sie flüchteten ins Ausland, auch nach Deutschland, wie der deutsche und der französische Dom auf dem Berliner Gendarmenmarkt bezeugen.

Als ich noch das „Lycée Louis Lapicque“ im lothringischen Epinal besuchte, lebte ich sechs Jahre lang im Internat. Unter 400 Schülern war ich der einzige Protestant. Dabei handelte es sich nicht um eine katholische Privatschule, die es in Frankreich wie Sand am Meer gibt, sondern um eine waschechte *école de la république*, eine öffentliche Schule. Während die Kameraden am Sonntagmorgen unter der Aufsicht eines *Surveillant*, eines Aufsehers, im Gänsemarsch zur Messe gingen, war ich mit meinem persönlichen Bodyguard unterwegs zum *Temple,* wie die evangelischen Kirchen in Frankreich bezeichnet werden – mit Ausnahme des Elsass, wo man auch von *église,* Kirche, spricht. Als ich sechzehn wurde, durfte ich den Gottesdienst ganz allein besuchen, *comme un grand*, wie ein Erwachsener, während meine Kumpels immer noch zur Messe marschierten wie die Soldaten, die am *14 juillet*, dem Nationalfeiertag, die Champs-Elysées hinunterparadieren. Ich war also eine Ausnahme, der einzige Schüler, der eine Bibel besaß.

In Frankreich fühlt sich der Protestant grundsätzlich als Ausnahme, als Vertreter einer Minderheit. Als Pfarrer in Südwest-Frankreich, im Poitou, fühlte ich mich, wie die Gemeindemitglieder auch, noch mehr als Ausnahme. Die Toten wurden im eigenen Garten begraben. Dieser Brauch ist auf die Zeit zurückzuführen, als die Protestanten, genau wie Selbstmörder, nicht auf einem offiziellen Friedhof bestattet werden duften.

—— • ——

Yannick A., der Pfarrer, den ich in meinen Sommerferien vertrat, weigerte sich, beim Gottesdienst einen Talar zu tragen. Ein paar Jahre später reiste er sogar nach Lateinamerika, um die Revolution zu predigen. Auch ich weigerte mich, als Kleriker aufzutreten. Dennoch bemühte ich mich, dezent gekleidet zu erscheinen. Meine langen Haare waren ja an sich schon das Markenzeichen eines fortschrittlichen Pfarrers. Bei Amtshandlungen trug ich einen dunkelblauen Blazer mit goldenen Knöpfen, ein weißes Hemd, eine schwarze Krawatte und eine graue Hose.

Wieder einmal fand ein Haustrauergottesdienst statt, und der Tote wurde im Garten beerdigt. Ich war etwas spät dran, weil mich eine Ziegenherde aufgehalten hatte. Als ich in Eile aus meinem Renault Ondine stieg, riss ich mir einen Knopf vom Blazer ab. Die Familie wartete schon im Wohnzimmer. Ich hatte keine Zeit mehr, den

Knopf wieder zu befestigen. Als ich zwischen den Trauergästen vor dem Sarg Platz nahm, fragte ich mich: Soll ich den Knopf-Vorfall ansprechen oder nicht? Spreche ich ihn an, mache ich mich lächerlich. Die Anwesenden trauern um einen Vater, einen Verwandten, einen Freund. Ob am Blazer ein Knopf fehlt oder nicht, das interessiert sie nicht. Gehe ich nicht auf den fehlenden Knopf ein, so fühlen sich die Trauernden vielleicht nicht ernst genommen. Was also tun?

Schließlich entschied ich mich, nach der Begrüßung kurz und beiläufig auf den fehlenden Knopf einzugehen. Ich erzählte, wie es passiert war: „Beim Aussteigen habe ich mir den Knopf abgerissen!“ Jahre später schrieb ich für den Hörfunk ein philosophisch-theologisches Feature: „Wenn die Knöpfe fehlten?“

Ohne auf mein revolutionäres Gebaren zu verzichten – was mit meiner pastoralen Pubertät zu tun hatte –, trug ich später den Talar. Schließlich hat der den Vorteil, dass man sich kleidungstechnisch freier fühlt. Niemand sieht, ob man in der Badehose predigt oder nicht.

— · —

Als die Einschaltquoten begannen, den Alltag der Fernsehanstalten und der Filmemacher zu bestimmen, fielen einige meiner Kollegen in tiefe Depressionen, wenn die Quote nicht stimmte. Immer wieder trafen wir uns in der ZDF-Kantine, um die Welt neu zu gestalten. Ich machte mich gern lustig über die Quotenkrankheit. Der Grund war einfach: Ich hatte die „Einschaltquote Null“ überlebt, wie ich den Kollegen mitteilte.

Als angehender Pfarrer hatte ich einmal einen kranken Kollegen in den Vogesen im Gottesdienst vertreten. Die hölzerne Kapelle stand am Rande einer Skipiste. Weit und breit keine Skifahrer. Nur Nebel und nasser Schnee. „Wir fahren weiter“, meinte der Freund, der mir als Chauffeur diente. Ich besaß kein Auto. „Wieso?“, fragte ich. – „Ist doch keiner da!“

Ich ließ mich nicht beirren, läutete die Glocken und zog vor leerem Raum den Gottesdienst durch. Mein Freund schüttelte nur den Kopf und ging, um in der Dorfkneipe auf mich zu warten. Mein Text passte: „Ich sah an alles Tun, das unter der Sonne geschieht, und siehe, es war alles eitel und Haschen nach Wind.“ Prediger, Kapitel 1, Vers 14. Ich nannte diesen Gottesdienst ohne Publikum die „Einschaltquote Null“.

Jahre später drehte ich für das Schweizer Fernsehen einen Fernsehfilm: „Florent et Dominique". Eine Liebesgeschichte zwischen einem Theologie-Studenten und einer Pariser Mathelehrerin, atheistisch. Er nahm sie mit in die Walliser Alpen, wo er in einer Bergkapelle den Gottesdienst hielt. Es kam niemand und dennoch predigte er, allein für sie.

Das gesellschaftliche „out-of-body"-Dasein des evangelischen Pfarrers in Frankreich war mir bis heute eine wichtige Erfahrung. Das Nichtvorhandensein des *Pasteur* in der französischen Gesellschaft ist schließlich eine Lektion der Freiheit. Man beißt sich durch oder geht unter. Diese Ausnahmesituation kennt der deutsche Kollege nicht.

— • —

In den Siebzigerjahren staunten die Leser des Magazins *Paris-Match* nicht schlecht, als sie entdeckten, dass zwei Pfarrerpaare sich sexuell austauschten, ohne ihre Experimente vor der Gemeinde zu verbergen. Es handelt sich natürlich um Ausnahmen, aber ich erwähne sie, weil das Pfarrerdasein dem Pfarrer durch seinen Status als französische Minderheit eine imponierende Freiheit bietet und er nicht von den Kirchenoberen bevormundet wird. Es gibt im französischen Protestantismus keine Bischöfe wie in Deutschland oder sonst wo in Nordeuropa.

Von dieser „pastoralen" Freiheit, die es erlaubt, als Whistleblower der Gesellschaft zu arbeiten, wird unter den französischen Theologen leider immer weniger Gebrauch gemacht. Wenngleich die französischen Lutheraner und Calvinisten, wie schon erwähnt, viele überraschten, als sie im Frühling 2015 die kirchliche Homoehe einführten. Die *Fédération Protestante de France*, also das Pendant zur EKD, wurde von den „Evangelikalen" teilweise in die Ecke gedrängt. Diese füllen in den Vororten der Großstädte ganze Hallen. Davon können die traditionellen Gemeinschaften, ob reformiert oder lutherisch, nur träumen.

— • —

Der deutsche Pfarrer oder die deutsche Pfarrerin sind dank der Kirchensteuer materiell besser dran als ihre französischen Kollegen. Die Kirchen in Deutschland sind dadurch reicher und besser strukturiert, auch wenn sie regelmäßig über Kirchenaustritte jammern.

Vielleicht gibt es deshalb weniger Pfarrer, die sozusagen aus dem kirchlichen Rahmen fallen. Die individuelle Fantasie der Theologen wird in Deutschland stärker gebändigt. Aber die Kirche an sich besitzt größeres Gewicht, wie der Kirchentag beweist. Auch wenn man nicht mehr von einer Volkskirche sprechen kann, steht die Institution Kirche in Deutschland besser da, als soziales Machtmittel, als Impulsgeber für die gesamte Gesellschaft.

Der deutsche Pastor oder die deutsche Pastorin ist im katholischen Frankreich eine unbekannte Figur. Schon allein deshalb, weil sie nicht dem Zölibat verpflichtet sind. Ebenfalls unbekannt ist die Figur des deutschen Theologen, der auch als Oberbürgermeister einer Großstadt, Politiker oder Professor arbeiten kann, oder sogar als Präsident der Bundesrepublik, wie Joachim Gauck. Man ist schließlich nicht Pfarrer auf Lebenszeit wie der katholische Priester. Man kann den Beruf wechseln – und auch die Frau, ohne aus der Kirche ausgeschlossen zu werden.

Als evangelische Theologin mit ähnlicher Karriere stellte Catherine Trautmann im Elsass eine Ausnahme dar. Sie schaffte es zur Oberbürgermeisterin von Straßburg, war sogar kurzzeitig Kultusministerin in der Regierung des atheistischen Protestanten Jospin und über mehrere Jahre Europaabgeordnete.

Albert Schweitzer ist das Paradebeispiel eines „deutschen" Theologen. Er war nicht nur Theologe, sondern auch Philosoph, Lehrer, Pfarrer, Arzt und Musiker, eine typisch deutsche Mischung, eine Kulturfigur, wenn nicht gar Kultfigur. Er wuchs zur deutschen Kaiserzeit im elsässischen Münstertal auf, im Pfarrhaus von Gunsbach, ein paar Kilometer von Soultzeren entfernt, wo ich wohne. Nicht von ungefähr blieb er in Frankreich unbekannt und unverstanden. Seine Werke wurden – von einigen Ausnahmen abgesehen – nicht ins Französische übersetzt. Dazu kommt, dass er in hohem Alter noch gegen die Atombombe kämpfte – eine Todsünde in Frankreich, auch wenn er 1952 dafür den Friedensnobelpreis bekam. So gilt er in Frankreich als eine Unperson und wird dazu noch verlacht, weil er mit der modernen Medizin angeblich nicht zurechtkam und die Afrikaner zu „Negern" degradierte, so sagt man. Dabei war Schweitzer der erste Ökoarzt.

Ein *Pasteur*, der aussteigt, ist nicht als *défroqué*, als aus der Kutte gesprungen, zu bezeichnen, wie es beim Priester hüben und drüben der Fall ist. Er wechselt einfach den Beruf, vorläufig oder für immer.

Als ich aus dem Amt schied, hieß es dennoch *„tu es défroqué“*. Schon wieder musste ich mich theologisch rechtfertigen – oder auch nicht. Auch evangelische Pfarrer werden mit „katholischen“ Augen betrachtet.

François Hollande versteht das alles nicht. An der *ENA*, der nach 1945 von General de Gaulle gegründeten *École Nationale d'Administration*, gehörte er zur *Promotion Voltaire*, zum „Jahrgang Voltaire“. Er erfuhr nichts über Albert Schweitzer, der 1947 vom Magazin *Life* zum *Greatest Man in the World* erkoren worden war.

15. Das deutsche Pfarrhaus

Kommen wir zum deutschen Pfarrhaus, einem Planeten, den François Hollande bestimmt nicht kennt. Es sei denn, er hätte Jules Michelet gelesen. In seiner „Geschichte Frankreichs“ (1850) widmet der berühmte Historiker Luther und der Kultur, die sich aus dem Luthertum entwickelt hat, ein Kapitel. Darin hätte *Monsieur le Président* erfahren, wie sehr das Pfarrhaus die deutsche Literatur befruchtet hat. Auch der Elsässer Robert Minder, Studienkollege von Jean-Paul Sartre und Paul Nizan, Freund von Schweitzer, deutsch-französischer Gedankenschmuggler, hat über das Bild des Pfarrhauses in der deutschen Literatur geschrieben.

Beim frankophilen Heine hätte sich Hollande ebenfalls informieren können. Minder erklärt: „Gerade dem französischen Publikum gegenüber hat Heine es als wesentlich empfunden, auf Luther als den Befreier des Wortes und Geistes hinzuweisen, dessen revolutionäre Impulse vom Pfarrhaus periodisch in immer neuen Wandlungen weitergegeben werden, zuletzt in der Philosophie des deutschen Idealismus. Nietzsche ist in diesen glühenden, sprühenden und tiefen Seiten vorweggenommen: Nietzsche, der ohne das Pfarrhaus nicht zu denken ist, wenn auch seine erbarmungslose Leidenschaft ihn dann weit darüber hinausgerissen hat in die Katarakte des Abenteuers, wie van Gogh, den Pfarrerssohn aus Holland.“

Hollande kam leider nie auf die Idee, sich mit dem deutschen Pfarrhaus zu befassen. Der theologische Nachholbedarf des Präsidenten steigt ins Unermessliche. Noch hoffe ich auf zukünftige Begegnungen mit Luther-Botschafterin Margot Käßmann.

Das deutsche Pfarrhaus, das Martin Luther erschaffen hat, ist das Labor der modernen Welt. Zusammen mit seiner Frau Katharina von Bora gestaltete er das Pfarrhaus in Wittenberg zu einer Art kultureller WG. Ein Treffpunkt für Diskussionen über Gott und die Welt. Auch ein musikalisches Experimentierfeld. Oft ein Ort der Großfamilie. Dies alles dokumentiert durch einen genialen Maler: Lucas Cranach.

Es ist das Gegenteil des Pfarrhauses eines katholischen Kollegen, der von einer *bonne*, einer Haushälterin, bekocht wird und alleine leben muss. Diese Bemerkung ist nicht als abschätzig zu verstehen. Der allein lebende Priester kann mehr bewirken als mancher verbohrte Pastor. Aber hier bestimmt die Struktur das Leben.

Es ist mir bewusst, dass die heutige Zeit das deutsche Pfarrhaus total umgekrempelt hat. Auch eine Pastorenehe hält nicht mehr unbedingt ein ganzes Leben. Patchworkfamilien sind angesagt. Sogar der Bundespräsident lebt mit seiner Lebensgefährtin, der Journalistin Daniela Schadt, unverheiratet und ungeschieden in Schloss Bellevue.

Das Deutsche Historische Museum in Berlin packte das Thema mit seiner Ausstellung „Leben nach Luther – eine Kulturgeschichte des evangelischen Pfarrhauses" schon im Oktober 2013, vier Jahre vor 2017, an. Angela hat es versäumt, François zur Ausstellung einzuladen. Genauso hat sie es versäumt, ihm das Buch von Klaus Fitschen zu schenken: „Pastors Kinder. Wie Pfarrhäuser die Gesellschaft prägen", mit Bildern, die über das deutsche Pfarrhaus informieren.

All diese Versäumnisse der Kanzlerin sind mir total unverständlich, nachdem mir ein Freund von François Hollande mitteilte, Merkel nerve regelmäßig, nicht nur wegen des berüchtigten Defizits, sondern wegen Luther. „Wie feiert Frankreich das Lutherjahr?", soll die Kanzlerin den Präsidenten immer wieder fragen. Hollande hat seinen Freund beauftragt, der Kanzlerin mitzuteilen, sie möchte ihn doch mit Martin Luther in Ruhe lassen.

Die Zahl der Pfarrhaus-Publikationen soll bis Herbst 2017 ins Astronomische steigen.

Christine Eichel hat wohl das perfekte Pfarrhaus-Buch geschrieben. Sollte dringend auf Französisch erscheinen. Ein Teil der deutschen Intelligenz stammt bekanntlich aus dem deutschen Pfarrhaus. Auf dem Umschlag des Buches entdeckt der Leser Pfarrerssöhne und -töchter, die die Gesellschaft geprägt haben oder noch prägen: Albert Schweitzer, Friedrich Nietzsche, Karl-Friedrich Schinkel,

Peter Lohmeyer, Friedrich Schorlemmer, Jean Paul, Angela Merkel, Christoph Martin Wieland, Benjamin von Stuckrad-Barre, Hans W. Geißendörfer, Gudrun Ensslin, Gottfried Ephraim Lessing, Mathias Claudius, Gabriele Wohmann, Hermann Hesse, Joachim Gauck, Georg Christoph Lichtenberg, Alfred Brehm, Elke Heidenreich, Meinhard von Gerkan, Gottfried Benn.

Ich nehme an, dass der Verleger die Namen mit Absicht wie Lottokugeln durcheinandergewürfelt hat, um dem Leser die deutsche Geschichte allumfassend wie auf einem Tablett zu präsentieren. Wir Franzosen kennen nicht alle Namen, vielleicht sogar nur die wenigsten. Aber auch deutsche Leser werden überrascht sein. Diese geballte geistige Kraft hat – wenn auch manchmal mit tödlichem Ausgang wie bei Gudrun Ensslin – Deutschland geprägt. Ohne sie wäre Deutschland einfach anders.

Auch Eichel schöpft beim Elsässer Robert Minder: „Ohne Pfarrhaus, oder zumindest ohne lutherischen Hintergrund, sind auch die Größten: ein Leibnitz, ein Bach, ein Goethe nicht zu verstehen.“ Das Pfarrhaus als „Urzelle des Geisteslebens.“

„Erwähnt werden muss auch das Evangelische Stift in Tübingen, die Wunderkammer protestantischen Denkens, Schreibens und Philosophierens. 1536 von Herzog Ulrich in Tübingen gegründet, war es eine einzigartige geistige Eliteschmiede“, schreibt Christine Eichel, selbst in einem Pfarrhaus aufgewachsen. Genau, eine Art *ENA* des Protestantismus, mit dem Unterschied, dass die Studierenden des Stiftes geistig nicht so formatiert wurden wie die Absolventen der Pariser Eliteschule.

Die Autorin zitiert auch den Publizisten Klaus Harpprecht: „Das Pfarrhaus hat der Literatur immer eine Chance gegeben. Wir protestantischen Pfarrkinder stammen aus einer Welt, die vom Wort geprägt ist. Das ist die große Errungenschaft der Reformation.“

Ich hatte den sympathischen Kollegen, ehemaliger Ghostwriter von Willy Brandt, als junger Journalist in den Schneideräumen des ZDF kennengelernt. Oft sprachen wir über Frankreich. Ich wusste damals leider nicht, dass er Pastorensohn war. Schade. Dann haben wir uns aus den Augen verloren. Der Untertitel des schon erwähnten Buches „Mein Frankreich“ heißt: „Eine schwierige Liebe“. Auf der ersten Seite zitiert Harpprecht Goethe: „Da wo wir lieben, da ist Vaterland.“ *D'accord.*

16. Das deutsch-französische Orgelspiel

Ich habe keine Ahnung, ob Angela Merkel Orgel spielt, ausgeschlossen ist es bei der Tochter eines Pfarrers aber nicht. Schließlich gibt es beim Orgelbau einen sogenannten Merklinschen Grundsatz: „sämtliche Koppeltritte auf die linke, die Einführungstritte und Oktavenkoppeln auf die rechte Seite" zu verlegen. Ich weiß auch nicht, ob die Kanzlerin die Ausführungen von Albert Schweitzer über Orgelkunst und Orgelbaukunst in Frankreich und Deutschland kennt.

Beim Merklinschen Grundsatz habe ich mich geirrt. Ich dachte, der Grundsatz sei von jemandem namens Merkel, aber es handelt sich um den Orgelbauer Merklin aus Freiburg. Hat nichts mit der Familie Merkel zu tun, wohl aber mit Deutschland und Frankreich. Josef Merklin etablierte sich in Paris, stellte seine Orgel 1855 gar auf der Weltausstellung in Paris vor. Nach dem deutsch-französischen Krieg musste er als Deutscher außer Landes, kam aber bald wieder zurück und wurde Franzose.

Während der deutschen Kaiserzeit wünschte sich die elsässische Stadt Obernai eine neue Orgel. Der frankophile Straßburger Bischof wollte unbedingt vermeiden, dass ein deutscher Orgelbauer den Auftrag erhielt. Deshalb wandte er sich an Paris. Josef Merklin bekam den Auftrag. Als der Bischof merkte, dass Merklin eigentlich ein deutscher Orgelbauer war, war nichts mehr am Vertrag zu ändern und der Bischof erlitt einen patr'idiotischen Nervenzusammenbruch.

Goebbels wollte den Elsässer Albert Schweitzer unbedingt für eine Konzertreise durchs Reich gewinnen. Seine Einladung signierte er mit dem deutschen Gruß. Schweitzer lehnte höflich ab, mit einem afrikanischen Gruß. Er kam erst nach dem Krieg nach Europa zurück.

In der DDR war Schweitzer sehr bekannt. 1960 erhielt er die Ehrendoktorwürde für Humanmedizin der Medizinischen Fakultät der Humboldt-Universität in Ost-Berlin, wo Merkels Mann, der Chemieprofessor Dr. Joachim Sauer, heute noch lehrt. Aus der DDR kamen mehrere Ärzte nach Lambarene. 1962 schickte Ulbricht eine Medikamentenspende in Höhe von 10.000 DM. 1965, zum neunzigsten Geburtstag, gab es sogar einen DDR-Briefmarkensatz: „Großer Humanist und Arzt", „Kämpfer gegen Krieg und Atomtod", „Musiker und Bachinterpret".

Angela Merkel war damals elf Jahre alt. Nicht ausgeschlossen, dass sie Briefmarken sammelte und das Konterfei von Albert Schweitzer kannte. Auch François Hollande war elf Jahre alt und nur 26 Tage jünger als Angela. Aber auch wenn er leidenschaftlich Briefmarken sammelte, fehlte ihm höchstwahrscheinlich das Konterfei des Urwalddoktors. Die französische Post druckte erst 1975, 10 Jahre später, eine Briefmarke. Da war Schweitzer schon 10 Jahre tot und Hollande sammelte keine Briefmarken mehr.

1968 wurde in Weimar sogar ein Albert-Schweitzer-Denkmal errichtet. Es entstand auch eine Begegnungsstätte, die seiner Arbeit gewidmet ist. In Westdeutschland kam die Partnerschaft der DDR mit Lambarene nicht gut an.

Bei François Hollande bin ich mir sicher: *Monsieur le Président* spielt nicht Orgel. Kennt er die Texte des Urwalddoktors über die deutsch-französische Orgelkunst? Die Chancen stehen schlecht. Schweitzer schrieb seine Überlegungen auf Deutsch. Die Übersetzung wurde nur in einer Fachzeitschrift veröffentlicht. Allerdings hat Schweitzer sein Buch über *Jean-Sébastien Bach, le musicien-poète*, zunächst auf Französisch geschrieben und 1905 in Paris veröffentlicht. Später verfasste er eine umfassendere deutsche Fassung. Darin schreibt er auch über die Orgelkunst.

Schweitzer war auf beiden Orgeln heimisch. Er ist durch die französische und die deutsche Schule gegangen. Er bezeichnete sich selbst als einen, „der in Paris für deutsche Orgelkunst, in Deutschland für die französische eintritt und in der Überzeugung lebt, dass ein Ausgleich zwischen den beiderseitigen Orgeln und Auffassungen kommen muss und dass in diesem Ausgleich, mit diesem Durchdringen deutscher und französischer Orgelkunst eine neue, ideenreiche und formbeherrschende Periode in der Geschichte des Orgelspiels anbrechen wird."

Gibt es eine schönere Metapher für den Elysée-Vertrag zwischen Frankreich und Deutschland, geschlossen im Januar 1963 von Konrad Adenauer und Charles de Gaulle? Damals lebte Schweitzer noch. Die beiden Politiker hätten dem Friedensnobelpreisträger (1952) die Schirmherrschaft über diesen Freundschaftsvertrag anbieten können.

Gedankenschmuggler sind gefragt, hüben und drüben, die wie Schweitzer mit beiden Mentalitäten denken, um Europa aufzubauen. Keine Besserwisser, die als Patr'idioten auftreten.

„Wenn eine Orgel nicht aussieht wie das Zentralstellwerk eines großen Bahnhofs, taugt sie für eine gewisse Kategorie unserer (deutschen) Organisten von vornherein nichts."

Deutschland als wirtschaftlicher Bahnhof Europas, so denken in der Tat viele deutsche Politiker, wenn sie als Besserwisser auftreten und dabei vergessen, dass ihre Wirtschaft den Bach runtergeht, wenn die Kunden in Europa (60 %) auf *made in Germany* verzichten müssen, weil sie die deutschen Produkte nicht mehr bezahlen können.

„Man hat es mir in deutschen Organistenkreisen verschiedentlich übelgenommen, dass ich in meinem französischen Buch über Bach behauptete, Bach würde das Ideal seiner Orgel eher in dem von Cavaillé-Coll geschaffenen Typus wiederfinden als in unseren (deutschen) Instrumenten."

Der Elsässer Albert Schweitzer, damals deutscher Staatsbürger, später französischer, hat es fertiggebracht, mit mehreren Zugehörigkeiten zu leben. Er fühlte sich als Europäer, ob mit deutschem oder mit französischem Pass.

„Was hindert uns nun aber, die französische und die deutsche Einrichtung auf einer Orgel zu vereinigen und die Hauptkoppeln und Kombinationszüge sowohl als Druckknöpfe als auch als Pedaltritte anzubringen, und zwar daß jedes Mal Knopf und Tritt korrespondieren?"

Die Kopfgrenzen natürlich. Ob Merkozy oder Merkoland, alles zu eng. Euroland brauchen wir.

„Der deutsche und der französische Genius sind in der Kunst angewiesen, einander anzuregen. In der Orgelkunst ganz besonders, da wir Deutschen von den Franzosen unendlich viel in Technik und Form lernen können, die Franzosen aber durch den Geist der deutschen Kunst vor einer Verarmung in ihren reinen und vollendeten Formen bewahrt werden. Aus der Durchdringung beider Geistesrichtungen wird ein neues Leben hüben und drüben erstehen. Bisher profitieren eigentlich nur die amerikanischen Organisten von dem Vorteil, durch die deutsche und französische Schule hindurchzugehen, insofern sie gewöhnlich die Hälfte ihrer Lehrzeit in Deutschland, die andere Hälfte in Paris zubringen. Mögen in Zukunft die deutschen und die französischen, um denselben Vorteil zu haben, sich vom alten künstlerischen Organisten-Lern- und Wandertrieb erfassen lassen."

Also ab auf die Orgel-Walz.

Inzwischen haben es zehn Historiker, Deutsche und Franzosen, geschafft, die Geschichte zwischen Frankreich und Deutschland gemeinsam zu erzählen. „Histoire-Geschichte“, nennt sich das Opus. Teil I: „Europa und die Welt seit 1945“, Teil II: „Europa und die Welt vom Wiener Kongress bis 1945“, Teil III: „Europa von der Antike bis 1814“. Eine Arbeit im Sinne von Albert Schweitzer, später von Menschen wie Jean Monet, Robert Schuman oder Alcide de Gasperi weitergeführt. Nur so sind die „mörderischen Identitäten“ – ich zitiere den Franko-Libanesen Amin Maalouf – zu besiegen.

Ein Beispiel für Kroatien und Serbien, Israel und Palästina. Ost-Ukraine, West-Ukraine. Die Warteschlange der Versöhnungskandidaten ist lang.

Teil 3

1. Europa lebt

Die Optik der Plakatlandschaften zur Europawahl 2014 ist in Frankreich und Deutschland unterschiedlich. In Frankreich sind wie bei jeder Wahl feste Standorte vorgesehen. Jeder Partei steht eine Plakatwand aus Stahl zu. Alles schön geordnet. Diese Struktur soll das wilde Plakatieren an Gebäuden verhindern oder zumindest eindämmen. In den Städten stehen auch Werbesäulen, die ganzjährig genutzt werden.

In Deutschland gibt es ebenfalls Stellwände, aber insgesamt sieht die Plakatlandschaft aus wie ein japanischer Garten: Kleine individuelle Plakate werden überall montiert, an Bäumen, Straßenlaternen oder Brückengeländern. Eine feste Unterlage erlaubt, das Plakat aufzuziehen. Es werden aber auch überall großflächige Plakate hingestellt. Die gesamte Werbestruktur wird nach der Wahl abgebaut, um sie bei der nächsten Wahl wiederverwenden zu können.

In Frankreich traut man dem Bürger nicht. Ohne feste Regeln verunstaltet er die Landschaft. In Deutschland traut man dem Bürger zu, dass er zwar Himmel und Erde mit Werbeplakaten schmückt, sie aber nach der Wahl wieder demontiert. Flexibilität ist angesagt. Wir Franzosen hingegen müssen immer an die Hand genommen werden, was uns bald stinken und uns zum anarchischen Rebellieren provozieren wird.

Auf der linken Rheinseite das vatikanisch-republikanische Denken. Auf der rechten Rheinseite die Kultur der lutherisch- demokratischen Verantwortung, auch wenn es darum geht, Plakate zu verteilen.

Auf dem Weg nach Engen, einem wunderschönen Städtchen im Hegau, steige ich bei Geisingen in Baden-Württemberg kurz aus dem Auto, um mich zu erleichtern. Heute Morgen zu viel Kaffee getrunken. Ich fühle mich plötzlich beobachtet. Kaum fünf Meter entfernt schaut mir Michael Theuner tief in die Augen. „Europa im Blick. Unsere Heimat im Herzen."

Ein übergroßes Plakat steht mitten in der Wiese, von der Auffahrt zur Autobahn nach Singen aus gut zu sehen. Der Kopf des FDP-Politikers wird von vier Skizzen umrahmt. Das Brandenburger Tor, Berlin. Das Kolosseum, Rom. Der Eiffelturm, Paris. The Towerbridge, London. Gut gemacht. Eine solche Werbung ist bei uns nicht zu finden.

Knapp 14 Tage vor der Europawahl, die in Frankreich und Deutschland am 25. Mai durchgeführt wird, lässt sich François Hollande um 8.30 Uhr im Sender *BFMTV* von Star-Journalist Jean-Jacques Bourdin eine halbe Stunde lang interviewen. Schon die Tatsache, dass es der Journalist für nötig hält zu betonen, dass die Fragen nicht abgesprochen sind, lässt Skepsis aufkommen. Werden sie also normalerweise abgesprochen?

Monsieur le Président wird in genau 33 Minuten und 38 Sekunden 183-mal „*Je*" sagen. Obwohl der Elysée-Palast darauf bestand, neben der Trikolore die Europafahne an der Wand des Studios aufzuhängen, wird Hollande nicht ein einziges Mal die Europawahl auch nur erwähnen. Journalist Bourdin wird ihn auch nicht zur Europawahl befragen. Allein die Krise in der Ukraine wird kurz angesprochen.

Ich kann es kaum fassen. Hollande hat geschwiegen. Kollege Bourdin, vor dem angeblich alle Politiker zittern, ebenfalls. Wie ist so etwas möglich? Fast 400 Millionen Bürger Europas sind zur Wahl aufgerufen, um die Zukunft des Kontinents zu gestalten, und der Präsident ignoriert sie.

Drei Tage später, in der Ausgabe von *Le Monde* vom Freitag, dem 9. Mai, korrigiert Hollande in einem Aufruf pour „*une Europe du progrès*" – für ein Europa des Fortschritts – eilig den Fehler der Dienstagssendung. Ist er allein auf diese Idee gekommen?

In Fettschrift lese ich die Überschrift: „*L'Europe que je veux!*" – Das Europa, das ich will! Das berühmte „*Je*" wird zur Obsession. Warum kann er nicht schreiben: „*L'Europe que nous voulons!*", oder: „*Une Europe pour tous!*"? – Das Europa, das wir wollen, oder ein Europa für alle. Nein, es muss heißen: Das Europa, das ICH, François Hollande, will!

Auf dem Bild, das den Artikel illustriert, steht er stolz vor Angela. Die Kanzlerin verschwindet, leicht unscharf, mit sorgenvoller Miene hinter seinem Rücken. *Pour une fois*, ausnahmsweise, sitzt seine Krawatte richtig und die rote Rosette des *grand officier de la légion d'honneur* strahlt den Leser an.

Nichts gegen seinen Aufruf in *Le Monde*. Er zitiert Mitterrand: „Nationalismus bedeutet Krieg." Stellt intelligente Fragen: „Wenn wir ihre Produkte ablehnen, wieso sollten sie unsere akzeptieren? Wenn wir nicht kaufen wollen, wie werden wir verkaufen?" Richtig so. Allerdings geht es nicht ohne Eigenlob: „Dieses Europa des Fortschritts haben wir vor zwei Jahren zu gestalten begonnen.“

Schon reist François nach Deutschland, wo er fast zwei Tage mit Angela verbringen wird. Kurz vor der Wahl zeigen sich beide noch dem Publikum. Eine Werbefahrt über die Insel Rügen, an den Kreidefelsen vorbei, rundet das Treffen ab. Caspar David Friedrich lässt grüßen.

Die politischen Beobachter notieren, dass Angela ihren Regenschirm selbst hält. Ein französischer Präsident greift nie selbst zum Regenschirm. Dies erledigen seine Regenschirmbeauftragten. Lieber bleibt er im Regen stehen. Er hätte Angela natürlich auch anbieten können, den Schirm in seine eigene Hand zu nehmen, um beide gemeinsam vor dem Regen zu schützen. Aber diese Art von *Savoir-Vivre* ist einem französischen Präsidenten fremd.

— · —

Das elsässische Münstertal, wo ich aufgewachsen bin, war schon immer eine Touristenhochburg der Vogesen. Ob im deutschen oder im französischen Elsass, die Wanderer trafen sich sonntags auf dem Kamm mit Blick auf die elsässische Ebene, auf den Schwarzwald, auf das Silvrettamassiv, auf die Berner Alpen und sogar auf den Mont Blanc. Die Postkarten, am Col de la Schlucht zu kaufen, waren mehrsprachig. Noch 1907 trafen sich deutsche und französische Soldaten in friedlicher Stimmung beim Bierfest auf dem Hohneck. Man erreichte den Gipfel sowohl von Gérardmer (F) als auch von Münster (D) aus, dank einer Bergbahn.

Zwei Kriege verwandelten die Gegend, in der ich heute wohne, in einen Friedhof. Väter, Großväter, Geschwister, Cousins – Opfer der Kriege – füllen allein einen Großteil des Dorffriedhofs. Im Münstertal liegen Zehntausende von Gefallenen, Franzosen und Deutsche. Aber aus dem Friedhof wurde inzwischen ein Paradies, dank der Europäischen Union, also dank der Union der Europäer.

Sehr früh, schon als Kind, bin ich dem Gefängnis des Nationalismus entkommen. Ich fühlte, dass ich weder Franzose noch Deutscher war, sondern Europäer, auch wenn das europäische Dasein sich noch etwas unbeholfen artikulierte. Meine Mutter hatte mir veranschaulicht, was mit der deutsch-französischen Versöhnung gemeint war. Ihr Mann, mein Vater, der 1939/40 in französischer Uniform gegen die Nazis gekämpft hatte, war im Februar 1945 als zwangsrekrutierter Elsässer in Wehrmachtsuniform in Ostoberschlesien gefallen. Nach dem Krieg schnürte sie die Kleider meines Vaters zusammen, steckte sie in ein Paket und schickte sie dem deutschen Soldaten, der zuvor unser Haus besetzt hatte und dann in der „Zone“ lebte. Später siedelte er in den Westen um und besuchte uns mit seiner Frau, um sich bei meiner Mutter zu bedanken.

Diese Haltung lässt mich an die Geschichte von Bernard Guetta in seinem Buch „*Intime conviction*“ denken. Seine Mutter, als Jüdin in Pariser Schwimmbädern unerwünscht, besuchte dennoch ein Schwimmbad. Beim Verlassen stieß sie mit einem deutschen Soldaten zusammen. Ihr Mantel fiel zu Boden, der Judenstern strahlte den Mann an. Der deutsche Soldat hob den Mantel auf, faltete ihn zusammen, um den Stern zu verbergen, überreichte ihn der Frau und lief weiter. Solches Handeln Einzelner entschuldigt nie die Verbrechen eines Krieges, aber es hilft den Betroffenen vielleicht, auf Rache zu verzichten und Friedenslust zu stiften. In diesem Fall die Lust auf die Utopie eines friedlichen Zusammenlebens. So ist Guetta Europäer geworden.

Wenn ein Auto mit einem französischen Kennzeichen durch mein Dorf fuhr, kommentierte ich: „Das sind Franzosen!“ Wenn ein Auto mit einem deutschen Kennzeichnen durch das Dorf fuhr, kommentierte ich: „Das sind Deutsche.“ Unser elsässisches Dasein allerdings war weder deutsch noch französisch, sondern europäisch. Das galt auch für meine Freunde.

Aber die Republik belehrte uns bald eines Besseren. Wir hatten uns ab sofort als Franzosen zu betrachten. Unsere elsässische Muttersprache (Elsässer-Ditsch) sollten wir schleunigst vergessen. Wenn sich aus Versehen ein deutscher Laut im Schulhof verirrte, klebte uns der Lehrer den Mund mit Heftpflaster zu. Luthers Sprache, ade!

Diese sprachliche Transplantation war äußert erfolgreich. Wir sind damit über Nacht mit Leib und Seele Franzosen geworden. Wir sind es bis heute geblieben, und zwar so intensiv, dass wir regelmäßig vergessen, Europäer zu werden. Die kindliche Gabe, uns außerhalb nationaler Territorien, ob französischer oder deutscher, zu fühlen, ist uns Elsässern abhanden gekommen. Unsere Seele trug plötzlich ein französisches Kennzeichen. Wir haben sogar vergessen, unsere Muttersprache an unsere Kinder weiterzuschenken. Damit haben wir ihnen ihre europäische Zukunft verbaut.

Es war ganz schön anstrengend, diese transnationale Unbekümmertheit der Kindheit im Laufe der Zeit wiederzuentdecken. Viele Elsässer, darunter die über 25 %, die regelmäßig die rechtsextreme Partei *Front national* wählen, sind Opfer eines überholten Nationalismus.

Die elsässischen Politiker, von Geburt an eigentlich grenzüberschreitend gepolt, sind auf nationaler Ebene in Sachen Europa politisch taubstumm. Die letzten beiden, die über den Rhein hinweg bekannt waren, sind verstorben: Pierre Pflimlin, Ex-*Président du Conseil*, Ex-Minister, Ex-Oberbürgermeister von Straßburg, Ex-Präsident des Europaparlaments, und Adrien Zeller, Ex-Präsident der *Région Alsace*. Joseph Daul, Vorsitzender der Europäischen Volkspartei, war lange Zeit Wortführer der Konservativen im Europaparlament, kandidierte aber 2014 nicht mehr. Catherine Trautmann, Ex-Oberbürgermeisterin von Straßburg, Ex-Kultusministerin in Paris, Ex-Europaabgeordnete, gehört zur jüngeren Generation. Sie spricht weder Elsässisch noch Deutsch.

Im Elsass finden sich keine Wortführer mehr, die Europa mit Leib und Seele verteidigen. Außerdem werden die elsässischen Politiker in Paris nicht ernst genommen. Man ignoriert sie. Wie wäre es mit einer kleinen Provokation? Wie Jean Lassalle aus den Pyrenäen, der in der *Assemblée nationale* in seinem Dialekt „*béarnais*" singt, um auf seine Wurzeln aufmerksam zu machen. Warum singt kein Elsässer den „Hans im Schnookeloch" (Hans im Schnakenloch)? Unmöglich. Jeder elsässische Abgeordnete befürchtet, als Nazi beschimpft zu werden.

—— · ——

Wohler fühle ich mich mit Daniel Cohn-Bendit, der mit dem Belgier Guy Verhofstadt das Manifest „Für Europa" geschrieben hat. „Dany le rouge", wie er in Frankreich in Anspielung auf seine Rolle während der 1968er-Mairevolte genannt wird, sprengt die nationalistischen Kopfgrenzen wie immer mit Humor, genauso wie sein belgischer Sparringspartner:

„Trau dich, wieder europäisch zu denken. Trau dich, wieder europäische Standpunkte zu vertreten. Aktualisiere das europäische Projekt in Europa und in der Welt von Morgen. Sei wieder genauso kreativ, wie es die Verfechter der europäischen Idee früher waren. Verteidige es vor allem gegen alle Gegner, die es in den Dreck ziehen. Streite dich. Kämpfe gegen Nationalisten, Konservative, Populisten. Konfrontiere sie mit den unvorstellbar dramatischen Konsequenzen eines Auseinanderfallens auf dem europäischen Kontinent. Rechne ihnen vor, was eine Rückkehr zum Nationalismus bedeuten würde … Blamiere diejenigen, die Europa nur als eine lose Ansammlung aller Vaterländer betrachten … Der Föderalismus ist die einzig mögliche Antwort für Europa. Ein zentralisierter Staat wie Frankreich ist in diesem Fall nicht vorstellbar. Nur in einem postnationalen Europa sind wir imstande, die Ideale von Freiheit, Gleichheit und Brüderlichkeit dauerhaft zu verankern."

Jean-Dominique Guiliani, Präsident der Robert-Schuman-Stiftung, ist dem breiten Fernsehpublikum unbekannt. Seine Euro-Biographie ist dennoch beispielhaft. Kinder und Familie mehrsprachig. Seine Arbeiten sind didaktischer als die von Cohn-Bendit, wie dem Titel seines Buches zu entnehmen ist: *„Pourquoi et comment L'Europe reste le cœur du monde. Petit traité d'optimisme."* – Wie und warum Europa das Herz der Welt bleibt. Kleiner Katechismus des Euro-Optimismus.

Er kritisiert auch die seelenlosen Eurokraten, begeistert die Leser aber mit seiner Reise in das Europa der Zukunft: „Seit ihrer Gründung darf die europäische Union stolz darauf sein, mehr als 250 Millionen Bürgern den Weg zur Demokratie geöffnet zu haben."

Erneut tauche ich in das Buch von Bernard Guetta ein, geopolitischer Kolumnist beim Sender *France Inter*, Reporter in aller Herren Länder zwischen Warschau, Washington, Moskau und Peking. Dank seiner Reisen sieht er die Welt nicht mehr durch die Pariser Brille. Sein Buch *„Intime conviction"* (Innere Überzeugung) ist ein Plädoyer für Europa:

„Ein vereintes Europa könnte ein Glück sein für seine eigenen Bürger und für die Menschen in der ganzen Welt. Aber Europa jammert lieber, ohne sein Glück und seine Ausstrahlung wahrzunehmen. Von der Ukraine bis Tunesien, von Ägypten bis Russland, seine Nachbarn, an allen seinen Grenzen, alle wollen erreichen, was Europa schon erreicht hat. Aber Europa ist mutlos und ängstlich, hat vergessen, wie lange es gebraucht hat, um die Erfolge der Demokratie zu feiern. Europa denkt nur an das Chaos seiner inneren Kämpfe und erkennt nicht die Kraft der Hoffnung. Europa spricht nur von seinen Misserfolgen, statt an die Dynamik der Freiheit anzuknüpfen."

Da denke ich sofort an die Donauinsel Belene, ehemaliger bulgarischer Gulag, heute von Straftätern bevölkert. Ich habe die Gefängnisinsel während meiner Donaureisen zwischen dem Schwarzen Meer und dem Schwarzen Wald besucht. Die Insassen führten nur ein Wort im Mund: Europa. Und besonders einen Namen: Germany.

„Das föderale Europa wird aus unseren gemeinsamen Projekten, Debatten und Taten entstehen", schreibt Guetta.

Gewinner gibt es schon viele in Europa. Ich denke an „Erasmus", das Austauschprojekt für Studenten. Daraus kann in dreißig Jahren eine europäische Führungsschicht erstehen, wie Umberto Eco schreibt.

Weniger bekannt als der Studentenaustausch ist der Azubi-Austausch. Mehr als 80.000 Franzosen und Deutsche – Bäcker, Schlosser, Werkzeugmacher – haben die mentalen und geographischen Grenzen zwischen Frankreich und Europa schon durchbrochen. Jeder Austausch wird auch sprachlich begleitet. Das „Deutsch-Französische Sekretariat für den Austausch in der beruflichen Bildung" hat seit 1980 seinen Sitz in Saarbrücken. Man kann die Auswirkungen dieser Begegnungen gar nicht hoch genug einschätzen. Dieses Modell müsste auf ganz Europa ausgeweitet werden, um die Kopfgrenzen zu sprengen. Die Institution sollte sich vielleicht, genauso wie die Studenten mit Erasmus, einen Namensgeber zulegen. Warum nicht Einstein?

Während der Sendung *„C'est dans l'air" (France 5)* erwähnte ein Experte die Notwendigkeit des Azubi-Austausches in Europa. „Sie werden einem Lehrling aus Paris doch nicht zumuten, in Duisburg zu arbeiten?", fragte daraufhin der Moderator voller Skepsis.

Die sogenannten „Ersteiner Gespräche", von der Volksbank Lahr organisiert, bieten ein Forum für elsässische und badische Unternehmer. Die Treffen finden abwechselnd im Europa-Park im badischen Rust und im Restaurant „Aigle d'Or" im elsässischen Osthouse statt. Die Deutschen bedauern regelmäßig, dass die elsässischen Lehrlinge den Schritt über den Rhein, wo Arbeitsplätze auf sie warten, nicht wagen. „Die jungen Türken sprechen inzwischen besser Deutsch als die Elsässer", beklagt ein Unternehmer die Situation.

Wenn man in die Freiburger Innenstadt fährt, blickt man auf eine Werbewand: „Karriere dank Lehre. Unternehmer machen Schule. www.ihk.de." Fotos von Jung und Alt. Wenn man an Straßburg vorbeifährt, findet man an der Autobahn ein leerstehendes Hochhaus, die ehemalige *„maison du bâtiment“*. Eigentlich ideal, um Werbung für Lehrlinge und Unternehmer zu machen. Auf diese Idee kommt niemand. Stattdessen wird für Bier oder irgendein Event geworben. Lehrlinge werden in Frankreich links liegen gelassen.

—— • ——

Fünf Tage vor der Europawahl, am Dienstag, dem 20. Mai 2014, lese ich auf der ersten Seite der Tageszeitung *Le Monde*: „Das Europa-Projekt ist nicht mehr mehrheitsfähig in Frankreich. Nur 39 % der Franzosen sind der Meinung, dass Europa eine gute Sache ist.“

Ich packe sofort meinen Rucksack, fülle in der Gendarmerie von Munster noch meine Wahl-Vollmacht aus und fahre mit dem Zug nach Basel, wo ich ins Flugzeug nach Sofia steige. Ich werde Bulgarien besuchen, *terra incognita* Europas, das ärmste Land der Union. Pauline und Joro warten auf mich in Widin an der Donau, im Dreiländereck von Serbien, Bulgarien und Rumänien, 2.000 km von der Donauquelle im Schwarzwald und 900 km vom Schwarzen Meer entfernt. Meine beiden Freunde leiten ein Marionettentheater.

Ich brauche einen Tapetenwechsel. Wir befinden uns im Jahr 2014. Wieso sind meine Mitbürger Opfer einer historischen Aphasie? Haben sie 1914 vergessen? Sie leben mit dem Handy am Ohr, twittern, facebooken, appen, hashtaggen Tag und Nacht, träumen aber von einem Frankreich als Insel, als geopolitischem Tintenklecks auf der Weltkarte.

Im Flugzeug sitze ich neben Vanja, Serbin. Sie studiert in Freiburg Deutsch und Philosophie. Der Großvater hat ihr die Liebe zur deutschen Kultur vermittelt, obwohl er den Nazis nur knapp entkommen ist. „Serbien muss noch dreißig Jahren warten, bis es in die EU aufgenommen wird“, sagt die junge Frau mit einem ironischen Lächeln, als sie in Wien aussteigt.

Ich fliege weiter nach Sofia, am Fuße der Vitoscha-Gebirgskette, wo die letzten Schneewechten wie eine weiße Girlande den Horizont zieren. Erste Überraschung seit meinem letzten Besuch: Die Taxis sind alle gelb lackiert, wie in New-York. Diese Idee hat sich also in Sofia schneller durchgesetzt als in Paris, wo man noch über die geeignete Farbe nachdenkt.

Zweite Überraschung: Als ich nachts durch die bulgarische

Hauptstadt streife, sind die kaum beleuchteten Parks überfüllt von Tausenden von jungen Leuten. Keine wilden Saufereien wie im Westen. Keine Polizisten. Wahlplakate fordern zur Europawahl am kommenden Sonntag auf. Viele zögern: „Wird es was bringen?" Komische Frage, auch Bulgarien ist mit Europa-Sternen dekoriert, die an Europa-Gelder erinnern. Dort eine neue Brücke, hier eine verbesserte Straße. Ich dränge alle, an die Urnen zu gehen. „Unsere Politiker sind doch alle korrupt!", bekomme ich immer wieder darauf zu hören.

Am nächsten Morgen, also einen Tag vor der Wahl, werde ich mit dem Bus in die Donaustadt Widin reisen, etwa 230 km von der Hauptstadt entfernt. Aber zuvor besuche ich noch mal das Zentrum. Heute wird in Bulgarien, wie jedes Jahr am 24. Mai, das Fest des Alphabets gefeiert. In Erinnerung an Kyrill und Method, die beiden Mönchsbrüder aus Thessaloniki, die im Jahr 823 die Bibel übersetzten, mit Hilfe eines neuen Alphabets: des Kyrillischen, das den Touristen im Osten so zu schaffen macht. Erwachsene und Kinder spazieren mit bulgarischen Fähnchen durch die Stadt, obwohl die beiden Theologen eigentlich keine Bulgaren waren, wie Sybille Lewitscharoff in ihrem witzigen Buch „Apostoloff" erzählt.

Im Park ist eine Ausstellung zu Ehren der Väter des kyrillischen Alphabets zu sehen. Wie aus heiterem Himmel steht der bulgarische Präsident Rossen Plewneliew vor mir und sagt in einem wunderbaren Englisch: „*With Cyrill and Method we share the Values of Europe. The European Union was not born by 2000 but in the eights century.*" Stimmt.

Vergeblich suche ich Solomon Passi unter den Offiziellen. Den ehemaligen Außenminister Bulgariens (2001-2005) kenne ich seit fast dreißig Jahren. Der brillante Mathematiker war Mitglied der ersten Regierung von König Simeon von Sachsen-Coburg und Gotha. Solomon ist ein leidenschaftlicher Europäer. 2004 tauchte er kurzzeitig in den deutschen Gazetten auf, als er Joschka Fischer den Judenstern seines Großvaters übergab: „Aus Dank für das Engagement des deutschen Außenministers gegen den Antisemitismus."

Solomon ist nicht auszumachen, obwohl er Präsident des Kyrill- und Method-Vereins ist.

Die Busreise von Sofia nach Widin an der Donau, via Varca, dauert knapp vier Stunden. In Varca liegt Christo Botew, der bulgarische Che Guevara, begraben. In wenigen Tagen, am 4. Juni, findet der „Tag der Helden" statt. Um 12 Uhr werden die Sirenen heulen. Dann verharren alle Bulgaren drei Minuten lang in Stille.

Hinter mir unterhält sich eine Frau in einwandfreiem Hochdeutsch mit ihrem Handypartner. Später wird sie mir verraten, dass sie mit ihrem Mann seit drei Jahren in Dunawetsi, bei Widin, wohnt, wo die beiden ein Haus gekauft haben. Sie spricht kein Bulgarisch, hat aber sogar die neunzigjährige Schwiegermutter nach Bulgarien geholt. In Deutschland hat sie bei einem Tierarzt gearbeitet. Auch hier betreut sie kranke Tiere. Es sollen auch einige Engländer in der Gegend von Widin wohnen. Ich staune. So attraktiv ist die Region ja wirklich nicht. Zieht man nach Bulgarien nur, weil dort alte, renovierungsbedürftige Häuser für ein paar tausend Euro zu haben sind?

Bei meiner letzten Donaureise zum Schwarzen Meer ortete ich die letzten West-Ost-Immigranten in Ungarn. Ein Arbeiterpaar aus dem Schwarzwald und einen elsässischen Winzer aus Ammerschwihr bei Colmar. Das letzte Mal war ich 1997 in Widin. Habe ich etwas verpasst? Ist Europa doch mehr zusammengewachsen, als ich dachte? In der Tat erwähnt Sibylle Lewitscharoff in ihrem Roman (2010 erschienen) Engländer, die sich bei Weliko Tarnowo, östlicher als Widin und ehemalige Hauptstadt Bulgariens, niedergelassen haben.

Der Zug der Westeuropäer nach Osteuropa wird sich in den nächsten Tagen bestätigen. In Sinagowetsi, wo ich im Ferienhaus meiner Freunde untergebracht bin, treffe ich auf Davis, einen Engländer aus Manchester, der im Dorf wohnt und Häuser von Engländern renoviert. Er spricht Bulgarisch. In Widin selbst hat Mick aus Norfolk ein Kaffeehaus aufgemacht: „Phoenix". *„The best english café in Vidin"*, ist zu lesen. Mick wohnt in Novo Selo. An der Donau. Dort gibt es ein Waisenhaus, überwiegend mit Roma-Kindern. Mick will ihnen eine berufliche Chance geben und bildet einige in seiner Konditorei aus. Einfach ist es nicht. Die Verwaltung macht nicht mit. Außerdem hat Elvis, einer der Jugendlichen, nach drei Monaten das Handtuch geschmissen: „Ich arbeite lieber mit meinem Bruder im Wald. Dort verdiene ich mehr." *„Big deception"*, wird mir Mick beichten.

Auch mit Debbi und Eddy werde ich Bekanntschaft machen. Sie sind Rentner aus London, mit dem Flugzeug nach Craiova gekommen, von dort mit dem Taxi nach Widin. Der ehemalige Lufthansapilot Klaus hatte weniger Glück. Er zog mit seiner englischen Freundin nach Widin, wo er leider an einer heimtückischen Krankheit starb.

Pauline und Joro holen mich am Bahnhof ab. Auch hier wehen Europa-Sterne: Der Bahnhof wurde umgestaltet. Seit 2013 führt dank einer neuen Europabrücke eine Bahn über die Donau ins 80 km entfernte rumänische Craiova. Auch eine Autobahn überquert die Donau. Man erreicht Calafat heute in ein paar Minuten. Vier Wochen lang war die Fahrt gratis. Der kleine Grenzverkehr blühte. Dann kostete der Spaß hin und zurück zwölf Euro. Seither tote Hose. Schluss mit der Völkerverständigung. Zu teuer.

Schade. Der Tanz der Kulturen hat Tradition in Widin. Im 10. Jahrhundert wohnten hier die Bogomilen, Vorfahren der Katharer. Später die Heiducken, Rebellen gegen die Staatsmacht, Vorfahren von Christo Botew, dem Dichter, der durch die Französische Revolution beeinflusst wurde:

„Aber Du, Gott der Vernunft,
Verteidiger aller Sklaven,
bald werden wir feiern
zusammen mit allen Völkern.“

Claudio Magris, der Donau-Poet, erzählt, dass der hiesige Pascha, als die Türken die Region beherrschten, eine Christin heiratete und auf den Halbmond, der die Moschee krönt, ein Herz setzen ließ. Stimmt, ich habe das Herz fotografiert.

Auf der „Princess of Balkan“, dem Schiff von Georgi, feiern wir am Abend und in der Nacht mit Gästen von der Insel Sachalin das Ende des Marionettenfestivals von Widin. Sachalin gehört zu Russland, ist aber nur 40 km von der japanischen Insel Hokaido entfernt. So klein ist die Welt.

Den Abend muss man sich vorstellen wie in einem Film von Emir Kusturica, den ich während der Dreharbeiten zu *„Black Cat – White Cat“* bei Belgrad kennengelernt habe. Damals drehte ich für das ZDF „Donauträume – Stromaufwärts nach Europa“.

Wir drehen eine Runde auf dem Fluss. Hin und wieder blicke ich ins Donauwasser, das nach den Überschwemmungen in Serbien weiter gefährlich steigt. Dort wurden in den Gärten Minen angespült. Zu Hause habe ich eine Karte von den Minenfeldern. Ein Geschenk eines befreundeten französischen Offiziers. Ein Großteil Ex-Jugoslawiens bleibt vermint. In ein paar Wochen werde ich in Bosnien-Herzegowina auf Fahrudine treffen. Er arbeitet für eine norwegische nichtstaatliche Organisation im *„Global training center for mine detection dogs"*. Zirka hundert Hunde sind in Sarajevo stationiert. Über 1.000 Personen arbeiten ununterbrochen an der Entschärfung der Minen. Ich denke an meine Heimat, das Elsass. Es gibt dort Tannen, die heute, nach 100 Jahren, noch Spuren des Ersten Weltkrieges in sich tragen. Man spricht von *„bois mitraillé"*, von zerschossenem Holz, gefährlich für die Sägewerke.

Eigentlich hätten die Russen heute Abend das Festival im benachbarten serbischen Zaječar beschließen sollen. Aber sie hatten sich mit den Visa vertan. Ausreise nach Serbien o. k., nicht aber die Einreise nach Bulgarien. Da sie den Rückflug nach Moskau ab Sofia gebucht hatten, wären sie in Serbien hängen geblieben. Ich staune über die mangelnde slawische Visa-Brüderschaft und muss sofort an Sarkozy und Le Pen denken, die die alten Grenzen reaktivieren möchten.

Am nächsten Tag, dem 25. Mai, wird in Europa gewählt, auch in Widin. Ich esse am Rathausplatz eine kalte Gurkensuppe. Martin Schulz und Jean-Claude Juncker schauen mir zu. Die Plakataufsteller haben gut gearbeitet. Ich bin ein wenig enttäuscht, dass meine Freunde Pauline und Joro nicht wählen gehen. Joro, weil „alle korrupt sind, Marionetten, die von obskuren Geldgebern manipuliert werden", sagt er. Pauline zögert, wird aber nicht wählen. Meine Freundin war immerhin Vize-Gouverneurin von Widin und saß sechs Monate in Sofia im Parlament.

Die Russen erstaunen mich, als alle bis auf einen erklären, dass es nicht normal sei, dass Putin die Krim ohne Wenn und Aber annektiert hat. Eine erfreuliche Nachricht, weil das russische Fernsehen, das hier gut zu empfangen ist, die Situation in der Ost-Ukraine gnadenlos manipuliert wiedergibt.

Milan, der Theaterdirektor von Zaječar, will die Visa-Panne der enttäuschten Russen ein wenig ausbügeln und kommt mit einem serbischen Orchester nach Widin. So feiern wir eine zweite Nacht auf der „Princess of Balkan".

Ich hoffe immer noch, dass Marine Le Pen, genauso wie ihr holländischer „Cousin" Geert Wilders, die Wahlen nicht gewinnen wird. Da erreicht mich auf dem Donauschiff eine SMS meiner Frau.

Die Überraschung ist ausgeblieben. Die rechtsextreme Partei *Front National* hat planmäßig gesiegt. In Frankreich mit 25,4 %, in meiner elsässischen Heimat sogar mit 27,16 % der Wählerstimmen.

Ich springe in die Donau. Antonina und Alexander vom russischen Marionettentheater aus Sachalin springen hinterher und fischen mich heraus. Ich wollte mir nicht das Leben nehmen, nur den Körper abkühlen, um den Geist zu beruhigen.

Freilich haben die Wähler dem Präsidenten François Hollande eins auswischen wollen, weil er die Arbeitslosigkeit nicht in den Griff bekommt. Freilich haben die französischen Politiker aller Couleur Europa momentan vergessen und nur die zweite Garnitur nach Straßburg geschickt. Freilich haben alle übersehen, dass Europa ihnen seit 1945 Frieden gebracht hat. Rechtfertigt dies aber, einer ausländerfeindlichen Partei ohne Wirtschaftsprogramm, die die Grenzen schließen und den Euro als Teufel ins Gedächtnis der Menschen einbrennen will, die Stimme zu geben?

Wir Franzosen, allen voran wir Elsässer, ehemalige Alphatiere der Weltrevolution, Hüter des *Savoir-Vivre*, Besserwisser der Menschheit, wir tauschen Europa gegen die politische Wahrsagerei einer Partei, die uns sogar vor Bulgarien blamiert. Die bulgarische rechtsextreme Partei *Attaka* versinkt im Schwarzen Meer, sie schafft es nicht nach Straßburg.

Ich erzähle Antonia, dass ich die Büste von Anton Tschechow, die von Wladimir Tschebotarjow, einem Einwohner der Insel Sachalin, geschaffen wurde, kenne. Das Tschechow-Museum in Juschno-Sachalinsk schenkte sie der Kurstadt Badenweiler unweit meiner Heimat im Elsass. Schon kullern Tränen über die roten Wangen von Antonia. Die Chefin der russischen Marionettisten will mich sofort auf ihre Insel entführen. Ich hatte ihr verraten, dass ich bald nach Kalifornien emigrieren werde, nach Jenner an der Pazifikküste, 100 Kilometer nördlich von San Francisco. Ruth Weiss, eine der letzten Überlebenden der Beat-Generation, wohnt ein paar Kilometer weiter. Sie hat für mich eine Bleibe gefunden. Ruth hat zwei Jahre lang Jack Kerouac, den legendären Autor von „On the road“, in San Francisco beherbergt. Auch im hohen Alter bleibt sie aktiv und qualmt ihre Freunde ein wie Helmut Schmidt. „Can’t stop the beat“ nennt sich ihr letztes Werk. „Any house is yours if you live in it, when you leave it is the next one’s.“ Ruth flüchtete mit ihrer Familie vor den Nazis aus Wien.

„Kalifornien ist ja nicht weit von der Insel Sachalin. Über Frankreich ist es ein Umweg.“, versuchte mich die Russin zu überzeugen.

Schließlich lehne ich Antonias Angebot schweren Herzens ab. Meine Mutter lebt noch im Elsass. Sie wird bald hundert. Ich werde erst nach ihrem Tod nach Kalifornien ziehen.

—— · ——

Als ich mit dem Taxi vom Fußballstadion von Sofia Richtung Flughafen fahre, lese ich an den Wänden der Arena auf Deutsch: „Der Mensch ist nur ganz Mensch, wenn er spielt. Schiller.“

Im nagelneuen Terminal 2 des Flughafens entdecke ich einen *„meditation room“*. Kein schlechter Ort, um Bilanz zu ziehen. Nach zehn Minuten endlich öffnet mir eine schlecht gelaunte Angestellte die Tür. Der Raum ist fensterlos, in der Ecke ein umgeworfener Tisch, zwei aufgeschlitzte Sessel schauen mich an. Zwei Teppiche liegen am Boden Richtung Mekka. Die türkische Minderheit Bulgariens wird auf 800.000 Einwohner beziffert. Im Parlament gibt es eine türkische Partei. Sofort verlasse ich den *„meditation room“*, den hässlichsten Ort des neuen Flughafens.

Die Bistros sind sympathischer. Ich lerne André kennen, einen fünfzigjährigen Elsässer aus der Straßburger Gegend. Er arbeitet in leitender Funktion für eine Schweizer Pharmafirma in Basel. Ich staune, mangels Zweisprachigkeit arbeiten die elsässischen Gastarbeiter in der Schweiz eher als Straßenfeger. „Wie viele elsässische Manager gibt es in ihrer Firma?“, frage ich. – „Ich bin der einzige!“

Außerdem erzählt mir André, dass er Elsässisch spricht, genauso wie seine Frau. Nicht nur das. Die Kinder, 10 und 12, sprechen auch Elsässisch. „Wir wollten, dass sie zweisprachig aufwachsen!“ Das nenne ich glatt das Wunder von Sofia. 99 % der Elsässer mutierten sprachlich zu Parisern.

Im Münchner Flughafen sind Philosophen am Werk. Ich lese: „Wir verbinden Menschen, Märkte, Möglichkeiten“. Timos ist Grieche, ehemaliger Sportlehrer aus Athen. Er arbeitet schon seit sieben Jahren als Schuhputzer in einer der Flughafenhallen. Ab sieben Euro ist man dabei. Ich erzähle ihm vom Malheur des Politberaters von François Hollande, der seinen Posten verloren hat, weil er einen Pariser Schuhputzer-Kollegen beauftragt hatte, seine Schuhe zu putzen. Ich suche und finde per Internet ein Bild von Morelle. Als ich es Timos zeige, schreit er so laut auf, dass Passanten sich umdrehen:

„Das ist ja Aquilino! Der kommt immer vorbei, wenn er in München zwischenlandet!“

2. Gedenken oder Feiern?

2014 war für François Hollande in Sachen Gedenkfeiern ein gesegnetes Jahr:

Freitag, 21. Februar, Mont Valérien, Paris, wo die Nazis zwischen 1941 und 1944 über tausend Widerstandskämpfer hinrichteten.

Donnerstag, 8. Mai, Paris, Tag der Befreiung, Kriegsende 1945.

Freitag, 6. Juni, Normandie, Landung der Alliierten, in Anwesenheit von Elisabeth, Barack, Angela und Wladimir.

Mittwoch, 18. Juni, wieder auf dem Mont Valérien, um an den Londoner Radio-Appell von General de Gaulle zu erinnern, 1940, als er die Franzosen zum Widerstand aufrief.

Sonntag, 6. Juli, Mont Mouchet, Massif Central, Erinnerung an 300 Bürger, die am 2., 10. und 11. Juni 1944 von den Nazis ermordet wurden.

Donnerstag, 10. Juli, Tour de France, 6. Etappe, Arras–Reims, auf dem *Chemin des Dames,* Gedenken an den Ersten Weltkrieg.

Sonntag, 27. Juli, Erinnerung an die Toten des Flugzeugabsturzes in Mali; Fahnen drei Tage auf Halbmast.

Donnerstag, 31. Juli, zusammen mit Sigmar Gabriel Gedenken an die Ermordung des Sozialistenführers Jean Jaurès im „Café du Croissant“ in Paris.

Sonntag, 3. August, zusammen mit Joachim Gauck auf dem Hartmannsweilerkopf im Elsass, zum Gedenken an den Ausbruch des Ersten Weltkriegs.

Montag, 4. August, Lüttich, mit Joachim Gauck und zehn weiteren Staatsoberhäuptern, Gedenken an die Besetzung des Königreichs Belgien durch die Wehrmacht.

Freitag, 15. August, Toulon, auf dem Flugzeugträger Charles de Gaulle, Gedenken an die Landung der Alliierten in der Provence.

Montag, 25. August. Morgens Ile de Sein. Die Einwohner der kleinen Insel stellten sich 1940 auf die Seite von General de Gaulle in London. Er erhob die Insel in den Orden *„Compagnons de la Libération“*. Abends Befreiung von Paris 1944.

Dienstag, 11. November, Waffenstillstand 1918. Morgens Paris, *Arc de Triomphe,* Grab des unbekannten Soldaten. Nachmittags

Notre-Dame-de-Lorette, Nordfrankreich, Einweihung des *„anneau de la mémoire"*, des „Rings des Erinnerns". Eine Tafel nennt die Namen von 580.000 Soldaten aller Nationalitäten.

Mittwoch, 19. November, Canberra, Australien, *War Memorial,* Gedenken an die 40.000 Australier, die im Ersten Weltkrieg in Europa gefallen sind.

Last but not least: Dienstag, 23. Dezember, Saint-Pierre et Miquelon, Nordamerika. Die Insel liegt nur 25 km vom kanadischen Neufundland entfernt. Schon 1941 entschieden sich die Insulaner gegen die Vichy-Regierung und für General de Gaulle. 73 Jahre später dankte François Hollande der Bevölkerung. Daraufhin schenkten ihm die 6.000 Einwohner eine schwarze Labrador-Hündin, die den Namen „Philae" trägt, in Erinnerung an die Landung des europäischen Roboters „Philae" auf dem Kometen Tschuri, am 12. November 2014. Philae ist außerdem der Name einer Insel im Nil, in Ägypten. Dort wurde ein Tempel für Hathor, die Göttin der Musik, der Liebe und des Tanzes, errichtet. Der Labrador lebt heute, zusammen mit dem Präsidenten, im Elysée-Palast in Paris, *55 Rue du Faubourg Saint-Honoré.*

Sollte ich ein paar Gedenkfeiern übergangen haben, bitte ich um Nachsicht.

Hollandes Vorgänger Sarkozy stand kein solches Schicksalsjahr wie 2014 zur Verfügung. Er versuchte es anders. Er schlug vor, dass jedes Jahr in allen Schulklassen ein Brief des 17-jährigen Guy Môquet, der von den Nazis ermordet worden war, verlesen werden solle. Bernard Laporte, Trainer der Rugby-Nationalmannschaft und später Sarkozys Sportminister, ließ daraufhin den Brief kurz vor dem Anpfiff gegen Argentinien von einem Spieler vor versammelter Mannschaft vorlesen. Die Franzosen verloren das Spiel.

Noch besser: Sarkozy schlug auch vor, dass jedes Schulkind ab dem Alter von 10 Jahren die Patenschaft für ein im KZ ermordetes jüdisches Kind übernehmen solle. Zu viel des Guten. Beide Vorschläge stießen auf heftige Kritik und gerieten schließlich in Vergessenheit.

Diese Beispiele dokumentieren, dass auch die Siegermacht Frankreich im Umgang mit Gedenkfeiern nicht ohne politisches Fingerspitzengefühl agieren kann. Am 16. und 17. Juli 1942 hatte die französische Polizei die Pariser Juden in der Radsportarena *„Vélodrome d'hiver"* zusammengetrieben. Die meisten von ihnen kamen in den KZs um. Erst am 16. Juli 1995 erkannte Präsident Chirac die Schuld des französischen Staates unter der Vichy-Regierung an.

Die Kanzlerin ist in puncto Gedenkfeiern chancenlos, selbst als mächtigste Frau der Welt. Nehmen wir an, sie möchte den 11. November, den Tag, an dem im Jahr 1918 der Erste Weltkrieg offiziell endete, zum Gedenktag machen. Genau an diesem Tag beginnt in Deutschland der Fasching.

Als Richard von Weizsäcker vorschlug, den 8. Mai, das Ende des Zweiten Weltkrieges, als Tag der Befreiung zu begehen, stieß er auf Widerstand. „Wie wollen wir eine Niederlage als Sieg feiern?", fragte Helmut Kohl. Nicht jede Nation besitzt die geistige Kraft, aus einer Niederlage einen Sieg zu machen wie die Serben. Sie wurden 1389 auf dem Amselfeld im Kosovo von den Türken besiegt, feiern diese Niederlage aber heute als Sieg.

— · —

Sie küssten sich bei der Umarmung mehrfach – auf die Wange. Zweimal legten sie den Arm um die Hüfte des anderen, der Deutsche den rechten, der Franzose den linken. Einmal gaben sie sich diskret die Hand, der Deutsche die rechte, der Franzose die linke. Die neue deutsch-französische Hand verschwand halb unter den Jacketts. Dann gab es noch eine Variante der Berührung: Sie legten ihre Hände auf dem Grundstein der künftigen deutsch-französischen Gedenkstätte übereinander. Natürlich haben Sie die beiden erkannt, Joachim und François, den Bundespräsidenten und den *Président de la République.*

Wir schreiben den 3. August 2014. Hundert Jahre nach der Kriegserklärung des Zweiten Deutschen Reiches an die III. Französische Republik. Tatort: der Hartmannsweilerkopf – Vieil Armand. Höhe: 956 ü. d. M. Breitengrad: 47° 51' 40". Längengrad: 7° 9' 40". Gebirge: Vogesen mit Blick auf den Rhein, Schwarzwald, Deutschland, Vorarlberg, Österreich, Berner Alpen, Schweiz. Zwischen 1914 und 1940 Schauplatz des deutsch-französischen Krieges, 30.000 Tote.

Geübt hatten François und Joachim schon am 4. September 2013 mit Erfolg, in Oradour-sur-Glane, dem Dorf, in dem die Waffen-SS-Division „Das Reich" 642 Dorfbewohner ermordet hatte.

Ich muss sagen, sie machen das gut. Es war auch nicht anders zu erwarten. Der Pfarrer-Präsident bewegt sich einfach perfekt auf der kleinen und großen Weltbühne. Worte, Gestik, Tonfall, alles stimmt.

Hollande hat da manchmal Mühe mitzuhalten. Wenn er sich volksnah gibt und seinem Humor freien Lauf lässt, denkt man eher an einen Lokalpolitiker, der sich freut, dass er ist, was er ist, ein Mensch eben wie Du und Ich. Ein *„Président normal"* wollte er sein, aber so einfach ist es nicht, das weiß er inzwischen auch. Gauck dagegen braucht sich gar nicht anzustrengen, so zu sein, wie er sich gibt, normal, mit einem Hauch von Souveränität, der Hollande noch fehlt. Eigentlich denke ich an Vater und Sohn, wenn ich sie beide beisammen beobachte.

In Oradour hatte es Gauck schwerer. Die Grausamkeit des Massakers der Waffen-SS war sozusagen zeitlich und räumlich verdichtet. Ein Dorf, eine Kirche, 642 Opfer. Der Überlebende Robert Hébras, den beide Präsidenten mitfühlend umarmten, führte sie durch die als Mahnmal belassene Kirchenruine.

Aber Hollande hatte es auch nicht leicht. Unter den Soldaten der SS-Division waren 14 Elsässer. Nur einer von ihnen war freiwillig dabei. Die übrigen waren Malgré-Nous, wie man sie nennt, Zwangsrekrutierte. Viele Franzosen, auch Robert Hébras, nehmen ihnen das bis heute nicht ab und sprechen von den „sogenannten" Zwangsrekrutierten. Als Roland Ries, Oberbürgermeister von Straßburg, 2008 dieses Kirchenmahnmal besuchte, gab es Pfiffe.

1940 wurde Frankreich von den Deutschen besetzt, das Elsass vom Reich annektiert. Dieser Unterschied ist den Franzosen nicht klar. Von 1942 an wurden 130.000 junge Elsässer zur Wehrmacht eingezogen. Ab 1944 sogar zur Waffen-SS. Sich zu weigern, hatte zur Folge, dass die Eltern ins Altreich deportiert wurden.

Junge Elsässerinnen wurden in Arbeitslager gesteckt. Lehrer und Lehrerinnen wurden ins Reich zwangsversetzt. Zuverlässige Nazi-Lehrer ersetzten sie im Elsass.

Im Elsass wird es Gauck einfacher haben. Hundert Jahre sind vergangen. Überlebende gibt es nicht mehr.

Dennoch gibt es ein Problem. Die Elsässer wurden deutsche Staatsbürger, nachdem das Elsass und ein Teil Lothringens 1871 nach dem verlorenen Krieg an das Deutsche Kaiserreich abgetreten worden waren. Nach dem Ersten Weltkrieg fiel die Region an Frankreich zurück. Wie sollte man beiderseits damit umgehen? Wie dachten und fühlten die Elsässer damals? Wollten sie zu Frankreich zurück oder deutsch bleiben? Die Mehrzahl der Männer hatte in der kaiserlichen Armee gekämpft.

Präsident Wilson wollte die Urnen sprechen lassen. *Président* Poincaré fand das überflüssig. Ein Fahnenmeer empfing seine Truppen. Dies galt als Plebiszit. Die Elsässer wollten wieder zu Frankreich gehören wie schon vor 1870. Genauso handelte jetzt auch Putin auf der Krim. Auch er berief sich auf das „Vorher" und wurde von einem Fahnenmeer begrüßt. Auch er sprach von Plebiszit.

Im Gegensatz zu den Politikern geben die Gefallenendenkmäler eine Antwort auf diese Fragen. Nie ist „*Morts pour la France*" zu lesen", sondern „*La commune à ses enfants victimes de la Grande Guerre et de 1940–1945*". Ganz einfach deshalb, weil die Elsässer nicht für Frankreich, sondern für Deutschland kämpften. Manche, wie mein Vater, dessen Name Martin Graff auf dem *Monument aux Morts* in Stosswihr zu lesen ist, kämpften sogar in beiden Uniformen. 1939/40 in französischer, 1944/45 in deutscher. Er fiel in einer deutschen Uniform.

1918 wurden die Deutschen mit 30 Kilogramm Gepäck über den Rhein gejagt. Elsässer „erbten" Häuser und Geschäfte, der Staat kassierte den Rest. Pascale Hugues schildert diese Zeit in ihrer Familien-Saga „*Marthe et Mathilde*". Die eine Großmutter war Deutsche, die andere Elsässerin.

Unternehmer freuten sich über den Wechsel, da die Sozialabgaben in Frankreich geringer waren. So erzielte man höhere Gewinne. Heute ist es umgekehrt. Die elsässischen Unternehmer beneiden die deutschen Unternehmer nun.

Der Weinbauer Emile Hugel, Patriot bis in die Fingerspitzen, hatte als Bürgermeister von Riquewihr Präsident Raymond Poincaré in seinem Haus empfangen. Ende 1921 notierte er in seinem Tagebuch: „Wenn Frankreich 1918 im Elsass eine Volksumfrage veranstaltet hätte mit der Frage ‚Für Deutschland oder Frankreich?', hätten 80 % für Frankreich gestimmt. Heute wären es nur noch 20 %, und jeden Tag weniger ... Mein Patriotismus besteht nach wie vor ... Aber stellen wir mal die Frage: Hat die französische Verwaltung im Elsass und in Lothringen die Bedürfnisse der Einwohner berücksichtigt? Ich senke meinen Kopf und muss mit einem klaren Nein antworten."

—— · ——

Gauck und Hollande lobten die Aussöhnung zwischen Frankreich und Deutschland. Gauck sprach von den „Menschen im Elsass und in Lothringen. Die Elsässer und Lothringer fühlten sich als Spielball der historischen Wechselfälle". Hollande nahm das Wort *Alsacien*, Elsässer, nicht ein einziges Mal in den Mund. „Wir sind hier im Elsass, einem Land, das unter den Folgen des Krieges gelitten hat, einer Region, die 1914 in den Herzen der Franzosen sehr präsent war", sagte der Präsident. Die Empathie für die Elsässer war in der Tat so groß, dass man die sogenannten „germanophilen" Elsässer in den Gebieten, die zu Kriegsbeginn von den Franzosen erobert worden waren, des Landes verwies und in Lager steckte. Besonders „gebildete" Elsässer – etwa Lehrer und Richter – wurden strafversetzt.

Selbst Albert Schweitzer stand unter Hausarrest, obwohl er in Gabun als Arzt in einer französischen Kolonie arbeitete, und wurde später in Südfrankreich in zivile Gefangenschaft gebracht. Erst im Zuge eines Gefangenaustausches im Sommer 1918 wurde er via Zürich in seine elsässische Heimat entlassen. Hatte man vergessen, dass Schweitzer an der Sorbonne unterrichtet und sein erstes Buch über Johann Sebastian Bach auf Französisch geschrieben hatte?

Wir Elsässer waren den Franzosen so ans Herz gewachsen, dass wir nach dem Krieg einer ethnischen Säuberung unterzogen wurden. Anhand unserer Ahnenpässe wurden wir auf unsere Trikolore-Reinheit hin überprüft. Danach wurden wir in vier Kategorien eingeteilt: A, B, C, D.

Genau dasselbe Spiel trieben die Nazis mit den Elsässern. Frankophile Elsässer – und Juden natürlich – wurden schon 1940 aus dem Elsass ausgewiesen.

Gauck verhielt sich wie immer klug. Nach zwei Kriegen, die von Deutschland ausgegangen waren, empfand er die Aussöhnung als Geschenk. Vielleicht kennt er das Gedicht von Arnfrid Astel: „Die Demokratie als Geschenk für einen verlorenen Krieg."

Es war kein Tag, um die Dinge zu hinterfragen. Das muss den deutschen und französischen Historikern überlassen bleiben. Gauck und Hollande legten den Grundstein zu einer deutsch-französischen Gedenkstätte. Die Botschaft, die in den Stein versenkt wurde, verlasen eine junge Deutsche und ein junger Franzose in ihrer jeweiligen Muttersprache: „Die Sprache des Nachbarn lernen", diese Botschaft liegt jetzt im blutgetränkten Boden. Sie allein wird nicht genügen, um den Frieden zu sichern, aber sie wird bestimmt dazu beitragen, ihn weiter zu ermöglichen.

Einen Fauxpas erlaubte sich ausgerechnet eine französische Kollegin aus Straßburg. Sie wusste nicht, dass die erste Strophe der deutschen Nationalhymne – „Deutschland, Deutschland über alles“ – nicht mehr darin vorkommt. Der Historiker Gerd Krumeich klärte sie darüber auf. Nur die dritte Strophe, „Einigkeit und Recht und Freiheit für das deutsche Vaterland …“, wird noch als Nationalhymne gesungen. Die Hymne mit der Strophe „Deutschland, Deutschland über alles“ entstand in einer Zeit, in der Deutschland noch nicht als Nation existierte, also vor 1871, und hieß damals „Das Lied der Deutschen“. Autor: Heinrich August Hoffmann von Fallersleben.

Der Patzer der Kollegin ist verzeihlich. Bundespräsident Theodor Heuss hatte sich 1949 für eine neue Hymne ausgesprochen. Adenauer wollte die historische, von den Nazis missbrauchte Version beibehalten, ohne die erste Strophe. Er setzte sich durch. Aber es ist, wie Heuss befürchtet hatte: Neonazis und ungebildete elsässische Journalisten haben die berüchtigte erste Strophe nicht vergessen.

Es gibt Klischees, die offenbar doch keine sind. Eine junge Reporterin führte die Zuschauer durch die Frontlinien, die oft nur ein paar Meter voneinander entfernt lagen. Man konnte sehen, die deutschen Soldaten hatten es einfach besser als die französischen, bevor sie starben. Die Ausstattung ihrer Anlagen war hervorragend. *„Ah la fameuse qualité allemande!“*, schmunzelte die Moderatorin, dieselbe übrigens, die nicht wusste, dass „Deutschland, Deutschland über alles“ Vergangenheit ist.

Nach der Feier erholten sich die Präsidenten in der „Auberge du Molkenrain“, Drehort des Kultfilms „Jules et Jim“ von Regisseur François Truffault. Dies erwähnte Hollande in seiner Rede nur zu gern.

—— • ——

Ich zappte, bis mir schwindlig wurde, um zu verfolgen, wie die Medien in Frankreich und in Deutschland über das historische Ereignis berichteten. Die Tatsache, dass der 3. August 2014 auf einen Sonntag fiel, machte es noch spannender. Wie würden die Kirchenredaktionen, die am Sonntagmorgen feste Sendezeiten haben, reagieren?

Das ZDF übertrug einen katholischen Berggottesdienst live aus Wertach im Allgäu. Präses Alois Zeller sprach im Freien über Gott und Bergschuhe. Er selbst hatte welche an den Füßen. Eine Großaufnahme zeigte uns die geistlichen Treter. Kein Zweifel, der Herr Pfarrer verstand was vom Bergsteigen. Deshalb war es auch legitim, dass er von den Schuhen des Glaubens sprach. „Gott geht alle Wege mit."

Kein Wort über den 3. August 1914, als Deutschland Frankreich den Krieg erklärte und jeder deutsche Soldat mit Gott in den Krieg zog. „Gott mit uns" war auf dem Koppel eingraviert. Aber Pater Zeller gab genaue Informationen über die notwendige Ausrüstung zum Wandern: Rucksack, Stöcke, Verbandskasten etc.

Der öffentlich-rechtliche Sender *France 2* strahlte live einen katholischen Gottesdienst aus der Kirche Saint-Pierre in Bouvines aus. Gut, dachte ich, die Stadt liegt in Nordfrankreich, hat sicher was mit dem Ersten Weltkrieg zu tun. Schließlich waren die Deutschen über Belgien nach Frankreich einmarschiert.

Pater Thierry Lamboley erinnerte in der Tat an eine Schlacht, aber nicht vor hundert Jahren, sondern vor achthundert Jahren, nämlich an die Schlacht von Bouvines vom 27. Juli 1214. König Philippe II. hatte damals mit Erfolg gegen den Herzog der Normandie und König von England, Johann ohne Land, und den deutschen Kaiser Otto IV. gekämpft. Der fesche, junge französische Geistliche lobte den Sieg als die Geburt Frankreichs. Die Wände der Kirche waren in Europablau geschmückt, aber die königliche Lilie in Gelb ersetzte die Sterne.

Père Lamboley erinnerte mit einem einzigen Satz an den 3. August 1914, um uns mitzuteilen, dass sogar ein Weltkrieg uns nicht von Christus trennen kann.

Unterschiedlicher konnten die beiden Gottesdienste nicht gestaltet sein. In Deutschland ein Schuss Bergromantik mit Gottes Hilfe. In Frankreich ein geschichtlicher Bogenschlag über Jahrhunderte hinweg.

Nur die französischen Protestanten packten am diesem Sonntag das Thema Weltkrieg an. Unter dem Titel „Will Gott den Krieg?" sendeten sie am Morgen den Auftakt zu einer dreiteiligen Dokumentation. Teil 1 also am 3. August: „Die Versuchung des Krieges". An den folgenden Sonntagen Teil 2, „Der Krieg", und Teil 3, „Die Wege des Friedens".

Leider fand vor Ort am Hartmannsweilerkopf kein Kollege die Wartburg. So wird ein deutscher Bunker genannt, in Anlehnung an Luthers Residenz bei Eisenach, nachdem Karl V. den Rebellen mit der Reichsacht belegt hatte, weil er in Worms gesagt hatte: „Hier stehe ich, ich kann nicht anders, Gott helfe mir, Amen."

An der Mauer der elsässischen Wartburg steht in den Felsen gemeißelt: „Ein feste Burg ist unser Gott, ein gute Wehr und Waffen. Er hilft uns frei aus aller Not, die uns jetzt hat betroffen."

Wirklich schade, dass die Historiker, die die Präsidenten berieten und begleiteten, den Bunker offensichtlich nicht kannten oder die Bedeutung des Lutherliedes nicht wahrnahmen. Die „elsässische" Wartburg hätte für schöne Bilder gesorgt. Nicht ausgeschlossen, dass Joachim seinem Freund François die Marseillaise der Lutheraner a capella vorgetragen hätte.

Bis tief in die Nacht meldete der französische Nachrichtensender *BFMTV* wiederholt als *Breaking News* eingeblendet: „Der deutsche und der französische Präsident haben gemeinsam am Hartmannsweilerkopf den Ersten Weltkrieg ausgerufen." Sic!

—— · ——

Schon am Tag danach, am 4. August, trafen sich Gauck und Hollande im belgischen Lüttich erneut, um des Überfalls der Deutschen auf das Königreich Belgien zu gedenken. Fernsehgerecht wie erwartet wurde der obligatorische deutsch-französische Kuss ausgetauscht. Hollande saß zwischen Prinzessin Kate und Königin Mathilde. Gauck zwischen König Philippe und König Felipe. Wie gehabt machte Gauck seine Sache souverän. Ohne Anbiederung dankte er dafür, dass er mit weiteren zehn Staatsoberhäuptern dabei sein durfte.

Hollande sprach, wie schon am Vortag auf dem Hartmannsweilerkopf, über Weltpolitik: Ukraine, Syrien, Libanon, Gazastreifen. „Wie können wir neutral bleiben?", fragte er mehrfach. *Breaking News* während seiner Rede: „Ein Jagdflieger des Typs Mirage ist in der Provence abgestürzt. Beide Piloten konnten sich retten."

Am selben Tag veröffentlichte *Le Monde* einen Appell von Hollande an die Bundesrepublik, die Gehälter zu erhöhen, um das Wachstum anzukurbeln.

„Ich kann es nicht mehr hören", sagte ein deutscher Freund, der was von Wirtschaft versteht, am Telefon zu mir. Was ist Hollande da eingefallen? Der Tag in Lüttich hatte doch so schön begonnen, als er zwischen Prinzessin Kate und Königin Mathilde saß. Ist er in Panik geraten, weil er einen Tag vor seinem Urlaubsantritt erfuhr, dass das Wachstum in Frankreich 2014 praktisch bei dieser verdammten Null hängen bleiben und die Arbeitslosigkeit weiter steigen würde?

Der geschätzte Wirtschaftsredakteur François Lenglet von *France 2* sprach an diesem Abend *„d'un appel au secours"*, von einem Hilferuf Hollandes an Deutschland: „Nach seiner Wahl hatte er Merkel seine Politik diktieren wollen. Jetzt bettelt er."

Als Grabredner zollen ihm alle Respekt. Als Wirtschaftsexperte hört ihm, ob in Frankreich oder in Deutschland, einfach niemand mehr zu. Angela hatte schon ihren Urlaub angetreten. Christiane Wirtz, ihre Pressesprecherin, winkte ab und verwies darauf, dass Deutschland schon seit geraumer Zeit alles tue, um das Wachstum in Europa zu fördern.

Dem französischen Zuschauer wird immer wieder der Eindruck vermittelt, dass die Löhne und Gehälter in Deutschland miserabel seien. Deshalb kauften die Deutschen nicht mehr ein, und infolgedessen stagniere das wirtschaftliche Wachstum. Diese hinterlistige Taktik der Deutschen verhindere natürlich auch das Wachstum in Frankreich. Einfach absurd. Die Gehälter sind im Vergleich zu Frankreich – abgesehen vom Mindestlohn – wesentlich höher. Die Deutschen ernähren sich nicht generell von Tannenrinde, sind nicht ausschließlich zu Fuß unterwegs, und die Geschäfte stehen nicht leer, wie ich schon mehrfach klargestellt habe.

„Wäre der Präsident mal mit dem Auto quer durch Deutschland gefahren, würde er nicht mehr diesen Quatsch über das Wachstum erzählen." – „Wie meinst Du das?", frage ich meinen Freund. – „Er behauptet doch täglich, dass die Bundesrepublik nicht investiert." – „Und?" –„Und? Bei seiner Autoreise durch Deutschland stieße er auf so viele Baustellen, damit auf so viele Staus, dass er nie wieder erzählen würde, dass die Deutschen nicht investieren."

Statt sich in seiner Versailler *Résidence de la Lanterne* mit Blick auf den Garten des Sonnenkönigs einzuschließen, sollte sich *Monsieur le Président* ein paar Tage Urlaub in Deutschland gönnen. Ich schlage ihm vor, ein Wochenende in Sipplingen am Bodensee zu verbringen. Das Hotel „Krone" liegt günstig mit Blick auf den See und die Alpen. Vielleicht trifft er sogar auf Bob Wilson, der auch in Paris bekannt ist. Der Theatermann hat gerade sein beim SWR in Baden-Baden mit Isabelle Huppert produziertes Hörspiel „Monsters of Grace II" in der „Hörspielkirche" des Ortes aufgeführt. Katja und

Sabine, die Organisatorinnen, werden Hollande erklären, was er unter einem Hörspiel zu verstehen hat. Das gibt es in Frankreich nämlich nicht. Raymond Queneau, Georges Pérec oder René de Obaldia kamen immer nach Saarbrücken, um ihre Hörspiele zu produzieren.

Hollande könnte sich aber auch alleine entspannen am Privatstrand des Hotels, einen Salat essen, eine Weißweinschorle trinken und sich mit Touristen oder Einheimischen unterhalten. Bald würde er merken, dass seine Vision von Deutschland einfach nicht stimmt. Dann würde er Angela nicht mehr mit der deutschen Sparpolitik und Wachstumsphobie nerven.

Abends spielt ein Orchester am See. Im Urlaub gibt es immer einsame Damen, die sich zum Tanz einladen lassen.

Der Sommer 2014 drohte ernsthaft, zum Trauma für den Präsidenten zu werden. Das Wachstum blieb aus, die Arbeitslosigkeit wollte einfach nicht sinken. Die deutsche Presse lachte ihn weiter aus. Sein Außenminister Fabius unterbrach seinen Urlaub und besuchte die verfolgten Christen im Irak, „um die Lieferung der Hilfsgüter" zu überwachen. Er meldete sich im Fernsehen live aus Erbil: „Wenn Menschen sterben, kann man nicht vom Urlaub aus zuschauen." Eine ungerechte Spitze gegen seinen so urlaubsscheuen Präsidenten, der Paris ausnahmsweise verlassen hatte, um seinen 60. Geburtstag mit seinen vier Kindern in Südfrankreich zu feiern und seinen Vater an der Riviera zu besuchen. Einfach unfair.

Zum Glück gab es wieder was zu gedenken und zu feiern. Die Landung der Alliierten und der Franzosen am 15. August 1944 in der Provence, zwischen Cannes und Toulon.

All diese Gedenkfeiern sind wie ein seelischer Rettungsanker für den Präsidenten. Wenn es schlechte Nachrichten gibt und er in der Gunst der Bevölkerung weiter absackt, dann sucht er sich einfach eine neue Gedenkfeier aus, und schon geht es wieder bergauf.

Der 15. August ist im laizistischen Frankreich ein Feiertag, zu Ehren der Jungfrau Maria, die in den Himmel auffuhr. Und die meint es mit dem Atheisten François Hollande wirklich gut. Es regnet diesmal nicht wie sonst, wenn er zu einer Feier unterwegs ist. Der Himmel an der Riviera ist bilderbuchmäßig blau. Ein wahres Wunder, weil die Feierlichkeiten auf offener See auf dem atomaren

Flugzeugträger „Charles de Gaulle“ stattfinden. Regen unerwünscht. Das Prachtstück der Marine ist auch als Pannenträger bekannt. Als dies ein risikofreudiger Journalist ansprach, korrigierte ihn ein Offizier sofort: „Es handelt sich nicht um Reparaturen, sondern um normale Pflege, ich bestehe auf dem Unterschied.“

Aber der Regisseur der Gedenkfeier hatte den Mistral vergessen. Ein Wind, den die deutschen Rivieratouristen kennen. Er verursacht leicht Migräneanfälle, und dagegen kann auch die Jungfrau Maria nichts ausrichten. Die Admiräle klemmten ihre Kopfbedeckungen vorsorglich unter den Arm. Die einfachen Soldaten hatten es leichter, ein Lederriemen unter dem Kinn verhinderte das Wegfliegen ihrer Käppis. Die weiblichen Gäste hingegen waren machtlos gegen den tückischen Wind. Ihre aufwändig zurechtgemachten Frisuren wurden regelrecht massakriert. Die Blätter des Manuskriptes von *Monsieur le Président* flogen weg – zum Glück erst nach Beendigung seiner Rede. François Hollande stolperte über eine Schiene, stürzte aber nicht.

Das Parkett eines Flugzeugträgers ist nicht mit dem Parkett des Elysée-Palastes zu vergleichen. Das Bild des Präsidenten, der als Oberbefehlshaber der Armee auf dem atomaren Flugzeugträger zu Boden fällt, hätte binnen Sekunden den Ruf der *Grande Nation* zerstört. Ausnahmsweise bedanke ich mich als Protestant bei der Jungfrau Maria, zweifellos hat sie den präsidentialen Sturz verhindert.

Die Feier war beeindruckend. Als sich eine Hubschrauberstaffel dem Flugzeugträger näherte, im Hintergrund die steile Küste der Riviera, dachte ich eine Sekunde lang an Szenen aus *Apocalypse now* von Francis Ford Coppola. Es fand eine Seeparade statt und eine Himmelsparade, mit der *Patrouille de France*, die die Farben der Trikolore in den Himmel zauberte, genauso wie am *14 juillet* über Paris. Der Präsident verfolgte das Spektakel mit einem Fernglas.

Zirka fünfzehn Regierungschefs und weitere Vertreter von insgesamt 28 afrikanischen Nationen, darunter auch ein paar Diktatoren, waren anwesend. Der Grund war einfach: Mehr als 100.000 Afrikaner hatten seinerzeit an der Befreiung Frankreichs teilgenommen. Schwarze, die Hitler als Untermenschen beleidigt hatte, weswegen die deutschen Frauen, die ihnen Monate später begegneten, Todesangst ausstanden. Mein Freund Karlheinz S. aus der Pfalz erzählte mir, dass sich seine Mutter mit anderen Frauen im Finsterbrunnental bei Pirmasens „vor den Schwarzen“ versteckt hatte. Dort kam er auf die Welt.

Ein einziges Mal erwähnte der Präsident, dass nicht alle Afrikaner freiwillig in den Krieg gezogen waren. *Malgré-nous,* Zwangsrekrutierte wie die Elsässer, aber er benutzte den Begriff *Malgré-nous* nicht. Die Überlebenden mussten lange auf ihre Kriegsrente warten, sie war geringer als die der Franzosen. Erst 2010 wurden die Dinge geregelt. Die ehemaligen Kämpfer freuten sich dennoch über die Einladung: „Frankreich ist meine liebende Mutter“, bestätigte ein Held in die Kamera. Wie in der Normandie mit Elisabeth, Angela, Barack und Wladimir, wie im Elsass mit Joachim oder in Lüttich mit Prinzessin Kate und Königin Mathilde zog der Präsident einen Bogen von Gaza nach Moskau, von Bagdad nach Damaskus. Die *„Tagesschau“* und *„heute“* erwähnten die Gedenkfeier nicht. Meine deutschen Freunde hatten noch nie von diesem *débarquement* in der Provence gehört. Angela war nicht eingeladen.

3. Sommertheater

Am nächsten Tag holte François Hollande der Alltag wieder ein. Von zehn Franzosen glaubten nur noch zwei an seine Politik. Außerdem wuchs in der eigenen Partei der Widerstand gegen seinen Zickzackkurs. Die Mehrheit im Parlament schien nicht mehr gesichert.

Dennoch sammelten die französischen Leichtathleten bei der Europameisterschaft in Zürich fleißig Medaillen. Schon einen Tag danach, am 18. August, empfing François Hollande die Helden, wie die Presse sie nannte, im Elysée. Zum ersten Mal seit langem hatte Frankreich besser abgeschnitten als die Deutschen, die sich mit nur vier Goldmedaillen zufriedengeben mussten. *La France* hatte neun gewonnen, also zweimal so viele. Die Niederlage bei der Fußball-WM in Rio war gerächt.

Die Feier auf dem Flugzeugträger an Mariae Himmelfahrt hatte ihn trotz allem wieder aus dem Tief geholt. Er würde nicht aufgeben. Nur wenige Tage später, am Donnerstag, dem 21. August, verkündete er in der Zeitung *Le Monde: „Je veux accélérer les réformes.“* – Ich will die Reformen beschleunigen. Er sollte 37-mal *„Je“* sagen.

Weitere vier Tage darauf meldete sich leider auch sein unberechenbarer Wirtschaftsminister Arnaud Montebourg in *Le Monde* zu Wort. Einmal mehr griff er Angela an: „Deutschland steckt in der

Falle der Sparpolitik, die es ganz Europa aufzwingt". Er forderte den Präsidenten auf, seine Politik nicht mehr nach den Deutschen auszurichten.

Offensichtlich waren der Präsident und der aufmüpfige Minister nicht über die Entwicklung in Ländern wie Polen, Tschechien, Ungarn, der Slowakei und Rumänien informiert. Alles Mitglieder der EU. Dort ist Wachstum vorhanden, *„aimantés par l'Allemagne"*, schreibt der Kollege von *Le Monde*. Man kann nicht alles wissen. Es ist wirklich Zeit, dass der Präsident und seine Minister Europa besuchen.

An dem Tag, an dem Montebourg seine Präsidentenschelte in *Le Monde* veröffentlichte und Angela angriff, am Sonntag, dem 24. August, feierte der Minister wie jedes Jahr in seiner Heimat Frangy-en-Bresse im Burgund mit seinen Genossen. Der Tag war herrlich, Bildungsminister Benoît Hamon kam dazu. Die Presse freute sich auf weitere *Bons Mots* von Montebourg, der immer für Überraschungen gut ist. Gegen Abend, leicht beschwipst, kamen die dann auch. Er prostete Bildungsminister Hamon zu und sagte provozierend in die Kameras: „Wir werden dem Präsidenten eine Flasche von diesem belebenden Trunk schicken." Der Ton war beleidigend, im Sinne von: „Es kann ihm nicht schaden, endlich wird er aufwachen und was unternehmen."

In der Tat unternahm er etwas. Zusammen mit Premierminister Valls warf er den Rebellen polternd aus der Regierung und Bildungsminister Hamon gleich hinterher, zur Strafe für dessen Anwesenheit auf Montebourgs Fest. Die Übeltäter schauten verdutzt, aber es war zu spät. Montag früh reichte Premier Valls den Rücktritt seiner Regierung ein, und er wurde sofort mit der Bildung einer neuen beauftragt.

Während der Premier an der neuen Regierung bastelte, reiste Hollande wie geplant auf die Ile de Sein, eine bretonische Insel, um dort zu feiern. Die Einwohner hatten sich schon 1940 für de Gaulle entschieden.

Hollande hielt seine Rede in strömendem Regen. Er verzichtete auf den Regenschirm, der vermutlich auch weggeflogen wäre. Die Brille war im Nu beschlagen. Ein blinder Präsident blickte verzweifelt in die Kameras. Auch seinen schlimmsten Gegnern tat er leid. Wir bangten alle um seine Gesundheit. Wie schnell konnte er sich eine Bronchitis holen, einen Hexenschuss, gar die Stimme verlieren.

Dabei wartete am Wochenende in Berlin ein Gipfel mit den Staatschefs Europas auf ihn. Was, wenn er im Bett bleiben musste, wo er Angela und alle anderen doch auf Wachstum trimmen wollte? Außerdem fragte sich jeder Franzose, wieso er nicht in Paris geblieben war, um an der Regierungsbildung mitzuwirken. „Er wird im Minutentakt auf dem Laufenden gehalten“, ließen seine Berater wissen.

Die Posse war noch nicht zu Ende. Abends stand er wieder im Regen. Er salutierte vor den Widerstandskämpfern. Paris feierte vor dem Rathaus die Befreiung der Stadt am 25. August 1944. Endlich half ihm ein Berater in einen Regenmantel. Die Rede durfte er ausnahmsweise unter einer Zeltplane im Trockenen halten.

Dieser unglaubliche Tag dokumentiert die Unfähigkeit des Präsidenten, Frankreich und sich selbst aus dem Schlamassel zu retten und das Land zu reformieren. Das vom Volk gewählte Staatsoberhaupt spielt mit seiner Gesundheit, um etwas zu beweisen. Aber was? Dass das Unwetter ihn nicht kleinkriegen wird? Dass er so mutig ist wie die damaligen Nazigegner, die ihr Leben riskierten?

— · —

Die neue Regierung, Valls II genannt, wird genau wie die Regierung Valls I im Eiltempo gebildet. Eigentlich ist die Umbildung total überflüssig. Es geht ja nur darum, das Großmaul der alten Regierung, Arnaud Montebourg, wegen Majestätsbeleidigung loszuwerden.

Ganz Frankreich staunt, als der Nachfolger von Montebourg feststeht: Emmanuel Macron, ein zartes Wesen, 36 Jahre alt, Sohn aus bürgerlicher Familie aus Amiens. Selbstverständlich Absolvent der Eliteschule *ENA*, ehemaliger Banker bei Rothschild. Über Nacht Millionär geworden, nachdem er für Nestlé erfolgreich einen Milliardendeal durchgeführt hat. Ehemaliger Assistent des hochgeschätzten Philosophen Paul Ricœur, hat seine Masterarbeit über Hegel geschrieben. Klavier spielt er auch noch und ist obendrein Sozialist.

„Wann schläft er?“, fragt ein scharfsinniger Genosse. „Er kommt mit nur vier Stunden Schlaf aus“, teilt seine Pressestelle mit. *Last but not least* erfahren wir, auch wenn es uns nicht interessiert, dass er mit seiner zwanzig Jahre älteren Französischlehrerin verheiratet ist.

Die Biographie des Genies verschlägt den Mitgliedern der sozialistischen Partei, inklusive der *Frondeurs*, der Aufmüpfigen, wie die rebellischen Abgeordneten genannt werden, zunächst die Sprache.

Am Tag nach der Ernennung hält Premier Minister Valls zu allem Überfluss eine Rede vor dem Arbeitgeberverband. „Ich liebe das Unternehmertum", tönt er in die Unternehmerrunde. *Standing Ovations*. Ein paar Wochen zuvor hatte Finanzminister Michel Sapin mitgeteilt: „Ich liebe die Finanzwelt." Jeder erinnerte sich noch an die Finanzschelte des Kandidaten Hollande.

Valls gerät in eine Art Liebesrausch. Er ist bereit, jeden zu lieben, sogar die Sozialisten, die ihn nicht alle als Sozialisten betrachten. Während der „Sommeruniversität" der Partei in La Rochelle setzt er noch einen drauf: „J'aime les socialistes!" – Ich liebe die Sozialisten! –, schreit er in die Menge und erntet Applaus.

Tatsächlich liebt er sie so sehr, dass er sie ein Jahr später auf dem Kongress der Partei, ebenfalls in La Rochelle, nach einer fulminanten Rede einfach sitzen lässt und mit zweien seiner vier Kinder nach Berlin jettet. Barça, seine Lieblingsmannschaft, spielt gegen Juventus Turin. Er fliegt in der Nacht zurück, lässt die Genossen am Sonntag aber ein zweites Mal sitzen, um dem Tennis-Finale zwischen Wawrinka und Djokovic beizuwohnen. Zuviel des Guten. Die Stippvisiten kosten den Staat 20.000 Euro. Die Parteisoldaten fühlen sich übergangen. Valls versucht mehr schlecht als recht, sich zu verteidigen, gibt schließlich einen Fehler zu ... und bezahlt 2.500 Euro für seine Kinder zurück. Stellen Sie sich nur eine Sekunde lang Angela Merkel vor: Sie verlässt zweimal den CDU-Parteitag, einmal um die Kieler Woche zu erleben, einmal wegen eines Folkloretreffens in Südtirol. Unmöglich. „Mais impossible n'est pas français" – „unmöglich" ist kein französisches Wort, heißt es im Volksmund.

Im Elysée-Palast findet die vierte Pressekonferenz des Präsidenten statt. Er redet 42 Minuten und 39 Sekunden. Dabei sagt er 107-mal *„Je"*. Danach gibt es ein eine Stunde und einundzwanzig Minuten dauerndes Frage-und-Antwort-Spiel. Wir erfahren, dass er stolz ist auf Frankreich, *fier de la France.* „Wenige Länder haben eine Sprache wie die unsrige." Er sagt weitere 200 Male *„Je"*. Insgesamt kommt er also auf 307 *„Je"*, ein Rekord.

Das Sommertheater endet mit einem Paukenschlag. Valérie Trierweiler, seine ehemalige Lebensgefährtin, die er im Winter gnadenlos aus dem Elysée verbannt hatte, nachdem seine Liebesaffäre mit Schauspielerin Julie Gayet publik geworden war, veröffentlicht ein Buch: *„Merci pour ce moment"* – „Danke für diesen Augenblick". Eine gnadenlose Abrechnung mit dem Präsidenten. 200.000 Exemplare wurden gedruckt, ausgerechnet in Deutschland, um die Geheimhaltung bis zum letzten Augenblick zu garantieren. Ohne Deutschland geht wirklich nichts!

Die Armen soll er laut Valérie als *„les sans dents"*, die Zahnlosen, beleidigt haben. Daraufhin muss er sich tagelang und seitenlang verteidigen. Er hat sich doch immer für die Armen eingesetzt. Er kennt die Misere der Menschen, die Probleme mit ihren Zähnen haben. Die schlimmste Rechtfertigung ist im *Nouvel Observateur* zu lesen: *„Les gens de peu, c'est une belle expression … la plus noble pour moi. Je viens de ce monde là ….*" – „Die Geringen, ein schöner Ausdruck … der edelste für mich. Ich stamme aus dieser Welt."

Sein Vater war Arzt! Ein Schlag ins Gesicht jedes Franzosen, der aus bescheidenen Verhältnissen stammt.

Ex-Premier Raffarin ging mit einer ähnlichen Beleidigung in die Geschichte ein. Er sprach von *les gens d'en bas et les gens d'en haut,* den Leuten von unten und den Leuten von oben. Sogar das neue Genie der Regierung, Emmanuel Macron, sprach despektierlich von *illettrés,* also von Analphabeten, um Arbeiter ohne besondere Ausbildung zu bezeichnen. Er schämte sich für den Ausrutscher und entschuldigte sich später vor den Vertretern der *Assemblée nationale.*

Der französische Sommer endet fulminant mit einem Nobelpreisregen aus Oslo: Patrick Modiano ist Literaturnobelpreisträger und Jean Tirone Wirtschaftskaiser. Ist das *„french bashing"* vorbei?

Auch Angela staunt über die Nachrichten aus Paris und gönnt sich in ihrer Privatwohnung am Kupfergraben in Berlin eine zweite Tasse Kaffee. „Joachim, diese Franzosen, ich versteh sie noch weniger als Putin!" Professor Sauer nickt seiner Frau zu und beobachtet eine Taube, die ohne zu bezahlen durch die Eingangstür des Pergamonmuseums fliegt.

4. Ein Herbst der Schadenfreude

Es gibt Wörter, die wie Vögel Grenzen überfliegen, zum Beispiel Realpolitik. Jeder Franzose wurde schon mit dem Wort konfrontiert. Das deutsche Wort Realpolitik steht in den französischen Wörterbüchern: „Eine internationale Politik, die auf Machtverhältnissen beruht." Also was typisch Deutsches, das wir Franzosen nicht gebrauchen können. Wir träumen, die Deutschen arbeiten. Hollande versprach vor seiner Wahl sogar, *„d'enchanter le rêve"*. Er hat uns keinen banalen Traum versprochen, sondern einen Traum, der unser Leben verzaubert. Maupassant spricht *„d'un horizon de conte enchanteurs"*, von einem Horizont voller zauberhafter Märchen.

Gut, inzwischen ist jedem Franzosen klar, dass aus dem Traum ein Albtraum wurde. Die Senkung der Arbeitslosigkeit bleibt für Frankreich ein Traum, während sie in Deutschland Wirklichkeit ist. Gerade deshalb reagieren wir Franzosen beim kleinsten Anzeichen von Schwäche in Deutschland sofort. Und da taucht als Geschenk des Schicksals das Wort „Schadenfreude" auf, das, wenn auch nicht so geläufig wie Realpolitik, inzwischen von den Experten in Frankreich verwendet wird.

Pierre-André Buigues und Elie Cohen beginnen das Kapitel über Deutschland in ihrem Werk *„Le décrochage industriel"* (Die industrielle Abkopplung) mit dem Wort Schadenfreude. Sie übersetzen es so: *„Mauvaise joie, provoquée par le malheur d'autrui"* – hämische Freude, die durch das Unglück anderer hervorgerufen wird. Die Autoren schreiben: „Schadenfreude: Wenn es sich nicht um einen deutschen Begriff handeln würde, könnte man behaupten, dass er genau die seelische Lage der französischen Eliten beschreibt, die sich in einer Spirale der Abkopplung befinden und sich zwanghaft über das vermeintliche Malheur ihrer deutschen Freunde freuen."

In ihrem Buch „Feierabend: eine Reise in die deutsche Seele" exportieren Francesca Pedrazzi und Vanna Vannucini das Wort Schadenfreude nach Italien. Da das Buch auch auf Französisch vorliegt, *„Petit voyage dans l'âme allemande"*, kommen auch die Franzosen in den Genuss der Beobachtungen der sprachbegabten Ex-Korrespondentinnen von *La Republica* und *La Stampa* in Berlin. Sie zitieren ohne Hemmungen Norbert Elias: „Ein Gefühl, das wahrscheinlich in zahlreichen Gesellschaften vorhanden ist, das aber nur die deutsche Sprache in einem einzigen Wort wiedergibt, um es zu einem allgemeinen Merkmal des menschlichen Daseins zu machen."

Der Herbst 2014 war in Frankreich eindeutig ein Herbst der Schadenfreude. Ausgelöst wurde die Welle der Schadenfreude durch die Meldung, dass die Wachstumsprognosen für Deutschland 2015 nicht so gut aussehen werden wie geplant. Auf französischer Seite gab es von Professor Gabriel Colletis aus Toulouse die üblichen Kassandra-Rufe: „Bald wird das deutsche Modell in Rauch aufgehen."

Die Deutschen waren selbst nicht ganz unbeteiligt an der französischen Schadenfreude. Olaf Gersemann machte Furore mit seinem Buch „Deutschland-Blase oder das letzte Hurra einer großen Wirtschaftsnation". Genau wie Marcel Fratzcher mit seinem Buch „Die Deutschland-Illusion. Warum wir unsere Wirtschaft überschätzen und Europa brauchen". Im Grunde genommen eine Wiederholung von Arnulf Barings „Scheitert Deutschland? Abschied von unseren Wunschwelten", erschienen 1997.

Das Magazin *Books* titelte: *„Le naufrage annoncé du modèle allemand"* – Der angekündigte Niedergang des deutschen Modells –, mit Beiträgen von Olaf Gersemann und Deutschenfresser Emmanuel Todt: „Deutschland hat noch nie dem Wohl der Bürger Vorrang vor seinem Streben nach Macht eingeräumt. Die Überschüsse seiner Handelsbilanz haben als Ziel nicht die Befriedigung der Verbraucher, sondern die Knebelung Europas."

Drei Informationen blieben in diesem Herbst der Schadenfreude beim *Citoyen* hängen: Es gibt mehr arme Deutsche als arme Franzosen, die Deutschen sterben aus und das deutsche Straßennetz ist am Ende.

Der Topos der deutschen Armut zirkuliert schon länger, genauso wie der Topos der kinderlosen Deutschen, in Deutschland selbst als Demokalypse bezeichnet. Aber die Meldung von der kaputten Infrastruktur überraschte die Franzosen. Was? Das Land der Autobahnen ist am Ende? Wenn Sie auf eine Brücke zufahren, halten Sie bitte an und prüfen Sie, ob sie noch befahrbar ist. LKW müssen wegen maroder Brücken bis zu 900 km Umweg in Kauf neben. Die Verkehrswege vergleichbar mit denen im Hindukusch. Dies tat wirklich gut. Eine hämische Freude überzog Frankreich. Und wenn schon ein Deutscher, Olaf Gersemann, Chef des Wirtschaftsressorts der *Welt*, es behauptet, muss es doch stimmen: „Dieses Land ist ein Koloss auf tönernen Füßen." Gersemann weiter: „Unsere großen Unternehmen sind dabei, das Land zu verlassen." Bert Rürup vom Handelsblatt Research Institut und Dirk Heilemann, auch beim Handelsblatt, dreschen ebenfalls auf ihre Heimat ein: „Der Koloss mit Bleisohlen." Ich lese: „Nach Ansicht der Weltbank ist es in Russland oder im Senegal einfacher, ein Unternehmen zu gründen, als in Deutschland." Sind diese Herren auf wirtschaftlichem Gebiet Opfer von Thilo Sarrazin, der Deutschland auf Kosten der Migranten kaputtredet?

Diese Hiobsbotschaften wurden von den französischen Politikern wochenlang gebetsmühlenartig heruntergeleiert. Endlich ein wenig Balsam für unsere geschundene französische Seele. Wobei beim Thema Geburtenrate Vorsicht geboten ist. Kein einziger Journalist stellte die Frage: „Nehmen wir an, es gibt plötzlich mehr Franzosen als Deutsche. Wieso heißt das, dass Frankreich Deutschland automatisch wirtschaftlich überholen wird?“ Außerdem übersahen alle die folgende Information: Die Geburtenrate stieg 2012 und 2013 erstmals seit langem wieder an. Und was passiert, wenn Deutschland weiterhin dreimal so viele Migranten aufnimmt wie Frankreich? Werden sich die Geburtenraten nicht bald aufeinander einpegeln?

Jean-Luc Mélenchon, Großmaul der französischen Linken und Deutschenfresser obendrein, surfte natürlich genüsslich auf der Schadenfreudewelle. Er beschimpfte die Kanzlerin haltlos, weil sie die Reformfreudigkeit der Franzosen bezweifelte: „Halten Sie das Maul, Frau Merkel! Frankreich ist frei. Kümmern Sie sich um Ihre Armen und Ihre kaputte Infrastruktur.“

Olivier Postel Vinay, Chefredakteur von *Books*, zitiert einen Satz von Mélenchon aus dem Jahr 2013: „Kein Mensch auf der Welt möchte Deutscher sein, wenn er sich für das Leben interessiert. Deutsche sind im Durchschnitt ärmer. Sie sterben früher als andere und haben keine Kinder. Ihre Einwanderer hauen wieder ab, weil sie nicht mehr unter Deutschen leben wollen. Damit ist alles gesagt.“

Diese Argumentation finden wir erneut in seinem Pamphlet *„Le Hareng de Bismark. Le poison allemand“*, das im Frühling 2015 erschien. Als eine Journalistin ihn fragte, ob er Deutschland eigentlich schon mal besucht habe, stammelte er eine unverständliche Antwort. Die Kollegin bohrte dreimal nach. „Man lernt ein Land nicht kennen, wenn man nur schnell über eine Straße läuft“, antwortete der Europaabgeordnete. Gewiss nicht, aber auch nicht, wenn man zu Hause in Frankreich bleibt und Zahlen manipuliert.

„Restons calmes“, nehmen wir es gelassen, kommentiert der Chefredakteur von *Books* immerhin. Genau. Deutschenfresser Emmanuel Todt, der die Deutschen nur als machtbesessene Teutonen sieht, gibt sich in dem Magazin überraschend bescheiden: „Ich kenne nicht die neueste Entwicklung der deutschen Wirtschaft. Deshalb bleibe ich vorsichtig, es wäre nicht das erste Mal, dass man den Untergang dieses Landes prophezeit.“ Auch besser so.

— · —

Im Herbst 2014 hatten allerdings auch die Deutschen Grund zur Schadenfreude Richtung Paris. Immer wieder flogen kleine Drohnen über die AKWs, und die Polizei schaffte es nicht, sie zu identifizieren. Die Vorfälle wurden von der Regierung immer wieder heruntergespielt. Wiederholt wurde betont, dass die Drohnen zu klein seien, um Bomben zu transportieren. Die Betonwände seien sicher. Nichtsdestotrotz stellt sich die Frage, ob nicht doch Terroristen hatten spionieren wollen, um später mit einem stärkeren Flugkörper eine Bombe abzuwerfen. Die Wasserbecken sollen marode sein und ein Unfall wird nicht ausgeschlossen.

Um die AKWs herum gibt es für Flugkörper eine Sperrzone von fünf Kilometern. Der Innenminister drohte mit einer Gefängnisstrafe von einem Jahr und einem Bußgeld von 70.000 Euro. Die Drohnen-Attacken hören nicht auf, obwohl Spezialeinheiten rund um die Uhr auf der Lauer liegen.

Die Spaßvögel erlaubten sich im Februar 2015 sogar, über das Innenministerium und den Elysée-Palast zu fliegen, ohne dass sie gefasst wurden. Nicht ausgeschlossen, dass eine Drohne im Sommer bei offenem Fenster ins Schlafzimmer des Präsidenten eindringt und ihm einen giftigen Pfeil in die Brust schießt.

Die *Citoyens* fragen sich mit Recht, ob es normal ist, dass die sechste Weltmacht Frankreich, stolze Besitzerin eines Atomarsenals, es nicht schafft, die Piloten zu stellen. Greenpeace wies vehement von sich, an dem Vorfall beteiligt zu sein, und warf der Regierung vor, sie sei unfähig, die AKWs zu schützen.

Für die zweite Posse sorgte im November ein Tiger, der angeblich bei Paris frei herumlief. Auch da schafften es die Sondereinheiten der Polizei nicht, die Bevölkerung zu beruhigen. Die Verantwortlichen richteten eine Sperrzone ein. Die Bevölkerung wurde aufgerufen, zu Hause zu bleiben. Schulen wurden geschlossen. Die Experten brauchten Tage, um Tatzenabdrücke zu analysieren. Schließlich kam die Entwarnung, es handle sich wahrscheinlich doch nur um Katzenpfoten. Auch da zweifeln die *Citoyens* zu Recht an der Qualität der Ausbildung ihrer Polizei, die nicht fähig ist, Katzen und Tiger zu unterscheiden.

Aber schon bald war das Spiel mit der Schadenfreude vorbei. Die deutsche Wirtschaft legte wieder zu und die französische stagnierte weiter, obwohl Wirtschaftsgenie Macron versprach, Fernbusse einzuführen und das sonntägliche Arbeitsverbot zu lockern.

Im Herbst 2015 erreichte die deutsch-französische Schadenfreude eine neue Dimension. Die Abgas-Betrügereien von VW wurden in Paris genüsslich kommentiert. Air France wiederum sorgte in Berlin für Lachsalven, als sich deren Manager halb nackt vor wütenden Mitarbeitern über einen Zaun retten mussten.

5. Neujahrsansprachen II

Bei François Hollande hat sich die Inszenierung gegenüber 2013 radikal geändert. Ein Jahr zuvor stand er im Garten des Elysée-Palastes, im Hintergrund drei Trikolore-Fahnen. 2014 bestand er darauf, die Neujahransprache in seinem Arbeitszimmer zu halten, wie de Gaulle und Mitterrand, „um die Würde des Amtes zu unterstreichen", wie wir vor der Ansprache tagelang zu hören bekamen. Dies hat er bitter nötig, nachdem Ex-Lebensgefährtin Valérie Trierweiler ihn 2014 in ihrem Buch *„Merci pour ce moment"* (Danke für diesen Augenblick) moralisch und politisch niedergemacht hat. Und das Jahr 2015 wird voraussichtlich nicht besser. Valerie wird ihr gemeinsames Leben mit François verfilmen lassen. Ein Horrorszenario, wenn der Film den Franzosen dann im Wahljahr 2017 oder gar schon 2016 als Soap Opera serviert wird.

Monsieur le Président sitzt – wie Merkel – an einem leeren Arbeitstisch. Die Trikolore und die Europa-Fahne stehen auf seiner rechten Seite – bei Merkel stehen sie links. Die Pariser Kameraführung ist die reinste Katastrophe. Drei Einstellungen werden ohne Rhythmus eingeblendet. Groß, amerikanisch, total, wie die Profis sagen. Im Hintergrund vergoldeter Stuck *en masse*. Bei der Totale schaut Hollande an der Kamera vorbei. Man entdeckt den halben Rücken des Präsidenten im Spiegel. Zweimal sogar die Ansätze einer Glatze, die er von vorne immer geschickt tarnt.

Die Körpersprache der beiden kann nicht unterschiedlicher sein. Merkel bleibt sieben Minuten ruhig sitzen und lächelt mehrmals. Hollande wirkt neun Minuten lang noch unruhiger als im vergangenen Jahr. Er wedelt mit den Händen wie ein Schwimmer, der gleich absaufen wird. Da er *combattif,* kämpferisch, erscheinen soll, redet er zu schnell und zu hektisch. Bringt kein einziges Lächeln über die Lippen.

Wie im vergangenen Jahr fängt Hollandes Ansprache mit Einpeitschereien an: *„Je veux en finir avec le dénigrement et le découragement“* – Schluss mit der Herabwürdigung und der Entmutigung. Und dann geht es los wie in einer Wahlkampagne, alles wird durcheinandergewirbelt, vom Irak bis zur Würde der Frauen, die digitale Revolution nicht zu vergessen. Und bei jedem Thema heißt es *„Je“* – *„ Je veux que la France soit le premier pays d'Europe en matière d'utilisation des nouvelles technologies“* – Ich will, dass Frankreich in Sachen neue Technologien in Europa führend ist. Wortwörtlich: „das erste Land in Europa“.

Das Bühnenbild von Angela Merkel hat sich im Vergleich zum Vorjahr kaum verändert. In ihrem Rücken ist wieder das Parlament zu sehen. Das Jackett glänzt dezent bordeauxrot. Die Ärmel haben schwarze Samtmanschetten. Bei der Ansprache vom 31. Dezember 2013 glänzte das Jackett gelbgrün, dazu die schwarzen Samtmanschetten und ein schwarzer Samtkragen.

Die Auswahl von Merkels Jacketts ist nur noch mit den Kopfbedeckungen von Königin Elisabeth I. vergleichbar: unerschöpflich. Mit einem Unterschied: Die Variation der königlichen Hüte fällt auf. Die Veränderungen bei Merkels Jacketts dagegen fallen nicht gleich auf. Man denkt, sie trägt immer dasselbe Jackett. Der Eindruck täuscht. Typisch Merkel. Sie schafft es auch, ihre politischen Partner umzustimmen, ohne dass sie es merken.

2014 ist Merkels Rede politischer als im vergangenen Jahr. Europa und der Ukraine widmet sie allein fast zwei Minuten. Ebola und IS werden erwähnt. Sie warnt vor Pegida, ohne das Wort in den Mund zu nehmen. Mit Genuss zitiert sie einen englischen Fußball-Fan: „Deutschland ist eine Mannschaft.“

Des Weiteren gibt sie die digitale Revolution, die demographische Entwicklung, die Zuwanderung, den Welthandel und den Schutz des Klimas als Aufgaben für die Zukunft aus.

Hollande sagt 30-mal *„Je“*, 17-mal *„la France“* und fünfmal *„Europe“*. Merkel sagt fünfmal „Ich“, ein einziges Mal „Deutschland“ und sechsmal „Europa“.

Merkel endet wie gehabt mit „Gottes Segen für das neue Jahr 2015“. Hollande wie üblich mit *„Vive la République et vive la France“*.

Im Gegensatz zu 2013 kommen die Besucher der Champs-Elysée – 300.000 – diesmal feuerwerklich auf ihre Kosten. Der Arc de Triomphe wird zur Feuer- und Lichtbühne. Alkohol bleibt auf der *plus belle avenue du monde* immer noch verboten. Bußgeld pro Flasche: 38 Euro.

Eine Million Besucher in Berlin. Musikshow vor dem Brandenburger Tor. Alkohol erlaubt.

6. Aufeinanderprallen der Religionen

Am 7. und 8. Januar 2015 wurden in Paris 17 Personen von Islamisten ermordet: Journalisten des Satire-Magazins *Charlie Hebdo*, Polizisten, Kunden eines jüdischen Supermarktes im Stadtteil Portes de Vincennes. Die Mörder waren dem Pass nach Franzosen, für die die Religion, ihre Religion, wichtiger war als die Werte der Republik: *liberté, égalité, fraternité.*

Den Journalisten warfen sie vor, durch ihre Karikaturen den Propheten Mohammed und die Muslime beleidigt zu haben. Das Blatt hatte 2005 die Zeichnungen des Dänen Flemming Rose abgedruckt, die in der Zeitung *Jyllands-Posten* veröffentlicht worden waren. Schon 2011 waren die Räume von *Charlie-Hebdo* Ziel eines Brandanschlags. Chefredakteur Charb lebte unter Polizeischutz.

Die Besucher des Supermarktes wurden ermordet, weil sie Juden waren. Die Polizisten, weil sie Polizisten in französischer Uniform waren.

„Je suis Charlie" flackerte über Nacht am Firmament unserer Welt. Am 11. Januar marschierten Millionen von Franzosen überall im Land durch die Straßen, um gegen die mörderische Willkür zu protestieren und ihren Glauben an die Demokratie zu demonstrieren. François Hollande schaffte es, Regierungschefs aus aller Welt, allen voran Angela Merkel, nach Paris zu holen, um dem Terrorismus die Stirn zu bieten.

Ein neues Bild bereicherte ab sofort das deutsch-französische Fotoarchiv: Angela lehnte auf den Stufen des Elysée-Palastes mit geschlossenen Augen an der Schulter von François. Später bei der Demo hakten sie einander unter. Man übersah gnädig, dass auch Regierungschefs wie Viktor Orban aus Ungarn, der seine Opposition in der Heimat knebelt, anwesend waren. Ebenfalls Nachsehen hatte man mit Vertretern des afrikanischen Kontinents, die bisher kaum für ihre Freiheitsliebe bekannt waren.

Eine der 86.000 Pariser Tauben schoss mit teuflischer Präzision eine weiße Granate auf die linke Schulter des Präsidenten, ganz im

Geiste des Satire-Magazins *Charlie Hebdo*. Wer war ihr Auftraggeber? Mohammed, Jesus oder Moses? Zeichner Luz, der das Morden überlebt hatte, wurde Opfer eines befreienden Lachkrampfes. Ein Bodyguard säuberte die Schulter des Präsidenten, der den himmlischen Überfall gar nicht bemerkt hatte.

Kaum waren die Trauermärsche vorbei, fackelten Andersdenkende in der arabischen Welt französische Fahnen ab. Zur Überraschung aller Freiheitsliebenden versammelten sich selbst im entfernten Tschetschenien hundertausende Anhänger des prorussischen Präsidenten Ramsan Kadyrow, um lautstark gegen *Charlie Hebdo* zu demonstrieren. In Nigeria wurden Kirchen angezündet und Menschen getötet.

Auch staunten die *Citoyens* nicht schlecht, als selbst in Frankreich Schüler ihre Teilnahme an einer Schweigeminute verweigerten oder gar mit dem Spruch *„je ne suis pas Charlie"* auftraten. Ein achtjähriger Schüler wurde von der Polizei festgenommen, weil er geäußert hatte, ein Sympathisant der Terroristen zu sein. Dabei ist wohl jedem vernünftigen Menschen klar, dass der Bub eine pädagogische und keine polizeiliche Maßnahme nötig gehabt hätte.

Diese Vorfälle ließ sich der oft zitierte Publizist Emmanuel Todt nicht entgehen. Diesmal nahm er nicht die Deutschen ins Visier, sondern seine Landsleute. Ein paar Monate nach den Ereignissen veröffentlichte er ein Buch, das er mit der Frage *„Qui est Charlie?"* betitelte, und er lieferte uns auch gleich seine Antwort: *„Le 11 janvier a été une imposture"* – der 11. Januar war ein Schwindel. Die Millionen von *Citoyens*, die auf die Straße gegangen waren, seien alle Dummköpfe, die gar nicht wüssten, warum sie protestiert hatten. In Wirklichkeit sei es nur darum gegangen, die muslimischen Mitbürger zu demütigen. Der Untertitel des Buches, *„Sociologie d'une crise religieuse"* (Soziologie einer religiösen Krise), kündigt Todts These an: Wir alle, die Katholiken voran, befänden uns in einem metaphysischen Loch und hätten nichts Besseres gefunden, als auf eine Minderheit einzudreschen. Es handele sich um eine verkappte Islamophobie, die als Reaktion wiederum einen neuen Antisemitismus auslösen werde.

Meine Annahme, dass Deutschenfresser Todt unsere rechtsrheinischen Nachbarn in Sachen *„Je suis Charlie"* ausnahmsweise nicht unter Beschuss nahm, erwies sich als Irrtum. Auf Seite 226 heißt es: „Europa ist ein hierarchisches System, das von einer Nation beherrscht wird: Deutschland." Musste natürlich gesagt werden. Auf den Seiten 128 bis 135 nimmt er die Debatte über die Beschneidung zum Anlass, um den Deutschen vorzuwerfen, dass sie es überhaupt wagen, darüber nachzudenken, „nachdem sie auf eigenem Territorium eine Million jüdischer Kinder ermordet haben".

Sollte sich Todt irgendwann mal mit den Elsässern befassen, die wie mein Vater von der Wehrmacht zwangsrekrutiert wurden, dann bleibt mir nur der Ausweg, mich in einem Schweizer Gletscher zu verstecken. Der Soziologe ist so inkompetent wie Jean-Luc Mélenchon, wenn er das Wort Deutschland in den Mund nimmt oder darüber schreibt.

Die Attentate in Paris ließen die Zahl sowohl der antisemitischen als auch der islamfeindlichen Ausschreitungen in die Höhe schnellen. Das Elsass sorgte für den medialen Höhepunkt. Jugendliche aus der Kleinstadt Sarre-Union schändeten 300 jüdische Gräber. Benjamin Netanjahu, Israels Premier, forderte die französischen Juden daraufhin auf, Frankreich zu verlassen. Ganze muslimische Familien zogen in den Dschihad nach Syrien.

In Paris lud der Präsident die Vertreter der religiösen Gemeinschaften in den Elysée-Palast ein. Ein Pastor verlas eine kurze Erklärung, die die Attentate verurteilte. Fertig aus.

Wieder einmal war es in Berlin ganz anders. Der Zentralrat der Muslime mit Aiman Mazyek an seiner Spitze lud am 14. Januar Politiker aller Couleur zur Mahnwache am Brandenburger Tor ein. Auch die Vertreter der Protestanten, der Katholiken, der Buddhisten und der Juden. Der Unterschied zu Frankreich ist nicht zu übersehen: In Berlin kam die Initiative aus den Reihen der Muslime, in Paris vom Staat. Die Vertreter der Muslime organisierten dort keine Mahnwache unter dem Arc de Triomphe. Allerdings gab es auch keine Pegida-Patr'idioten, die das Abendland vor der Islamisierung retten wollten. Diese Rolle übernimmt in Frankreich seit Jahren die rechtsextreme Partei *Front national*, und die ist weiß Gott gefährlicher als die Pegida-Bewegung gegen die Islamisierung des Abendlandes.

Ich staunte nicht schlecht, als Mazyek sagte: *„Je suis Charlie."* In Frankreich habe ich von keinem einzigen Muslim gehört, der das zu sagen gewagt hätte. Im Gegenteil, alle verurteilten die neue

Karikatur des Propheten Mohammed: *„Je vous ai pardonné"*, ich habe euch verziehen. Friedfertiger hätte die Antwort der Überlebenden Redaktionsmitglieder nicht sein können.

Merkel, Mazyek und Gauck hakten einander nach Pariser Vorbild – Hollande, Merkel, Juncker – unter.

Auf den Tag genau 140 Jahre zuvor, am 14. Januar 1875, war Albert Schweitzer im Elsass geboren worden. Joachim Gauck hätte die Gelegenheit nutzen können, *Charlie*, die Muslime und alle anderen Religionen in seine Ansprache zu integrieren. In „Kultur und Ethik" schreibt Schweitzer, dass „in einer Welt, die sich permanent verändert, die breite und freie Meinungsäußerung ein ganz wichtiges Element ist, um die Kreativität einer Gesellschaft voranzutreiben, sei es in der Forschung, Kultur oder bei der Zivilgesellschaft."

Zwei Tage später, am 16. Januar, trafen sich Angela und François in Straßburg, wo sie in der Weinstube „Zuem Ysehuet" (Zum Eisenhut) speisten. Kurz zuvor hatte Angela behauptet: „Der Islam gehört zu Deutschland." Ich befürchtete natürlich, dass die Kanzlerin ihren Elsass-Besuch nutzen würde, um zu behaupten: „Das Elsass gehört zu Deutschland." Sie sagte es nicht, aber meine Befürchtung war begründet. Die französische Regierung hatte beschlossen, *„le beau jardin"*, wie der Sonnenkönig das Ländle zwischen Rhein und Vogesen bezeichnet hatte, zur Großregion Alsace-Lorraine-Champagne-Ardennes zu verschmelzen. Die Elsässer kennen Offenburg, Freiburg oder Karlsruhe, wo sie regelmäßig den *dm*-Markt besuchen oder gar arbeiten, Charleville-Maizière aber, 470 km von Straßburg entfernt, unweit der belgischen Grenze, kennen sie nicht. Außerdem läge es nahe, dass die Elsässer den Anschluss an Baden-Württemberg fordern, wo die Arbeitslosigkeit bei 4,1 % liegt, während sie in Frankreich und im Elsass weiter steigt. Im Winter 2015 wird sie die 10-Prozent-Marke erreichen.

Auch François hatte sich Sorgen gemacht und fürchtete Angliederungswünsche von Angela. Die Bundeskanzlerin konnte den Präsidenten aber sofort beruhigen. Die Deutschen kommen nur noch als Touristen ins Elsass.

Die Attentate in Paris hatten François Hollande bei der Bevölkerung kurzfristig einen Bonus beschert. Der Tiefflug in den Meinungsumfragen war vorbei.

Am 5. Februar hielt der Präsident im Festsaal des Elysée-Palastes seine fünfte Pressekonferenz seit 2012. Ansprache und Austausch mit den Journalisten dauerten zwei Stunden, neun Minuten und dreiundzwanzig Sekunden. Hollande beschwor *„l'esprit du mois de janvier 2015"*, den Geist des Januars 2015, und sagte 212-mal *„Je"*. Er erwähnte 17-mal Frankreich, zehnmal die Republik, neunmal den Laizismus und zweimal die Demokratie. Während er sprach, setzte sich eine hartnäckige Fliege auf seine Stirn. Er ließ sich nichts anmerken, oder er ist gegenüber Fliegen unempfindlich.

— · —

Die Attentate in Paris haben die Debatte um den Islam in der Republik zum Dauerbrenner gemacht. Gehört er zu Frankreich oder nicht? Wie soll ein französischer Islam aussehen? Ist der Islam mit der Republik der Menschenrechte kompatibel oder nicht? Noch nie sprach man in Frankreich und in Deutschland, in ganz Europa, wenn nicht gar in der ganzen Welt, so viel über Religion wie in diesem Winter 2015. Töten im Namen Gottes, wie war so etwas möglich?

Überraschend schnell verdrängten die Christen aller Glaubensrichtungen ihre eigene Geschichte. Das Christentum hatte schließlich im Namen Gottes einige Friedhöfe gefüllt. Die Katholiken hatten die Protestanten in Paris genauso grausam ermordet wie die Islamisten Andersdenkende in Syrien, im Irak, in Pakistan oder Nigeria. So lange ist es noch nicht her, dass sich in Irland Protestanten und Katholiken im Namen Gottes umbrachten. Nicht zu vergessen die Balkankriege: katholische Kroaten gegen orthodoxe Serben, beides Christen.

Doch bleiben wir bei der heutigen Zeit. Natürlich gibt es Ähnlichkeiten zwischen Frankreich und Deutschland. Beide Länder leiden unter islamischen Fundamentalisten, die ihre Mühe haben mit der Demokratie. Ich denke nur an den Versuch, in Dortmund eine Salafisten-Polizei zu etablieren, oder an den unsäglichen Imam aus Berlin, der die Frauenrechte missachtete. Der Iman wurde abgesetzt und die Islam-Polizisten verboten. Aus beiden Ländern ziehen junge Leute in den Dschihad, um Andersgläubige zu massakrieren.

Betrachtet man aber die geopolitischen Hintergründe, dann erkennt man den Unterschied zwischen den deutschen und französischen Muslimen. Die türkischstämmigen Bürger in Deutschland leiden nicht unter dem Trauma einer Kolonialherrschaft. Im Gegenteil, Türken und Deutsche hielten im Ersten Weltkrieg sogar zusammen. Den französischen Muslimen – früher sagte man Araber – sitzt noch der Algerienkrieg, der erst 1962 endete, in den Köpfen, auch wenn sie in Frankreich geboren wurden und heute französische Staatsbürger sind und die französische Sprache beherrschen. Letzteres ist bei vielen Türken und dem Deutschen nicht der Fall.

Bei den Neujahransprachen von François und Angela stellte ich fest, dass die Bundeskanzlerin die Bürger mit Gottes Segen beglückt, was François nie wagen würde, obwohl Frankreich als älteste Tochter der Kirche gilt. Seit dem 9. Dezember 1905 lautet das Mantra: Staat und Kirche leben getrennt. Wobei diese Trennung in den Köpfen der Franzosen oft virtuell bleibt, wie ich schon wiederholt betont habe. Die französische Elite, allen voran die bekennenden Atheisten, schickt ihre Kinder nur zu gern auf katholische Privatschulen.

In ihrer Ausgabe vom Sonntag, dem 23. März 2015, bestätigt die Tageszeitung *Le Monde* meine Analyse: Als François Hollande und Ségolène Royal noch in wilder Ehe zusammenlebten, besuchten sie in der Kirche Sainte Rita im 15. Pariser Arrondissement eine „Katzenmesse". Eine der gesegneten Katzen nahmen sie mit nach Hause.

In der erwähnten Pressekonferenz vom 5. Februar hatte Hollande das Wort Laizismus öfter gebraucht als das Wort Demokratie (9 zu 2). Nicht umsonst stellt die Historikerin Valentine Zuber am 28. März in der Tageszeitung *Libération* fest: „Der Laizismus ist seit kurzem die vierte Säule des republikanischen Credos." Also *liberté, égalité, fraternité, laïcité*. „Jeder versteht was anderes darunter."

Der Chefredakteur von *Charlie Hebdo* spricht sogar von *laïcité éruptive*, von einem „eruptiven Laizismus", der wie eine Wolke über das Land ziehe. Am 1. April 2015 schreibt er: „Es gibt für alles eine Mode. Für Klamotten, für Tänze, für Wörter… Es ist schon verrückt, wie man in letzter Zeit bei jeder Gelegenheit das Wort Laizismus in den Mund nimmt. Das muss am Frühling liegen. Der Laizismus sprießt auf den Zungen wie Aknepickel auf dem Kinn eines Jugendlichen. Umso besser, werden Sie sagen. Theoretisch gesehen, ja. Es ist bloß so, dass jeder den Begriff auf eine andere Weise interpretiert. Er wird zielgerichtet eingesetzt, sein Sinn wird entstellt und er verkommt zu einem Propagandamittel, weit weg von seinem ursprünglichen Zweck, der darin besteht, die Freiheit der Bürger zu garantieren, Staat und Kirche strikt zu trennen und, sofern es möglich ist, die Religion von der politischen Macht fernzuhalten."

Alles muss heute in Frankreich laizistisch sein: Essen, Denken, Kleidung, Arbeiten, Liebe. Als ob die drei Wegweiser der Republik, *liberté, égalité, fraternité*, nicht genügen würden. Abd Al Malik, bekannter Rapper aus Straßburg, der schon mit Juliette Greco aufgetreten ist, veröffentlichte beim Verleger von Stéphane Hessel, mit dem er befreundet war, ein Büchlein: *„Place de la République, pour une spiritualité laïque."* Warum muss die Spiritualität laizistisch sein? Wieso schützt der Laizismus die Republik? Weil sie Kirche und Staat trennt? Hat man so wenig Vertrauen in die Demokratie als Schutzschild gegen den Fanatismus aller Couleur? Warum vergisst Hollande in seiner Pressekonferenz das Wort Demokratie?

Meine deutschen Freunde haben etwas Mühe, diese Fokussierung auf das Wort *laïcité* zu verstehen. Winfried Kretschmann sagte auf dem Kirchentag 2015 in Stuttgart: „Der deutsche Staat ist ein säkularer, kein laizistischer Staat." Ist er deshalb weniger demokratisch als der französische? Die Frage ist erlaubt. Ich würde sagen, Frankreich ist ein laizistischer Staat, der aber weniger säkularisiert ist, als die Franzosen es glauben. Wie Ahmad Milad Karimi am 25. Juni 2015 in Freiburg zu behaupten, das laizistische Modell in Frankreich sei gescheitert, trifft die Fakten nicht. Als es 1905 eingeführt wurde, ging es darum, den Machtanspruch der katholischen Kirche über die gesamte Gesellschaft zurückzudrängen. Dies ist auch gelungen. In Deutschland war es anders, weil Protestanten und Katholiken von Anfang an einander gegenübergestanden und de facto, trotz Kulturkampf, kompromissbereiter waren. Heute, angesichts der Anwesenheit der Moslems, muss ein neues Modell gefunden werden, und da tut sich das zentralistische Frankreich schwerer als das föderalistische Deutschland.

Am einfachsten noch ist das Wort in Zusammenhang mit der Kleidungsdebatte zu verstehen. In Frankreich besteht im Namen dieses Laizismus ein Kopftuchverbot, ob für Schülerinnen oder Lehrerinnen. In Deutschland entschied der Bundesgerichtshof in Karlsruhe am 13. Februar 2015 anders: Muslimische Lehrerinnen dürfen Kopftuch tragen. Also sieht man das Problem in Deutschland gelassener.

In Kehl am Rhein ragen zwei Minarette gen Himmel, in Straßburg redeten sich die Politiker die Köpfe heiß: kein Minarett für die Mosche der Europahauptstadt.

Gewiss, auch in Deutschland gibt es Widerstände gegen Moscheen und Minarette, die allerdings oft ästhetischer sind als banale Kirch türme – um sich davon zu überzeugen, muss man nur Sarajevo besuchen. Und die unsägliche Pegida-Bewegung mit ihren „patr'idiotischen" Aufmärschen gegen die Islamisierung des Abendlandes spricht nicht gerade für ein offenes Deutschland. Dennoch sind Fortschritte im Land Goethes festzustellen.

In Tübingen, Münster/Osnabrück, Frankfurt/Gießen und Nürnberg/Erlangen gibt es schon Islamtheologische Fakultäten. In Frankreich noch ein Horrorszenario, obwohl man sich langsam, aber sicher Richtung Theologie orientiert. Schließlich handelt es sich *par définition* um Gottes „Logos", um Gottes Wort, das von den Menschen interpretiert werden muss. Also tut es dem Laizismus keinen Abbruch, sich damit zu beschäftigen. Endlich entdeckt man in französischen Regierungskreisen, dass Theologie kein Schimpfwort ist. Dass der Koran wie die Bibel auseinandergenommen werden muss, um den Fundamentalisten aller Gattungen das Feld nicht kampflos zu überlassen. Man sollte diese Aufgabe nicht selbsternannten Imamen anvertrauen, die noch nicht einmal die Landessprache beherrschen.

Am 3. März 2015 besuchte *Premier ministre* Manuel Valls die Universität Straßburg, um die Möglichkeiten einer wissenschaftlichen Ausbildung in Sachen Islam auszuloten. Das Hauptproblem ist immer dasselbe in Frankreich: Wie kann man die Trennung von Staat und Kirche ausblenden, um den religiösen Bedürfnissen der Bevölkerung gerecht zu werden, ohne den Eindruck zu erwecken, von der Religion, egal welcher, infiziert zu werden?

Das Elsass bot Valls also eine neue Chance. Zwischen Rhein und Vogesen gibt es keine Trennung von Staat und Kirche. Priester, Rabbiner und Pfarrer werden seit Napoleon vom Staat bezahlt. Gemeinden wie Straßburg haben die Möglichkeit, die Moscheen – auch ohne Minarette – mitzufinanzieren. Außerdem bietet die Straßburger Universität eine Besonderheit in Frankreich. Nur im Elsass gibt es vom Staat finanzierte evangelische und katholische Theologische Fakultäten. Das hat nichts mehr mit Napoleon zu tun, sondern mit der Gründung der Kaiser-Wilhelm-Universität im Jahr 1872, als das Elsass zum Deutschen Kaiserreich gehörte. Außerdem gibt es in

Straßburg seit 2011 eine Ausbildung in *„Droit, société et pluralité des religions"* – in Recht, Gesellschaft und Pluralismus der Religionen.

Premier Valls forderte von den Gelehrten etwas mehr Fantasie, um dem *„Islam en France"* einen wissenschaftlichen Schliff zu geben – natürlich ohne sich theologisch einzumischen. *„Nous sommes prêts"*, wir sind bereit, rief ihm Alain Beretz, Rektor der Universität, zu. Aber für eine Theologische Fakultät reichte es dann doch nicht. *C'est ici que le bât blesse*, wie der Franzose sagt – da hapert es.

Vor zwanzig Jahren gab es schon einmal eine ähnliche Diskussion. „Welche Rolle spielt der Islam für Straßburg?", fragten sich damals hellsichtige Wissenschaftler wie Neutestamentler Professor André Trocmé, der im Zweiten Weltkrieg jüdische Kinder in den Cévennen versteckt hatte. Aber die Zeit war noch nicht reif und die Gegner aktiv.

Ich betreute seinerzeit, also vor zwanzig Jahren, eine „polemische" Kolumne in der Stadtzeitung von Straßburg. Die Theologin Catherine Trautmann war Oberbürgermeisterin. Der heutige Oberbürgermeister Roland Ries war verantwortlich für die Veröffentlichungen. Ein berühmter Professor, Marc Philonenko, der ausgerechnet den Lehrstuhl für Religionsgeschichte an der evangelischen Fakultät innehatte, war das Sprachrohr der Gegner.

Ich nahm in meiner Kolumne Stellung für eine muslimische Fakultät und schrieb: „Philonenko fürchtet die theologische Vielfalt der muslimischen Glaubensgemeinschaften. Kann man von Liebe zwischen den Pietisten von Crischona und den Lutheranern des Augsburger Bekenntnisses reden? Philonenko fürchtet die muslimische Fakultät als einen Ort der Macht. Die Theologischen Fakultäten sind Orte des Widerstandes gegen die religiöse Intoleranz. Die Kirchen wissen das genau. Ihre Vertreter finden sie immer zu liberal. Ohne evangelische Theologische Fakultät hätten die protestantischen Taliban – in Stuttgart würde man von Pietcong reden – das Elsass längst erobert.

Zusammen mit der evangelischen und der katholischen Theologischen Fakultät hat die muslimische Theologische Fakultät die Chance, ein Minarett der Freiheit zu werden, das nicht Menschen in die Luft sprengen wird, sondern den Fanatismus der Integralisten. Die muslimische Theologische Fakultät ist eine demokratische Dringlichkeit. Einst hat Philonenko die Schriftrollen vom Toten Meer entdeckt. Heutzutage sollte er die Tugenden der Toleranz entdecken. Er ist taub. Er hat kein Gefühl für den gregorianischen Klang des Muezzins, der die Gläubigen zum Gebet ruft. Sein borniertes Islamverständnis fährt uns glatt gegen die Wand. Seine Haltung ist der geistigen Mission der europäischen Hauptstadt nicht würdig. Noch ein Besserwisser, den wir in ein Sauerkrautfass werden stecken müssen, um seine Neuronen zu reinigen."

Diese bescheidene Kritik löste einen Sturm der Entrüstung unter den Straßburger Professoren aus. Sie forderten von Oberbürgermeisterin Trautmann meine sofortige Entlassung als Stadtschreiber. Catherine antwortete ihnen gelassen, dass es zwar unüblich sei, für eine Stadtzeitung einen so polemischen Geist wie Martin Graff zu beschäftigen, aber dies sei nun mal so, und darauf sei sie stolz. Sie selbst werde von Graff in seinen Kolumnen auch nicht geschont.

Die Gelehrten rangen nach Luft. Professor Philonenko strengte einen Verleumdungsprozess gegen mich und die Zeitung an. Er forderte 70.000 Franc für die Verletzung seiner Ehre, aber er verlor den Prozess.

Ich habe selbst fünf Jahre an der evangelischen Theologischen Fakultät in Straßburg verbracht. Erst da verstand ich, dass Gott, wie Feuerbach es in „Das Wesen des Christentums" glänzend formuliert, eine Erfindung der Menschen ist. Eine muslimische Fakultät sollte natürlich nicht die Aufgabe haben, die Studenten davon zu überzeugen, dass der Islam das Alpha und Omega der Menscheit sei, sondern sie wissenschaftlich aufklären. Ob Thora, neues Testament oder Koran, alle diese Texte wurden von Menschen geschrieben, übernommen, interpretiert. Menschen allein waren es, die Gott das Copyright zuschrieben.

7. Gedankenschmuggel zwischen Frankreich und Deutschland

In Frankreich wie in Deutschland gibt es inzwischen Gelehrte, die vorsichtig den Vorstoß wagen, um den Islam unter die theologische Lupe zu nehmen, und nicht nur behaupten, der Islam habe nichts mit den Islamisten zu tun und der Dschihad sei nur als stetiger Weg zum Gott der Liebe zu verstehen. In Deutschland denke ich an Ahmad Milad Karimi, Professor am Zentrum für Islamische Theologie in Münster, und an Mouhanad Khorchide. Auch an den Publizisten und Islamwissenschaftler Navid Kermani, der bei seiner Festrede im Bundestag zum 65. Jahrestag des Grundgesetzes am

23. November 2014 den Vergleich mit der Lutherbibel wagte. Karimi sagt in der *Badischen Zeitung*: „Sie – die Salafisten – gehen an die Religion auf eine einfache, naive Art heran, geradezu amateurhaft. Dabei sind viele Koranverse nur schwer zu verstehen. Der Koran ist kein Nachschlagewerk für Dummies."

Dann an die Arbeit. Karimi ist nicht nur Theologe, sondern auch Humorist wie folgender Buchtitel beweist: „Osama bin Laden schläft bei den Fischen. Warum ich gerne Muslim bin und wieso Marlon Brando viel damit zu tun hat." Er schreibt: „Der Islam begreift sich nicht als eine einzige und absolute Religion. Hingegen erringt der Islam seine Identität aus einer kommunikativen Auseinandersetzung mit dem Judentum, Christentum, den Polytheisten, Atheisten oder gar Antitheisten ... Im Koran heißt es: Streitet mit den Leuten der Schrift nie anders als auf eine schöne Art; Koran 29:45."

In seinem Buch „Hingabe. Grundfragen der systematisch-islamischen Theologie" lesen wir im Kapitel „Offenbarung und Vernunft": „Der Koran ist nämlich die historisch vernommene Offenbarung des einen Gottes. In diesem Doppelcharakter der zeitlichen und überzeitlichen Bestimmung ist die Mitteilung kritisch zu würdigen." Im Kapitel „Der Koran als Kunstwerk" heißt es; „Der Koran ist die Eröffnung, die Enthüllung dessen, was in Wahrheit ist: Gott."

Für Karimi ist die Einführung der islamischen Theologie in Deutschland von historischer Bedeutung, und „sie wird eine Erfolgsgeschichte sein ... aber eine islamische Theologie kann nicht von heute auf morgen aus dem Boden wachsen."

Der bekannte Islamwissenschaftler Mouhanad Khorchide geht in seinem Buch „Islam ist Barmherzigkeit. Grundzüge einer modernen Religion" einen Schritt weiter. Er zögert nicht zu schreiben: „Die Botschaft Muhammads und der ersten Kalifen war eine Botschaft der geistigen, sozialen und politischen Befreiung. Aber schon nach 40 Jahren verwandelte sich das Kalifat in eine Art Monarchie und verlangte unbedingten Gehorsam. Wer widersprach, wurde getötet, gefoltert oder ins Gefängnis gesteckt."

Diese Verwandlung gab es auch im Christentum. Aus der Bergpredigt wurde zeitweise eine Teufelspredigt.

„Damit sich das Befreiungspotential des Koran entfalten kann, darf man nicht an seinem Wortlaut kleben. Der historische Kontext der Verkündigung ist maßgeblich, um die Intention des Textes zu verstehen", erklärt uns der Theologe weiter. Für diese hermeneutische Annäherung an den Koran wurde Khorchide schon von Vertretern der muslimischen Gemeinden gescholten. – Sie haben ein Mitspracherecht bei der Ernennung von Professoren an den muslimischen Fakultäten. – Aber ist dies bei den Katholiken sehr viel anders? Musste nicht Hans Küng seinen Lehrstuhl aufgeben, als er das Papsttum in Frage stellte?

Auch der Deutsch-Iraner Navid Kermani, der nach den Pariser Attentaten bei der Trauerkundgebung in Köln öffentlich auftrat, spricht klare Worte: „In dem Augenblick, da sich Terroristen auf den Islam berufen, hat der Terror auch etwas mit dem Islam zu tun. Wir müssen die Auseinandersetzung mit der Lehre suchen, die heute weltweit Menschen gegeneinander aufhetzt und Andersgläubige ermordet oder erniedrigt."

—— · ——

In Frankreich ist Tarik Ramadan, dessen Großvater Gründer der Moslembrüder war, eine bekannte und einflussreiche Figur als Theologe und Philosoph. Er ist in Deutschland kaum bekannt, wahrscheinlich weil er in der französischen Schweiz geboren ist und auf Französisch schreibt. Er hat mehr als 20 Bücher veröffentlich und unterrichtet in Oxford. Die französischen Feministinnen haben ihn schon lange im Visier, weil er keine klaren Antworten zum Thema Frauenfeindlichkeit des Islams gibt.

In seinem letzten Buch, *„De l'Islam et des Musulmans"*, macht er sich die Frage nach der Gewalt im Islam zu einfach: „Genau wie unterschiedliche Farben und Sprachen sind die Unterschiede zwischen den religiösen Überzeugungen Tatsachen, mit denen wir leben müssen. Es muss hier mit Nachdruck betont werden, dass das erste Prinzip des Zusammenlebens in dieser Vielfalt das des Respekts und der Gerechtigkeit ist. Darin ist der Koran unmissverständlich: ‚O, ihr Diener des Glaubens! Seid darin standhaft, als Zeugen vor Gott, Gerechtigkeit zu üben. Damit der Hass gegenüber einem Volk euch nicht dazu verleitet, Ungerechtigkeiten zu begehen. Seid gerecht! Die Gerechtigkeit liegt eng bei der inneren Gewissheit Gottes. Seid euch Gottes gewiss. Gott weiß genau, was ihr tut.'"

Auf Deutsch erschien von Ramadan: „Muhammad. Auf den Spuren des Propheten". Er beschreibt Muhammad als Mann, „der kein Interesse an Rache, Reichtum oder Macht zeigte".

Damit kommen wir nicht weiter. Aber Ramadan ist telegen und verkauft sich gut.

Ganz anders spricht und schreibt der Philosoph Abdennour Bidar, Berater im französischen Bildungsministerium. Bidar veröffentlichte 2015 in dem Magazin *Le Point* eine *„Lettre ouverte au monde musulman"*, einen offenen Brief an die muslimische Welt: „Ich beobachte, wie du (die muslimische Welt) dabei bist, ein Monstrum zu gebären. Es wagt es, sich als Islamischer Staat zu bezeichnen. Manche bevorzugen den Namen eines Dämons: DAESH. Aber das Schlimmste ist, dass du dabei deine Zeit und deine Ehre verlierst, weil du dich weigerst anzuerkennen, dass dieses Monster von dir geboren wurde, aus deinen Irrtümern, deinen Widersprüchen, deinem Spagat zwischen Vergangenheit und Gegenwart, deiner Unfähigkeit, einen Platz in der menschlichen Zivilisation zu finden. Was sagst du angesichts dieses Monsters? Du schreist: ‚Ich bin das nicht. Es ist nicht der Islam.' Du weigerst dich anzuerkennen, dass die Verbrechen des Monsters in deinem Namen verübt werden. Du entrüstest dich, dass sich dieses Monster deiner Identität bemächtigt hat. Es ist unerlässlich, dass du der Welt kundtust, laut und stark, dass der Islam diese Barbarei verurteilt.

Aber es genügt nicht. Denn du flüchtest dich reflexartig in eine Verteidigungshaltung, ohne dich deiner Pflicht zur Selbstkritik zu stellen ... Die große Frage lautet: Warum hat dieses Monster dein Gesicht geraubt? Warum hat sich dieses schändliche Monster ausgerechnet dein Gesicht und nicht ein anderes ausgesucht? Diese Frage ist die Frage nach den Wurzeln des Bösen ... Die Wurzeln des Bösen, das dir heute dein Gesicht raubt, sind in dir selbst zu suchen. Dein eigener Bauch hat dieses Monster geboren ...

Selbst die westlichen Intellektuellen haben Mühe, das zu begreifen. Die meisten unter ihnen haben die Macht der Religion vergessen, im Guten und im Bösen, über Leben und Tod. Deshalb sagen sie zu mir: ‚Nein, das Problem der muslimischen Welt ist nicht der Islam, nicht die Religion, sondern die Politik, die Geschichte, die Wirtschaft, etc.' Sie wissen nicht mehr, dass die Religion der Reaktorkern einer menschlichen Zivilisation sein kann. Und dass die Zukunft der Menschheit nicht allein dadurch gesichert wird, dass die Finanzkrise gelöst wird, sondern vor allem dadurch, dass die Geisteskrise eine Lösung findet ...

Besonders seit dem 18. Jahrhundert – und es ist höchste Zeit, es einzugestehen – bist du (muslimische Welt) unfähig, eine Antwort auf die Herausforderungen des Abendlandes zu finden …

Lieber Freund, was hast du heute Bewundernswertes vorzuweisen? Was an dir fordert den Respekt der übrigen Völker und Zivilisationen auf dieser Welt? Wo sind deine Weisen, und hast du der Welt noch eine Weisheit anzubieten? Wo sind deine großen Figuren? Wer sind deine Mandelas, deine Gandhis, deine Aung San Suu Kyis?"

„Diese Linke, die es nicht wagt, den Islam zu kritisieren", betitelt *Le Monde* einen Beitrag von Michael Walzer vom *Institute for advanced Study* an der Universität Princeton. Natürlich aus Angst, als islamfeindlich gebrandmarkt zu werden.

Edwy Plenel, Ex-Chefredakteur von *Le Monde,* Gründer der online-Tageszeitung *Mediapart,* ist der Robin Hood der französischen Presse. Ihm haben wir die Enthüllung zahlreicher Skandale wie der Steuerlüge von Minister Jérôme Cahuzac zu verdanken. Der ewige Kämpfer für die Menschenrechte hat *„Pour les Musulmans"* geschrieben. Er beschreibt darin in perfekter Weise das Dilemma der französischen Gesellschaft: „Die Weigerung, den Andersdenkenden zu akzeptieren, wie er ist, das Bedürfnis, ihn sich anzupassen, dieses allumfassende Abstrakte, das den Juden, den Farbigen, den Araber nur aufnimmt, wenn er seine Herkunft und seine Geschichte aufgibt … Das ist der Kern der Herausforderung an Frankreich, die endlich angegangen werden muss: zu lernen, das Gesamte und das Einzelne, das Gemeinsame und die Verschiedenartigkeit, die Einheit und die Vielheit gedanklich unter einen Hut zu bringen."

Aber auch Plenel überspringt die Notwendigkeit der theologischen Arbeit, die unabdingbar ist, um sich aus dem Sumpf der Xenophobie zu befreien.

Der Philosoph und Psychoanalytiker Daniel Sibony, der sowohl das Arabische als auch das Hebräische beherrscht, geht weiter. In seinem Buch *„Islam, Phobie, Culpabilité"* (Islam, Angst, Schuldgefühl) stellt er die Kardinalfrage: „Was passiert mit meiner Identität, wenn die Ablehnung des Andersdenkenden schon im Ur-Text festgeschrieben ist?" Also im Koran selbst. Da bringt es nichts, nur zu wiederholen, dass es sich bei den Islamisten nur um einen falschen Islam handelt. „Je stärker die moderaten Muslime die Islamisten verurteilen, desto mehr fühlen sich diese verpflichtet, den Ur-Text, der ohne sie in Vergessenheit geraten würde, zu verteidigen."

Sibony wirft uns vor, unter einem „perversen Schuldgefühl“ zu leiden, ausgelöst durch drei Faktoren: „Kolonialismus, Sklavenhandel, Kreuzzüge“. Wobei die arabische Welt gegenüber dem Okzident in allen drei Punkten nicht frei von Verantwortung ist. „Der islamische Kolonialismus dauerte Jahrhunderte, der Sklavenhandel war nicht geringer als der der Europäer, und die Kreuzzüge waren eine Antwort auf die Kreuzzüge im Namen Allahs“, erklärt der Autor. „*Le grand malentendu*“, das große Missverständnis, nennt er auch sein letztes Buch.

Ein Teufelskreis, aus dem wir erst herauskommen, wenn die Hermeneutik siegt, d. h. die Theologen sich nicht mehr von Gott als „Schriftsteller“ einschüchtern lassen. „Es gibt einige muslimische Experten, die sich nicht mehr auf den Ur-Text berufen, ganz einfach, weil er nicht vereinbar ist mit den Menschenrechten der demokratischen Gesellschaften, aber sie können nicht öffentlich darauf verzichten und widersprechen den Islamkritikern nur mit Suren über Liebe, mit denen wir alle einverstanden sind“, meint Sibony.

Vor mir liegt eine wunderschöne Ausgabe des Korans, auf Arabisch und Französisch, mit goldgeprägtem Umschlag. Ich weiß nicht mehr, wo ich sie gekauft habe. Herausgeber: „*Organisation de la prédication islamique – Jamariha arabe lybienne populaire socialiste.*“ Mittig vorne drauf eine grüne Weltkugel mit einem Minarett mit Mondsichel. Die Kugel wird umrahmt von einem Satz auf Arabisch: „Im Namen Gottes, des Gnädigen, des Barmherzigen.“ Über der Weltkugel lese ich: „*Le Coran est la législation de la société.*“ Der Koran ist die Gesetzgebung für die Gesellschaft.

Genau dies wollen wir nicht. Wir wollen den Ur-Text, der Mohammed von Gott vermittelt wurde, in Frage stellen dürfen. Genauso wollen wir das Evangelium hinterfragen können. Dies ist die Aufgabe der Theologie. Die Erklärung der Menschenrechte ist unsere Bibel. Allein sie erlaubt allen, in Frieden zu leben.

Der Großteil der Christen hat den Prozess der Säkularisierung mit Mühe vollzogen. Auch die Muslime werden es schaffen.

8. Die Frauen werden den Islam reformieren

Die Frauen mit muslimischem Hintergrund gehen in ihrer Islamkritik weiter als die Männer. Sie sind auch die ersten Opfer der

Fundamentalisten. Laut Unicef werden 700 Millionen Frauen zwangsverheiratet, davon sind 250 Millionen unter 15 Jahre alt. Genital-Verstümmelung betrifft 130 Millionen. Mit ihrem Streben nach Emanzipation riskieren sie oft ihr Leben. Dennoch fordern immer mehr muslimische Frauen die Demokratie als Basis des Zusammenlebens und versuchen nicht, mit Gewalt zu beweisen, dass der Islam grundsätzlich demokratietauglich ist, ohne Abstriche vom Ur-Text.

In ihrem Buch „Chaos der Kulturen" stellt Nekla Kelek fest, dass die meisten in Deutschland tätigen Islamverbände drastische Strafen für Abweichler nicht billigen. „Dennoch: Im Islam gibt es keine Religionsfreiheit, also die Freiheit, einen anderen Glauben zu wählen ... Eine Säkularisierung wie in der westlichen Welt hat im Islam nicht stattgefunden ... Die Trennung von Religion und Politik muss deshalb konsequent eingehalten werden. Menschenrechte – und hier vor allem die Gleichberechtigung der Geschlechter – sind nicht verhandelbar. Diese Wertedebatte wird von den Medien regelmäßig verspottet; und bis heute werden Bürgerrechtler, zu denen ich mich zähle, die auf die Grundwerte von Verfassung und Regularität bestehen, als ‚Fundamentalisten der Aufklärung' karikiert."

Sie rechnet mit Thomas Bauer, Professor für Arabik und Islamwissenschaft, ab. Er stellt die Kultur des Islam als eine Kultur der Viel- und Mehrdeutigkeit dar. Der Koran sei offen für jede Leseart. Sakularität sei im Islam kein Thema, sie werde gelebt. Die Darstellung der Scharia als religiöses Gesetz ist für Bauer ein vom Westen erzeugtes Zerrbild eines religiösen, aber auch weitgehend säkularen Rechtssystems – usw. „Aber warum hat das Große Osmanische Reich in seiner fünfhundertjährigen Geschichte kaum große Denker oder Dichter, keine großen Wissenschaftler hervorgebracht, warum sah die Infrastruktur in Anatolien um 1900 noch genauso aus wie vierhundert Jahre zuvor? Und warum brach das Weltreich wie eine morsche Hütte zusammen, als die militärische Option nicht mehr half?", fragt die Autorin.

Genauso konkret schreibt Seyran Ates in „Wahlheimat. Warum ich Deutschland lieben möchte". Die Deutschtürkin plädiert für einen Verfassungspatriotismus: „Den zur Zeit in Deutschland aktiven islamischen Verbänden fehlt meines Erachtens eine entsprechende Haltung zur deutschen Verfassung. Egal, ob es sich um den Kopftuchstreit, Unterrichtsbefreiungen aus religiösen Gründen oder die Errichtung von Moscheen handelt, sie akzeptieren nur ihre eigene Position. Eine demokratische Streitkultur im Sinne unserer Verfassung scheint ihnen fremd." Sie bezieht sich auf die Französische Revolution, den Staatsbürger als *Citoyen*, dessen Selbstverständnis auf den aufklärerischen Werten Gleichheit, Freiheit, Brüderlichkeit fußt „und nicht auf Blut und Boden ... Den Deutschen mit Migrationsgeschichte kommt hier eine wichtige Rolle zu: Sie können entscheidend mithelfen, aus Deutschland ein Verfassungspatriotisches Land zu machen."

Die Französin Lydia Guirous, in Algerien geboren, gehört in Frankreich zu diesen mutigen Frauen, die sich ihr Leben nicht von Islamisten diktieren lassen. *„Allah est grand, la République aussi"*, Allah ist groß, die Republik ebenfalls, nennt sie ihre Biographie. Sie ist in Roubaix in Nordfrankreich aufgewachsen und hat das Entstehen einer Parallelgesellschaft am eigenen Leib miterlebt. Sie wirft den Urfranzosen vor, aus lauter Angst, Muslime zu stigmatisieren, keine kritische Haltung gegenüber dem Islam einzunehmen, weil es eben neben einem toleranten Islam eine fanatische Variante gibt, die Glaube und Gesetz verwechselt: „Es gibt eine Geistesrichtung, die den fanatischen, rückständigen und beengenden Islam predigt. Der Dschihad gegen die Ungläubigen ist eine Pflicht. Der Dschihad und der Hass gegen Juden wird durch den Koranvers gerechtfertigt, in dem Allah Muhammad den Auftrag erteilt, rücksichtslos gegen die Heuchler und die Ungläubigen zu kämpfen. Die Ausrottung des jüdischen Stammes der Banu Ouraiza wird als Auftrag Muhammads erwähnt. Dieser Islamismus erfährt leider einen heimlichen Zuwachs in Frankreich. Er schleicht sich in die Geister, die Herzen und die Familien, die bisher problemlos (in Frankreich) lebten."

Packend sind die Schilderungen aus dem Alltag der jungen Französin, die dem Machismus der Fundamentalisten zu entkommen versucht und sich zu Frankreich bekennt, dank der *laïcité*, des Laizismus, des Mantras der Republik.

Jeannette Bourgab, ehemalige Staatssekretärin für die Jugend, Ex-Präsidentin der *„Halde"*, einer staatlichen Organisation gegen Diskriminierung, kämpft mit ihrem Buch *„Les maudites"* (Die Verdammten) für die Befreiung der muslimischen Frauen. Sie besuchte die arabische Welt „immer ohne Schleier", schreibt sie stolz.

Eine Frau darf man keinesfalls übergehen, weil sie alle Berichte mit ihrer Vita übertrifft: Ayaan Hirsi Ali, in Somalia geboren, als Muslimin aufgewachsen, über Umwege nach Holland geflohen, wo sie ihr Engagement für die Befreiung der Frauen fortsetzte. 2003 wurde sie ins Parlament gewählt. Ein Jahr später wurde sie international bekannt, als der Filmemacher Theo van Gogh, der bei ihrem Film „Submission" Regie geführt hatte, von einem Islamisten ermordet wurde. Der Täter heftete eine Morddrohung auf die Brust des toten Regisseurs, die ihr galt. Heute forscht sie in Harvard.

In ihrem Buch „Reformiert euch" plädiert sie für eine Reformation des Islam: „Wie ich nur zu gut weiß, riskieren Freidenker ihr Leben, wenn sie Werke wie den Koran oder die Hadithen infrage stellen. Der Islam erlebte ein Schisma, aber nie eine Reformation ... Warum werden Muslime in einer Zeitkapsel von vor Jahrhunderten konserviert? ... Was ist falsch daran, wenn man ins gegenwärtige Jahrhundert eintreten will? Das darf doch keine Schande sein. Es ist nicht zu leugnen, dass Gewalt, Frauenfeindlichkeit und Homophobie in allen religiösen Texten existieren, aber der Islam ist die einzige Religion, die bis heute noch wörtlich daran fest hält ... Wo sind die Muslime, die sich gegen die strenge Auslegung der Scharia auflehnen?

Jedes Mal, wenn ich für eine Reform der islamischen Welt plädiere, bekomme ich das Gleiche zu hören: Da ist nicht unsere Aufgabe, sondern allein die der Muslime. Wir sollten uns da raushalten ... Wir wollten anfangs nicht wahrhaben, dass islamischer Extremismus auch etwas mit dem Islam zu tun hat. Noch immer fixieren wir uns auf die Gewaltausbrüche, aber nicht auf die Anschauungen, die sie hervorrufen ... Der Koran selbst ermahnt ausdrücklich zu Unbarmherzigkeit ... Das Problem, das vor uns liegt, ist nicht nur die Frage von mehr Bildung: Menschen mit diesem Glauben sind keine ungebildeten Arbeiter, sondern oft sogar hoch gebildete und qualifizierte Ingenieure oder Ärzte. Den Tod ständig im Blick zu behalten, wurde ihnen von Beginn ihres Lebens an beigebracht. Auch mir wurde dies von Anfang an eingeimpft ... Muslimische Geistliche müssen anerkennen, dass der Koran nicht der letztgültige Quell der geoffenbarten Wahrheit, sondern nur ein Buch ist."

Und in diesem Buch stehen leider Sätze wie die Sure 9, Vers 5: „Sind die heiligen Monate abgelaufen, dann tötet die Heiden, wo immer ihr sie findet, ergreift sie, belagert sie, und lauert ihnen auf aus jedem Hinterhalt! Doch wenn sie sich bekehren, das Gebet verrichten und die Armensteuer geben, dann lasst sie laufen! Siehe, Gott ist bereit zu vergeben, Barmherzigkeit."

Von dieser Barmherzigkeit hält Ayaan Hirsi Ali gar nichts, wir auch nicht.

9. Die Gedanken sind frei

Langsam, aber sicher taucht eine neue Generation von Muslimen auf, Männer wie Frauen. Am 23. April 2015 lese ich in der Süddeutschen Zeitung in einem Beitrag von Matthias Drobinski: „Spaß an der Islam-Debatte. In einem neuen ‚muslimischen Forum' haben sich Intellektuelle zusammengeschlossen. ‚Wir gründen keine Moscheen, wir rollen keine Gebetsteppiche aus, wir wollen den Islam gesprächsfähig machen. Wir sind Menschen, die sich als Bürgerinnen und Bürger Deutschlands und zugleich als Muslime sehen.' Man wolle den ‚humanistisch orientierten Muslimen' eine Stimme verleihen, die in den Verbänden keinen Platz hätten. Das Forum trete gegen jede Form von Intoleranz, Diskriminierung und Menschenverachtung ein, gegen ‚antimuslimische, antisemitische, rassistische, deutschenfeindliche und homophobe Stereotypen.' Und man wolle ‚der Politik einen weiteren Ansprechpartner anbieten, der die unartikulierten Positionen von Muslimen in Deutschland wiedergibt.'" Bravo. Eine Gedankenwelt, die zu der des Franzosen Abdennour Bidar passt, wie wir sie in seinem Brief an die muslimische Welt entdeckt haben.

Wie durch Zufall wurde ein paar Wochen später, am 29. Mai 2015, in Frankreich ein *„conseil théologique"* gegründet, ein theologischer Rat. Seine Aufgabe laut *Le Monde:* „den französischen Muslimen zu helfen, ihre Religion in Einklang mit ihrer *citoyennté,* ihrer Staatsbügerschaft, zu bringen. Dieser Rat will einen Islam *du juste milieu,* der gerechten Mitte oder der „goldenen" Mitte, fördern.

Aber wo ist die goldene Mitte zu finden? Die Tatsache, dass das „Muslimische Forum" in Deutschland und der *„conseil théologique"* in Frankreich fast zeitgleich gegründet wurden, ist dann vielleicht doch kein Zufall, sondern der Beweis, dass der Horizont sich aufhellt. Dass der Islam in Bewegung gerät und die Demokratie nicht mehr als Hindernis begreift, sondern als eine Lebensform, die es uns allen erlaubt, zusammen zu überleben. Man redet in Paris sogar von einem Weltforum 2016, das sich mit der islamischen Gedankenwelt auseinandersetzen werde. Die französische Version eines Islamforums scheint dennoch weniger offen zu sein als die deutsche.

Unter den neun Gründungsmitgliedern findet sich nur eine Frau. Im deutschen Forum geht es quasi paritätisch zu.

Dennoch gilt das Prinzip Hoffnung. Lassen wir uns überraschen, auch durch Marek Chebel. *„Changer l'Islam"* nennt er sein *„Dictionnaire des réformateurs musulmans des origines à nos jours"*, sein Lexikon der muslimischen Reformatoren von den Anfängen bis heute. Er schreibt: „Die Mehrheit der Reformer, die in meinem Buch erwähnt werden, waren mehrsprachig und reisefreudig. Sie hatten Voltaire, Kant, Nietzsche, Proudhon, Locke und Hobbes gelesen. Manche kannten Mauras, Tocqueville und Bergson, deren Zeitgenossen sie waren. Sogar Luther war ihnen nicht fremd, auch nicht Calvin oder Giordano Bruno. Viele von ihnen studierten in Frankreich. Im 19. Jahrhundert wurden sie durch Marx oder Freud beeinflusst. Auch Frauen sind unter den Reformern zu finden, sowohl in der Wissenschaft als auch in der Theologie." Wenn es so ist, gibt es keinen Grund zu verzweifeln.

Nach den Attentaten in Paris veröffentlichte der Philosoph Abdennour Bidar ein *„Plaidoyer pour la fraternité"*, ein Plädoyer für die Brüderlichkeit: „Ich bin gläubig. Aber ich glaube nicht an einen Gott, der von den Muslimen, von den Juden, von den Christen oder von den Hindus allein beansprucht werden könnte."

Hat doch was von Albert Schweitzer und dessen Auffassung der Menschheit als Ganzes, wie er sie in „Kultur und Ethik" beschreibt.

Bidar plädiert für eine allumfassende Brüderlichkeit: „Diese universelle Brüderlichkeit fordern alle Religionen, aber in der Brüderlichkeit steckt etwas, was die Religionen übertrifft: In den Religionen ist der Mensch stets dem Risiko von Intoleranz oder Gewalt ausgesetzt."

Er zitiert Ibn Arabi, 13. Jahrhundert nach Christus, 7. Jahrhundert nach Mohammed:

Mein Herz ward fähig,
Sich jeder Form zu öffnen:
Es ist Weideland für Gazellen
Und Abtei für Mönche,
Es ist ein Tempel für Götzen
Und die Kaaba für die Pilger,
Es ist die Tafeln der Thora,
Auch die Blätter des Korans.

Ich glaube an die Religion der Liebe,
Wohin sich ihre Karawanen bewegen,
Denn die Liebe ist meine Religion und mein Glaube.

Im Grunde genommen eine frühere Version des deutschen Volksliedes „Die Gedanken sind frei“.

Auch Navid Kermani, der viel über Liebeslyrik geschrieben hat, beruft sich auf Denker aus der Vergangenheit, die uns in der Gegenwart etwas zu sagen haben. Ali Ibn Abi (7. Jahrhundert n. Chr.): „Der Mensch ist entweder ein Bruder im Glauben oder ein Bruder in der Menschlichkeit.“

Es ist wohl kein Zufall, dass Navid Kermani den Friedenspreis des deutschen Buchhandels ausgerechnet im Jahr 2015 erhielt. In einem Jahr, in dem in Europa neue Mauern zwischen Menschen hochgezogen werden. In einem Jahr, in dem sich an den Mittelmeersküsten Touristen und Flüchtlinge begegnen. In einem Jahr, in dem Politiker ratlos nach Lösungen suchen.

Unauslöschlich die Worte von Ex-Präsident Sarkozy, der 2017 für ein neues Amt kandidieren möchte: „Ich vergleiche Europa mit einem Haus, in dem ein Abflussrohr bricht. Der Klempner eilt herbei, schneidet das Rohr durch und verteilt die Flut über Küche, Wohn-, Kinder- und Elternzimmer. Wir müssen (die Flüchtlinge) nicht verteilen, sondern reduzieren.“ Allein für diesen ungeheuerlichen Vergleich sollte Sarkozy nie wieder Präsident der *Grande Nation* werden, die er gerade zur *petite nation* degradiert hat.

10. Martin Luther und der Islam

Und wie sieht es aus mit Luther und den Muslimen? Anders als mit Juden war er nicht direkt in der eigenen Umgebung, in Deutschland, mit Muslimen konfrontiert. Er nannte sie übrigens Türken, ganz einfach weil die Türken auch Muslime waren. Aber als Wien in den Jahren 1529/30 zum ersten Mal von den Türken belagert wurde, war es an der Zeit, sich mit ihnen zu beschäftigen. Nur drei Jahre zuvor hatten die Osmanen die Ungarn in Mohács geschlagen.

Bis zu dieser Zeit verhielt sich Luther eher werbend als verdammend. Genauso hatte er sich auch gegenüber den Juden verhalten. Bis ihm klar wurde, dass weder Juden noch Muslime zur Reformation übertreten würden. Er informierte sich anhand der Übersetzung eines lateinischen Erfahrungsberichts aus türkischer Gefangenschaft aus dem 15. Jahrhundert. Bekannt war ihm auch eine Widerlegung des Korans aus dem 13. Jahrhundert, verfasst vom Dominikaner Richard. Luther übersetzte das Buch des Mönchs sogar selbst und setzte eine „Verlegung Martini Lutheri" hinzu.

Er hatte entdeckt, dass Mohammed nicht abgeneigt war, den Unglauben durch das Schwert auszurotten, ganz abgesehen von der Vielweiberei. Daraufhin schrieb er mehrere Pamphlete gegen die Muslime: „Gebet wider Türken", „Die Heerpredigt wider den Türken", „Versuch zum Gebet wider Türken". Er war schon fast fünfzig und wurde bekanntlich mit fortschreitendem Alter immer angriffslustiger.

„Ich fange an, vom Grunde meines Herzens gegen die Türken und Mohammed zu entbrennen, weil ich in ihnen das unerträgliche Rasen des Satans sehe, der so übermütig gegen unsere Leiber und Seelen wütet. Daher werde ich dagegen beten und flehen und nicht ablassen, bis ich weiß, dass mein Schreien im Himmel erhört wird."

Ähnliche Sätze findet man im Koran im Munde Mohammeds gegen Juden und Christen. Wenn sie sich bekehren, sind sie willkommen, wenn sie sich dem neuen Glauben verweigern, bleiben sie Feinde und werden vertrieben wie die Juden. Anzumerken ist, dass die Juden im Gegensatz zu den Türken die politische Welt des Reformators Luther nie gefährdeten.

„Das Recht zum Türkenkrieg wies er seiner Zwei-Reiche-Lehre entsprechend ausschließlich den weltlichen Obrigkeiten zu, speziell dem Kaiser. Dabei handle es sich aber um einen rein innerweltlichen Schutz der Untertanen vor Schaden an Leib und Leben, nicht um einen heiligen Krieg um der Religion willen. Dem Papst oder anderen kirchlichen Instanzen kommt dabei keinerlei Kompetenz bei der Türkenabwehr zu", kommentiert Heinz Schilling.

11. Ich liebe Frankreich

Wie sieht die Zukunft aus? Ja, die deutschen Experten trauen sich immer häufiger, Frankreich zu kritisieren. Der *Front national* steigt unaufhörlich in der Gunst der Franzosen, sogar die Arbeiter, die früher kommunistisch wählten, schenken ihre Stimmen einer rechtsextremen Partei. Das Buch des Publizisten Eric Zemour, *„Le suicide français"* (Frankreichs Selbstmord), wurde zum Bestseller. Es warnt vor der muslimischen Überfremdung. Islam und Demokratie passen nicht zusammen. Gefundenes Fressen für die Mitglieder des *Front national.* Genauso wie das Buch von Michel Houellebecq. Er kündigte in seinem Roman „Unterwerfung" doch glatt ein muslimisches Staatsoberhaupt an.

Dennoch ist Frankreich nicht verloren. Es gibt bekannte Autoren, die sich auch durch die üblichen Kassandra-Rufe nicht kleinkriegen lassen und an die Zukunft der *Grande Nation* glauben.

Abdennour Bidar, muslimischer Herkunft, bedankt sich: „*Merci*, mein liebes Frankreich, möge ich ewig unter deinen dankbaren Söhnen sein! Frankreich ist das Land, das mir erlaubte – und auch da bin ich keine Ausnahme –, ich selbst zu werden, dank seines laizistischen Geistes, der allen, Gläubigen und Nichtgläubigen, dieselben Rechte gewährt ... Mein Vorname Abdennour macht mich zu einem ‚Diener des Lichts', durch die Kultur, mit der Frankreich mich beschenkte, bin ich ein Erbe des Lichts der Aufklärung geworden. Beides ist nicht unvereinbar, im Gegenteil. Man kann gläubig und laizistisch sein. Islam und Laizismus können sich verbinden, um Menschen zu schaffen, die Freiheit und Geistiges in sich vereinen."

Laurent Joffrin, Chefredakteur der Tageszeitung *Libération*, nennt seinen Aufruf *„Le réveil français"*, Frankreichs Erwachen. Untertitel: *Pour en finir avec les défaitistes, les déclinistes et autres prophètes de la décadence"* – Schluss mit den Miesmachern und Untergangspropheten. „Die Franzosen haben ein falsches Bild von Frankreich. Unter dem Eindruck einer lautstarken Armee von Miesmachern sehen sie Frankreich als angekränkelt, zerstritten, abgehängt, überholt, zurückgesetzt. Eine reine Lüge ... Trotz seiner Schwierigkeiten hält Frankreich seinen Rang, es ist ein großes Land, produktiv, gebildet, gut verwaltet, einflussreich, alles in allem gedeihend, auf Augenhöhe mit seinen Partnern."

Und dann schießt Joffrin erst richtig los: Ob Kultur, Atomwirtschaft, Mode, Forschung, Gastronomie, Gesundheitswesen – wir können uns sehen lassen.

Zum Kampf gegen die Miesmacher braucht man *l'amour de la France*, die Liebe zu Frankreich, zu der François Hollande die *Citoyens* immer wieder auffordert.

„Et si on aimait la France" (Und wenn wir Frankreich lieben würden) heißt das Buch des anerkannten Wirtschaftsspezialisten

Bernard Maris. Der Autor wurde Opfer der Terroristen, die am 7. Januar 2015 die Redaktion von *Charlie Hedbo* auslöschten. Obwohl kritischer als Joffrin, liebt er sein Land und wagt sogar von einer *„éternité anthropologique de la France"* zu schreiben, einer „anthropologischen Ewigkeit Frankreichs": „Wenn man wie die Franzosen den Mittelpunkt der Welt bewohnt, dieses Geschenk der Götter zwischen der Welt des Mittelmeeres und der Welt der Barbaren, wie könnte man da nicht zum Außergewöhnlichen und zum Allumfassenden verdammt sein? Welche andere Dimension als das Universum gäbe es, um ihre Ideen, ihre Ausstrahlung oder ganz einfach ihren Geist zu beherbergen? Chartres, Versailles, die Revolution, die Republik, die Menschenrechte – sind sie nicht seit zehntausend Jahren mit diesem behaglichen, harmonischen, Mannigfaltigkeit bietenden und beschaulichen Land verbunden?"

Diese Zeilen muss man sich auf der Zunge zergehen lassen. Die Frankreich-Dauerkritiker der FAZ oder der WELT sollten sich noch ein Bier bestellen und über diese Sätze nachdenken, solange es auf der Welt überhaupt noch Deutsche gibt, weil unsere himmlische Geburtenrate Deutschland im nächsten Jahrtausend sozusagen zu einem Zoologischen Garten degradieren wird.

Das i-Tüpfelchen des Eigenlobes setzt natürlich Ex-Mitterrand-Berater Jacques Attali. Der Publizist schreibt ein Buch pro Monat und sagt uns Franzosen eine fulminante Zukunft aus. Wir werden es schaffen. Wir werden die Deutschen ein- und überholen. Nicht Frankreich, sondern Deutschland ist der kranke Mann in Europa, erklärte er dem Magazin FOCUS 2013.

François Hollande liest diese Aufrufe zum Widerstand mit Genuss und streichelt Philae, die Hündin, die ihm die Einwohner der Insel Saint-Pierre et Miquelon geschenkt haben. Stolz nimmt er wieder das Foto in die Hand, auf dem er in Havanna mit Fidel Castro in die Kamera blickt. Ist Angela Fidel schon begegnet? Hätte er vielleicht doch nach Moskau reisen sollen, um sich am 10. Mai mit Angela und Wladimir vor den russischen Toten des Zweiten Weltkriegs zu verneigen?

Vergangene Nacht hat er einmal mehr geträumt, dass er den Migranten, die in Paris herumirren, die Tore des Elysée-Gartens öffnet. Ein unmöglicher Traum? Natürlich, Marine Le Pen würde glatt die nächsten Wahlen gewinnen! Aber er denkt oft an die Armen dieser Welt.

Hat er nicht geschafft, was Rivale Sarkozy nie gelungen ist, das Jagdflugzeug *Rafale* wie warme Semmeln zu verkaufen? Und was ist mit der Bundeswehr los? Deutsche Gewehre schießen um die Ecke? Soll er vielleicht Angela französische Gewehre, die geradeaus schießen, anbieten? Das Wachstum klettert nach oben ... *un frémissement*, ein leichter Anstieg, ist spürbar, sagen die Experten, und vielleicht wird die Demokalypse Deutschland doch zum europäischen Zwerg schrumpfen lassen.

Im Dezember 2015 wird in Paris der Weltklimagipfel mit Unterstützung des Papstes stattfinden. Franziskus wollte zwar keinen schwulen Botschafter im Vatikan, aber er hat Hollandes Klimadiplomaten Nicolas Hulot empfangen. Daraufhin entstand die Enzyklika *Laudato si'*, in der der Papst alle seine Ideen übernahm. Da staunt selbst Angela. Sie soll ihn endlich mit dem Luther-Jahr 2017 in Ruhe lassen. Die Bundeskanzlerin hat ihm sogar eine Playmobil-Figur von Martin Luther zum Geburtstag geschenkt. Was soll das? Auch die Studienkreuzfahrt mit Luther-Botschafterin Margot Käßmann auf der „MS Hamburg" in die Länder der Reformation hat er abgelehnt. Diese Margot ist in der Tat eine schöne Frau, aber Julie ist auch schön, außerdem noch Schauspielerin. Hat Luther vielleicht eine Enzyklika über die Umweltprobleme geschrieben?

Philae nickt. Hat Angela auch einen Hund? Sollte er ihr vielleicht ein Kätzchen zum Geburtstag schenken?

Plötzlich hat er Lust auf Erdbeeren mit Schlagsahne. Als der Butler ihm eine Schale auf den Tisch stellt, an dem schon de Gaulle arbeitete, fragt er: „Kommen die Erdbeeren aus Frankreich?" – „Nein aus dem Elsass!"

12. François Hollande entdeckt die Bibel

Kaum hat *Monsieur le Président* die elsässischen Erdbeeren verschlungen, schnappt sich Philae, seine Hündin, *Le Monde* und deponiert die Zeitung auf Hollandes Schoß. Er überfliegt wie immer die Tagesnachrichten und sucht nach wohlwollenden Berichterstattungen. Langsam, aber sicher wird er als Retter Griechenlands betrachtet. Der Einzige, der Angela Paroli bieten kann. Plötzlich bleibt er bei einem Artikel von Arnaud Leparmentier hängen: „Paraboles grecques" (Griechische Gleichnisse). Der Autor zitiert Pascal Lamy, den ehemaligen Chef der World Trade Organisation, der das Neue

Testament bemüht: Das Gleichnis vom verlorenen Sohn – Tsipras – und jenes vom anvertrauten Geld – Schäuble. Hat Lamy nicht mal gesagt, dass er manchmal daran denkt, Protestant zu werden?

„Haben wir eine Bibel im Haus?", fragt Hollande den für die Presse zuständigen jungen Mann. Großalarm im Elysée: Gibt es im Palast eine Bibel? Es gibt keine. „Dann los und bringt mir eine!"

Hollande liest weiter. Journalist Leparmentier kommentiert: „ Allmählich wird aus der Griechenlanddebatte ein Religionskrieg: Zwischen den Protestanten aus dem Norden und den Katholiken und Orthodoxen aus dem Süden. Sühne oder Erlösung? Antigermanen in Griechenland und im Süden. Antigriechen im Norden."

Endlich ist eine Bibel gefunden. Lamy zitiert das Lukas-Evangelium, Kapitel 15. Hollande hat noch nie in einer Bibel geblättert. Er verheddert sich zunächst in den Psalmen des Alten Testaments. Psalm 62: „Bei Gott finde ich Ruhe. Gott wende ich mich zu, darum bin ich ruhig, von ihm allein erwarte ich Hilfe. Er ist der Fels und die Burg, wo ich in Sicherheit bin, ich mag wanken, doch ich werde nicht fallen."

Julie ruft an. „Excuse-moi, chérie, je lis la bible!", sagt Hollande und legt auf.

Endlich findet er das Neue Testament, Lukas, Kapitel 15, Vers 11 bis 32: „Jesus erzählte weiter: ‚Ein Mann hatte zwei Söhne. Der jüngere sagte: Vater, gib mir den Teil der Erbschaft, der mir zusteht! Da teilte der Vater seinen Besitz unter die beiden auf. Nach ein paar Tagen machte der jüngere seinen ganzen Anteil zu Geld und zog in die Fremde. Dort lebte er in Saus und Braus und verjubelte alles. Als er nichts mehr hatte, brach in jenem Land eine große Hungersnot aus, da ging es ihm schlecht. Er fand schließlich Arbeit bei einem Bürger des Landes, der schickte ihn zum Schweinehüten aufs Feld. Er war so hungrig, dass er auch mit dem Schweinefutter zufrieden gewesen wäre, aber selbst das verwehrte man ihm. Endlich ging er in sich und sagte: Die Arbeiter meines Vaters bekommen mehr als sie essen können, und ich werde hier vor Hunger umkommen. Ich will zu meinem Vater gehen und zu ihm sagen: Vater ich bin vor Gott und vor dir schuldig geworden, ich verdiene es nicht mehr, dein Sohn zu sein. Nimm mich als einen deiner Arbeiter in Dienst.

So machte er sich auf den Weg zu seinem Vater. Der sah ihn schon von weitem kommen, und voller Mitleid lief er ihm entgegen, fiel ihm um den Hals und küsste ihn. Vater, sagte der Sohn, ich bin vor Gott und vor dir schuldig geworden, ich verdiene es nicht mehr dein Sohn zu sein. Aber der Vater rief seine Diener: Schnell, holt das beste Kleid für ihn, steckt ihm einen Ring an den Finger und bringt ihm Schuhe. Holt das Mastkalb und schlachtet es! Wir wollen ein Fest feiern und uns freuen. Mein Sohn hier war tot, jetzt lebt er wieder. Er war verloren, jetzt ist er wiedergefunden. Und sie begannen zu feiern.'"

Das Telefon klingelt. „Angela am Apparat." – „Darf ich dich in fünf Minuten zurückrufen? Ich lese gerade die Bibel." – „Du ... liest die Bibel?" – „Bis gleich!"

François Hollande liest weiter: „Der ältere Sohn war noch auf dem Feld. Als er zurückkam und sich dem Haus näherte, hörte er das Singen und das Tanzen. Er rief einen Diener herbei und fragte, was da los sei. Der sagte: Dein Bruder ist zurückgekommen, und dein Vater hat das Mastkalb schlachten lassen, weil er ihn gesund wiederhat. Da wurde der ältere Bruder zornig und wollte nicht ins Haus gehen. Schließlich kam der Vater heraus und redete ihm gut zu. Aber der Sohn sagte zu ihm: Du weißt doch, all die Jahre habe ich wie ein Sklave für dich geschuftet, nie war ich dir ungehorsam. Was habe ich dafür bekommen? Mir hast du nie auch nur einen Ziegenbock gegeben, damit ich mit meinen Freunden feiern konnte. Aber der da, dein Sohn, hat dein Geld mit Huren durchgebracht; und jetzt kommt er nach Hause, da schlachtest du gleich das Mastkalb für ihn. Mein Sohn, sagte da der Vater, du bist immer bei mir, und dir gehört alles, was ich habe. Wir konnten gar nicht anders als feiern und uns freuen. Denn dein Bruder war tot, jetzt ist er wieder am Leben. Er war verloren, aber jetzt ist er wiedergefunden."

Monsieur le Président bestellt Champagner. Leparmentier zitiert weiter einen Berater Merkels: „Für euch Katholiken ist es leichter: Ihr könnt beichten und dann sind die Fehler vergeben." Nichts anderes sagt Peter Sloterdjik – in Sachen Doping –, wenn er den Protestanten aus dem Norden mangelndes Mitgefühl mit den Gedopten vorwirft. Für den Journalisten von *Le Monde*, der sich auch für die Bibel interessiert, ist das Gleichnis vom anvertrauten Geld die Grundmetapher des protestantischen Kapitalismus. Matthäus-Evangelium, Kapitel 25, Vers 14-30: „Das Gleichnis vom anvertrauten Geld. Es ist wie bei einem Mann, der verreisen wollte. Er rief vorher seine Diener zusammen und vertraute ihnen sein Vermögen an.

Dem einen gab er fünf Zentner Silbergeld, dem anderen zwei Zentner und dem dritten einen, je nach ihren Fähigkeiten. Dann reiste er ab.

Der erste, der die fünf Zentner bekommen hatte, steckte sofort das ganze Geld in Geschäfte und konnte die Summe verdoppeln. Ebenso machte es der zweite: Zu seinen zwei Zentnern gewann er noch zwei hinzu. Der aber, der nur einen Zentner bekommen hatte, vergrub das Geld seines Herrn in die Erde.

Nach langer Zeit kam der Herr zurück und wollte mit seinen Dienern abrechnen. Der erste, der die fünf Zentner erhalten hatte, trat vor und sagte: Du hast mir fünf Zentner anvertraut, Herr, und ich habe weitere fünf dazuverdient; hier sind sie! Sehr gut, sagte sein Herr, du bist ein tüchtiger und ein treuer Mann. Du hast dich in kleinen Dingen als zuverlässig erwiesen, darum werde ich dir auch Größeres anvertrauen. Komm zu meinem Fest und freue dich mit mir.

Dann kam der mit zwei Zentnern und sagte: Du hast mir zwei Zentner gegeben, Herr, und ich habe noch einmal zwei Zentner dazuverdient. Sehr gut, sagte der Herr, du bist ein tüchtiger und ein treuer Mann. Du hast dich in kleinen Dingen als zuverlässig erwiesen, darum werde ich dir Größeres anvertrauen. Komm zu meinem Fest und freue dich mit mir.

Zuletzt kam der mit dem einen Zentner und sagte: Herr, ich wusste, dass du ein harter Mann bist. Du erntest, wo du nicht gesät hast, und sammelst ein, wo du nicht ausgeteilt hast. Deshalb hatte ich Angst und habe dein Geld vergraben. Hier hast Du es zurück. Da sagte der Herr zu ihm: Du bist ein Faulpelz und ein Taugenichts. Wenn du wusstest, dass ich ernte, wo ich nicht gesät habe, und sammle, wo ich nicht ausgeteilt habe, warum hast du das Geld nicht wenigstens auf die Bank gebracht? Dann hätte ich es mit Zinsen zurückbekommen. Nehmt ihm sein Teil ab und gebt es dem, der die Zentner hat! Denn wer viel hat, soll noch mehr bekommen, bis er mehr als genug hat. Wer aber wenig hat, dem wird aber auch das Letzte weggenommen werden. Und diesen Taugenichts werft hinaus in die Dunkelheit, wo es nichts als Jammern und Zähneknirschen gibt."

François greift sofort zum Telefon und teilt der Kanzlerin die frohe Botschaft mit: „Angela, ich habe dich endlich verstanden! Ich freu mich auf meine erste Bibelstunde mit Dir." Europa ist gerettet.

Teil 4

1. Ein ehemaliger französischer Minister entdeckt Deutschland

Eine Kuhglocke übernimmt bei mir zu Hause die Funktion der Klingel. Schließlich wohne ich auf einem Bauernhof. Sie wird heute Morgen äußerst heftig betätigt. Ich trete vor die Tür. Arnaud Montebourg, ehemaliger französischer Wirtschaftsminister, Deutschenfresser *par excellence*, der Angela mit Bismarck verglich und im Sommer 2014 aus der Regierung flog, weil er *Monsieur le Président* beleidigt hatte, steht vor mir.

„Salut! Es wurde mir berichtet, dass du Deutschland gut kennst."

„Man sagt es."

„Kannst du mich bitte nach drüben mitnehmen?" Der Ex-Minister deutet nach Osten. Man sieht deutlich den Schwarzwald in der Ferne.

„Wann?"

„Sofort!"

Der Ex-Minister findet den Bahnhof von Colmar *très élégant*. Ich informiere ihn, dass Wilhelm II. der Baumeister des Kunstwerks war. Daraufhin bleibt es still im Auto.

Der Rhein ist nur 14 km von Colmar entfernt. Wir fahren durch langweilige, zwischen Maisfelder eingepferchte elsässische Dörfer. Tagsüber leblos, aber auch abends tote Hose. Bei Neuf-Brisach singt Montebourg ein Loblied auf Vauban, den Festungsbauminister des Sonnenkönigs: „Die UNESCO hat das Bauwerk zum Welterbe der Menschheit erklärt." Stimmt.

Ich fahre eine Tankstelle an. „Wir haben noch genug Benzin!", gibt er zu bedenken. Aber er merkt gleich, dass es sich um eine Tankstelle der anderen Art handelt, eine Gemüse- und Obsttankstelle. Ich stelle ihm den badischen Landwirt Michael Textor vor. Der Deutsche hatte beobachtet, dass die Tankstelle an der viel befahrenen *Route départementale D 45*, nur einen Kilometer vom Rhein entfernt, außer Betrieb war. So kam er auf die Idee, seine Produkte – Erdbeeren, Spargel, Äpfel oder Salat vom Kaiserstuhl – an der ehemaligen Tankstelle in Frankreich anzubieten. Aus Rücksicht auf die französischen Befindlichkeiten ging er mit Raymond, einem elsässischen Landwirt aus dem benachbarten Wiedensolen, ein Kartoffel-Joint-Venture ein. Außerdem engagierte er elsässisches Verkaufspersonal, um die Ware an den Mann zu bringen. Dies nennen die Experten grenzüberschreitende Zusammenarbeit. Das Geschäft floriert.

Der Ex-Minister ist begeistert, kauft gleich zwei Schalen Erdbeeren. Ich kann es nicht lassen, ihn zu necken: „Achtung, *Monsieur le ministre*, das sind deutsche Erdbeeren!" In Frankreich ist es Usus, dass Ex-Minister weiter mit *„Monsieur le ministre"* angesprochen werden. Er überhört meine Stichelei und bleibt *grand seigneur*. „Eine sehr gute Idee, Michael", lobt er den deutschen Landwirt, der rot anläuft.

„Lieber Arnaud, kannst du mir verraten, warum kein Franzose auf die Idee gekommen ist, die der deutsche Landwirt hatte? Ihr redet in Paris Tag und Nacht von Eigeninitiative, um das Wachstum anzukurbeln. Das Ziel der Wettbewerbsfähigkeit wird von der französischen Politik groß geschrieben, aber die Bürger bleiben lahm wie Enten, die auf ihr Schicksal warten. Warum?"

„Lass uns weiterfahren!", antwortet Montebourg und bedankt sich bei Michael, der ihm eine Schale Kirschen schenkt.

Wir haben den Rhein noch nicht erreicht, da hat er Erdbeeren und Kirschen schon verschlungen.

„Wo sind die Zollgebäude?", fragt der Ex-Minister.

„Schon längst demontiert. Es gibt nur noch Toiletten für die Touristen."

„Régis Debray hat ein Buch geschrieben: *Eloge des frontières* (Lob der Grenzen)."

„Ich weiß."

„Also kennst du den Satz: Die Mauer verhindert den Durchgang, die Grenze reguliert ihn?"

„Ich kenne den Spruch."

„Dann ist es gut."

Montebourg gilt immer noch als Verfechter des *patriotisme économique*. Als die französische Firma Alstom an die amerikanische Firma General Electric verkauft werden sollte, sperrte er sich und flirtete überraschend mit Siemens. Per Dekret wurde der Ausverkauf vereitelt. Diesen Staatsinterventionismus nennen die Experten *Colbertisme*, in Anlehnung an Colbert, Finanzminister des Sonnenkönigs.

An diesem Tag ist der Teufel los. Fahrradfahrer, Pkw-Fahrer, Lkw-Fahrer, Fußgänger, Bootsfahrer und Wasserskifahrer begegnen sich auf und unter der Rheinbrücke. Allein der Zug fehlt. Als die zerstörte Brücke nach 1945 wieder aufgebaut wurde, vergaß man die Schienen. „Breisach", melde ich und deute auf das Münster, das den Rhein überragt, mit Blick nach Frankreich.

Auf deutscher Seite ist im Gegensatz zur französischen Seite eine Geschäfts- und Vergnügungsmeile entstanden: *„Au petit bonheur"*, *„Tabac Café"*, „Bäckerei und Café", „Impulse Musik Bar"; „Casino", „Euro Spiel Center", „McDonald's", „Tank Center Europoint", „Tabac Alsace", „Lotto Baden-Württemberg". Überall werden Zigaretten verkauft, auf Französisch ist zu lesen: *Fumer moins cher*, rauchen Sie billiger.

„Das ist unfair", meckert der Ex-Minister, der früher regelmäßig von der Tabaklobby in der Grenzregion angegriffen wurde, weil die Franzosen sich die Zigaretten im Ausland besorgen.

Aber schon entdeckt das wache Auge des Ex-Ministers ein Eros-Center: „Erotic ohne Grenzen – *sans frontières"*.

„Ist das ein Bordell?"

„Nein, die verkaufen nur erotisches Spielzeug."

„Stimmt es, dass es in Deutschland Bordelle gibt?", fragt Montebourg.

„Immerhin besser, als die Frauen in den Busch zu jagen, wie in Colmar, um scheinheilig die Moral zu wahren", antworte ich.

Seit dem 26. April 1946 sind Bordelle in Frankreich verboten. Arnaud schweigt.

Sarkozy erfand *le délit de racolage*. Eine Frau, die durch ihr Outfit Männer anmachte, sollte bestraft werden. Das Ergebnis: Die Prostituierten wurden an die Stadtränder verdrängt, wo das Risiko von Überfällen noch größer ist. Da drehte Hollande den Spieß einfach um: Nicht die Frauen, sondern die Freier sollen nun bestraft werden. Ziel der neuen Politik: die Prostitution abzuschaffen.

In Breisach besuchen wir den Drogeriemarkt *dm*. Der Ex-Minister staunt, dass die Kunden Französisch sprechen, und gratuliert einer Dame: *„Bravo, votre français est excellent, Madame!"*

„Mais je suis française", antwortet die junge Frau.

Ich erkläre Montebourg, dass viele Franzosen in Deutschland einkaufen.

„Warum?", fragt er.

„Hier ist alles billiger als in Frankreich", antwortet die Französin. Sie hat den Ex-Minister erkannt.

Er lächelt und steigt ohne weiteres Wort ins Auto.

Wir fahren zwischen Obstbäumen hindurch Richtung Ihringen am Kaiserstuhl. Immer wieder kleine Holzbuden, in denen junge Mädchen Früchte anbieten.

„*C'est sympathique*", kommentiert Montebourg, „*arrête!*"

Der Ex-Minister steigt aus und kauft noch eine Schale Erdbeeren, für 2,50 Euro. Die junge Frau spricht Französisch.

„Wo haben Sie Französisch gelernt?"

„*À Cracovie!*"

Die junge Polin erzählt, dass sie durch die Arbeit in Deutschland ihr Studium finanziert. Sie hatte es zuvor in Frankreich versucht, aber die Verwaltung machte nicht mit. Sie erinnert Montebourg an die Kampagne gegen den polnischen Klempner, der französische Arbeitsplätze bedrohe. „In Deutschland ist es viel einfacher, Arbeit zu finden."

Montebourg geht nicht auf ihre Bemerkungen ein. Ich auch nicht. François Hollande hat dem Volk einen *choc de simplification* versprochen, eine schlagartige Vereinfachung des Verwaltungswahnsinns, der Frankreich lähmt und jeden Bürger zur Weißglut bringt.

Montebourg fragt die junge Frau, ob er von ihr und der Bude ein Foto machen darf. Ewa willigt ein. Auch ich fotografiere beide. Zum Schluss macht die Studentin ein Selfie von uns dreien.

Die deutschen Dörfer sprühen vor Lebendigkeit, im Gegensatz zu den elsässischen *villages dortoirs*, reinen Schlafdörfern. In Merdingen am Tuniberg erzähle ich Montebourg, dass hier Jan Ullrich ein paar Jahre gelebt hat, aber dies scheint ihn nicht weiter zu interessieren. Er macht auch keine Anspielung auf die phonetische Nähe von Merdingen zu *merde*. Dagegen findet der Besen, der uns von einem Gartenzaun zuwinkt, sofort seine Aufmerksamkeit: „Gibt es hier einen Hexenball?" Ich führe ihn zum Hof der Familie Gretzmeier.

Schon in der Toreinfahrt werden wir durch ein Schild vor der Nähe der Weinbauernfamilie zu Frankreich gewarnt. „Bordeaux (Pauillac): 712 km. WSW; Champagne (Epernay): 272 km. WNW; Burgund (Mâcon): 287 km. SW." Da glänzen seine Augen, er stammt aus der Region *Bourgogne*. Als Elvira, die Weinbäuerin, auf uns zukommt, umschlingt er sie wie eine Geliebte und küsst sie gleich viermal auf die Wange: „Es ist eine wahre Freude, Sie kennenzulernen!" Als ich der Weinbäuerin verrate, dass sie gerade von einem ehemaligen französischen Minister geküsst wurde, ist es Elvira, die sich an ihn ranwirft und ihn küsst.

Es kommt noch besser. Im Hof sind Weinfässer aufgestapelt. Montebourg liest: *Tonnellerie Quintessence Bordeaux.* „Das sind ja französische Fässer!", staunt der Franzose. Auf dem Deckel der Fässer steht jedoch: „Johanniskreuz – Feine deutsche Eiche".

Ich löse das Rätsel: „Heinrich, der Mann von Elvira, bezieht seine Weinfässer aus Frankreich, aber dort werden die Fässer aus deutschem Edelholz gebaut, aus einer deutschen Eiche, unter der schon alle deutschen Dichter reimten."

Heinrich kommt auf uns zu: „Französische Technik mit deutschem Holz ergibt den besten Wein!" Da ist der Ex-Minister platt und leert in einem Zug das Weinglas, das Elvira ihm hinhält.

Wir betreten die Wirtschaft, verschlingen mehrere köstliche Flammenkuchen und verschmähen auch die herrliche Weincreme von Elvira nicht.

Straußwirtschaften gibt es in Frankreich nicht. Deutsche Weinbauern können im Frühling und im Herbst ihre Stube zum Wirtshaus umfunktionieren, um ihre Produkte direkt zu verkaufen. „Deutsche Flexibilität", kommentiere ich.

Wir verabschieden uns von den Gretzmeiers, nicht ohne eine weitere Kusssalve. Ich finde auch als Franzose, dass Montebourg jetzt übertreibt. Er überreicht Elvira seine Visitenkarte mit privater Handynummer und lädt sie glatt zu sich nach Hause ein. Heinrich steht etwas unbeholfen daneben, mit einem Fläschchen Holunderblütenlikör in der Hand, das Montebourg mit einem lauten „Danke" entgegennimmt.

In Riegel kehren wir bei Guiseppe in der Eisdiele „Gondola" ein. Der Italiener ist mit Isabelle, einer Deutschen, verheiratet. Die Kugel Eis, vom Feinsten, kostet einen Euro. Da kommt Montebourg wirklich nicht mehr aus dem Staunen heraus. In Frankreich ist die Kugel Eis nicht unter 1,50 Euro zu haben. In Colmar blecht man bei Laurent Rotta, *10 rue des serruriers*, für eine einzige Kugel 2,50 Euro, in Paris 3 Euro. Wenn ich die Besitzer der französischen Eisdielen nach dem Grund für diesen Preisunterschied frage, geben sie immer dem Staat die Schuld.

Ich erkläre Montebourg, dass die Italiener ihre Eiskultur nach Deutschland mitgebracht haben, samt *café au lait.* Guiseppe zaubert eine Blume in den Schaum. Bei uns gibt es schon lange keinen echten *café au lait* mehr. Entweder ist die Milch kalt oder die Kaffeetasse zu klein. Sogar in den deutschen Autobahnraststätten ist der *café au lait* inzwischen besser als in den französischen Bistros. Das sage ich dem Ex-Minister allerdings nicht.

Wir fahren auf der Autobahn Richtung Markgräflerland, nach Heitersheim, südlich von Freiburg, am Fuße des Schwarzwaldes.

„Ich möchte gern ein wenig selber fahren", sagt Montebourg.

„Warum?"

„Um mich zu entspannen."

Seit dem Ende des Ministerdaseins mit Blaulicht und Polizei hat er nicht mehr die Möglichkeit, durch das Land zu rasen. In Frankreich ist die Geschwindigkeit auf Autobahnen auf 130 km/h begrenzt.

Im Nu schießt der Zeiger auf 200. Die Polizei hält uns an und leitet uns zum nächsten Parkplatz. Es handelt sich um eine deutsch-französische Polizeikontrolle. Der Franzose erkennt Montebourg, spricht ihn gar als *Monsieur le ministre* an und liest ihm dennoch die Leviten. Wir haben Glück. Wir dürfen ungestraft weiterfahren.

„Ich dachte, es gäbe kein Tempolimit in Deutschland."

„Nicht überall, einige Strecken stehen den Rasern offen, da können Sie auch 300 fahren, aber Sie haben gerade eine Strecke erwischt, wo nur 120 erlaubt sind. *La flexibilité allemande.*", erläutere ich.

So werden alle zufriedengestellt, die Raser und die Nichtraser, die auch mit Tempo 120 glücklich sind. In Frankreich gibt es nur das „Entweder-oder". Flexibilität ist unbekannt.

In Heitersheim, einem schmucken Dorf inmitten von Weinbergen, wollen wir im „OX" eine Kleinigkeit essen. Es ist inzwischen 16.00 Uhr geworden. Kein Problem. Ich bestelle die Vesper-Karte. Montebourg verschlingt ein Spargelomelett, dazu einen Spätburgunder. Ich habe nichts gesagt, aber bald fragt er: „Kann man hier jederzeit essen?" Ich erkläre ihm die Tradition des Vesperns. Anders als in Frankreich, wo man ab 14.00 Uhr den nächsten McDonald's ansteuern muss oder bis 18.00 Uhr den Magen knurren lässt.

Montebourg schweigt, wie immer, wenn er fühlt, dass die Deutschen cleverer sind, und bestellt noch ein Viertele.

Es geht weiter Richtung Freiburg, Ausfahrt Freiburg-Mitte. Im „*Café Journal*", gegenüber der Buchhandlung Rombach, legen wir wieder eine Pause ein.

Ich bestelle einen Kaffee, Arnaud ein neues Viertele.

Ein paar Tische weiter sitzt Wolfram Mehring mit seiner Frau Kyoko, einer japanischen Schriftstellerin und Malerin. Wolfram ist Deutscher, Schauspieler, Autor und Opernregisseur. Über 80, noch quirlig wie ein Wiesel. In den 1960er-Jahren zog er nach Paris und gründete mit Freunden das *centre franco-allemand de recherche théâtrale*. Später arbeitete er mit meinem Freund Bernard Jenny im *Théâtre des Colombiers*. Bei einem Freiburg-Besuch erkrankte seine japanische Frau. Sie erholte sich ein paar Wochen in der Solarstadt, und die Familie entschied sich, in Baden zu bleiben.

Als ich dem Ex-Minister die Story der deutsch-japanischen Familie erzähle, staunt er, dass die beiden Paris gegen Freiburg getauscht haben.

„Kyoko ist der Meinung, dass in Deutschland jede Stadt eine kleine Hauptstadt ist", erkläre ich Montebourg, der den Kopf schüttelt.

„Man kann doch Freiburg nicht mit Paris vergleichen!"

„Madame de Staël hat das schon gesagt!"

„Ach ja, wenn Madame de Staël das schon gesagt hat!", mokiert er sich und bestellt noch ein Viertele.

Waldkirch ist nur 20 Minuten von Freiburg entfernt. In Buchholz stoppe ich bei einem kleinen Gemüse- und Obstmarkt, wo Produkte aus der Region verkauft werden. In Frankreich findet man so etwas selten. Und wenn es etwas Ähnliches gibt, spricht man von *supermarché fermier*, was ein semantischer Widerspruch ist. Montebourg macht ein paar Fotos. *„Intéressant"*, kommentiert er.

Roland Mack, der Chef des Europa-Parks, steigt neben uns aus seinem Wagen. Ich erkläre Montebourg, wer Roland Mack ist. Inhaber des Europa-Parks, eines Familienbetriebs, der dennoch mühelos mit dem Disneypark von Marne-la-Vallée bei Paris mithalten kann. Die Familie Mack aus Waldkirch ist seit Generationen im Geschäft. Schon Rolands Urgroßvater hat Karusselle gebaut.

„Meine Frau will heute Abend eine *Quiche Lorraine* mit frischem Lauch zubereiten", lässt mich Roland wissen, als er an uns vorbeigeht. Ich stelle ihm den Ex-Minister vor. Da vergisst Roland den Lauch und die *Quiche Lorraine* sofort und lädt uns nach Rust ein. Minuten später steigen wir in die Achterbahn und flitzen durch den Himmel. Ich kläre Montebourg auf: Einmal sieht man den Schwarzwald, einmal die Vogesen. Ich zitiere René Schickele: „Das Elsass und Baden sind ein Zirkus, dessen Wände sind die Vogesen und der Schwarzwald!“

Montebourg hört nicht zu, ist aber begeistert. „Die Anlage gefällt mir besser als die von Disneyland bei Paris. Sie ist heimeliger.“ Roland Mack erwähnt, dass mehrere hundert Elsässer bei ihm beschäftigt sind. Der Ex-Minister verschluckt ein „*merci*“.

Von Rust aus ist es nicht weit nach Fessenheim, wo das älteste französische Atomkraftwerk, das die Deutschen das Fürchten lehren soll, steht. *Monsieur le Président* hat versprochen, Fessenheim abzuschalten. Montebourg dagegen will weitermachen.

Bei Hartheim fahren wir über eine kleine Rheinbrücke, die Jacques Chirac einweihte, und bis zum Ufer des *Grand Canal d'Alsace*. Die mit Rheinwasser gefüllte Betonschlange wurde nach dem Krieg von den Franzosen gebaut. Die Deutschen hatten nichts zu melden. Die Basler Chemieprinzen freuten sich über die neue Wasserstraße, die Franzosen setzten die üblichen Dreckschleudern an den Kanal. Das Atomkraftwerk galt als Krönung der Landschaftsgestaltung. Die Rheinebene zwischen Basel und Lauterbourg ist für immer verunstaltet. Rheinsavanne statt Rheinauen, wie der Poet Stefan Pflaum es beschreibt. Vom goldenen Fluss blieb nur ein Rinnsal.

Ich stoppe den Wagen am Ufer des Kanals, auf deutscher Seite, genau gegenüber dem Atomkraftwerk. Es hat keinen Sinn, mit Montebourg über die Gefahren der veralteten Atomkathedrale zu sprechen. Jürgen Lodemann hat den Ernstfall in seiner Novelle „Fessenheim“ beschrieben. Ein Erdbeben verwandelt das Wunderwerk in ein atomares Feuerwerk.

Ich schenke Montebourg „Ethik und Völkerfrieden“ von Albert Schweitzer, das ausnahmsweise ins Französische übersetzt wurde: „La civilisation et l'éthique“. Der Friedensnobelpreisträger hatte sich im hohen Alter noch mit den nuklearen Gefahren beschäftigt und zusammen mit mehr als 9.000 Wissenschaftlern aus der ganzen Welt mehrere Appelle gegen die Atombombe veröffentlicht.

Ich habe das Gefühl, dass Montebourg mir überhaupt nicht zuhört. Er holt ein Bild von Audrey Pulvar, einer Fernsehjournalistin, die sich von ihm getrennt hat, aus seiner Brieftasche. Eine einsame Träne kullert über seine rechte Wange. Eigentlich überraschend, weil er seit seinem Rausschmiss mit der früheren Kultusministerin Aurélie Filipetti liiert ist.

Als wir Fessenheim verlassen, fliegt gerade eine Drohne über das

Atomkraftwerk. Montebourg verwechselt sie mit einem elsässischen Storch. Auch gut so.

Abends erreichen wir Todtnauberg, wo wir im Hotel „Engel" übernachten wollen. Unterwegs hat Montebourg glatt das ganze Fläschchen Holunderblütenlikör von Heinrich Gretzmeier geleert und ist eingenickt. Er wacht erst auf, als ich die Limousine vor dem Hotel einparke.

Ich stelle ihm Hansjörg Schneider vor, den berühmten Krimiautor aus der Schweiz, der in Todtnauberg wohnt. Eine Skizze von Martin Heidegger hängt neben dem Kachelofen an der Wand. Der Philosoph hatte hier im Bergdorf seine Denkerhütte, nur ein paar Minuten vom Hotel entfernt. Montebourg erkennt Heidegger nicht. Ist vielleicht auch besser so.

Im philosophischen Grenzverkehr zwischen Frankreich und Deutschland sorgt Heidegger immer wieder für Zoff. Im Winter 2013/14 erhitzte die Veröffentlichung der „Schwarzen Hefte", einer Art Tagebuch, die Gemüter. Als ich Student war, nahm das Hin- und Hersteppen zwischen dem Sein und dem Seienden für mich gar erotische Dimensionen an. Aber inzwischen ist mir längst klar, Heidegger war Philosoph, Nazi und Antisemit. Noch im Herbst 1944 ging der Autor von „Sein und Zeit" mit dem Volkssturm nach Breisach, um „das deutsche Elsass" zu verteidigen. Als ich in der Badischen Zeitung darüber reflektierte, forderte sein Sohn eine Gegendarstellung. Vergeblich.

Nach dem Krieg besuchte ihn Paul Celan, genau wie Sartre (aber anders als Camus), in seiner Schwarzwaldhütte. Der Dichter aus Czernowitz, der den Philosophen Heidegger bewunderte, hoffte auf klare Worte über dessen Verhalten im Dritten Reich. Sie kamen nicht. Enttäuscht über den Menschen Heidegger verabschiedete sich Celan. Ein paar Wochen später nahm er sich in Paris das Leben.

Iris, die Besitzerin des Hotels, schiebt uns bis tief in die Nacht noch einige Viertele über den Tisch. Als wir wankend unsere Betten aufsuchen, seufzt der Ex-Minister Arnaud Montebourg: *„L'Allemagne, finalement, ce n'est pas si mal que ça!"* Gar nicht so schlecht, dieses Deutschland!

PS. Die Reise ist vom Autor erfunden, die Menschen, die Situationen, die Preise, die Orte sind echt.

2. Die Luftwurzel

Accroche tes racines au ciel
Hänge deine Wurzeln an die Luft
et grimpe sur les étoiles
und klettere auf die Sterne.

Sors de ton trou
Raus aus deinem Loch
sors de ta cave
raus aus deinem Keller
quitte ta cage
raus aus deinem Käfig
quitte ta peur
raus aus deiner Angst.

Accroche tes racines au ciel
Hänge deine Wurzeln an die Luft
et grimpe sur les étoiles
und klettere auf die Sterne.

Tu découvriras enfin, au-delà des frontières
Erst dann blickst du über die Grenzen
d'autres pays, d'autres coeurs
ins andere Land, ins andere Herz.

Tu découvriras enfin, au-delà des frontières
Erst dann blickst du über die Grenzen
ton propre pays, ton propre coeur
ins eigene Land, ins eigene Herz.

Literaturverzeichnis

Aghion, Philippe/Cette, Gilbert/Cohen, Elie: Changer de modèle, Paris 2014.

Albert, Eric: Partager le pouvoir, c'est possible. Réinventer l'entreprise? Paris 2014.

Algan, Yann/Cahuc, Pierre/Zylbergberg, André: La fabrique de la défiance ... et comment s'en sortir, Paris 2012.

Ali Hirsi, Ayaan: Reformiert euch. Warum der Islam sich ändern muss, München 2015.

Aschenbrenner,Cord: Das evangelische Pfarrhaus, München 2015.

Ates, Seyran: Wahlheimat. Warum ich Deutschland lieben möchte, Berlin 2013.

Ausgburger Bekenntnis, Zur Sache, 1530-1980, Strasbourg 1979.

Barth, Karl: Esquisse d'une dogmatique, Neuchâtel 1960.

Benyahia-Kouider, Odile: L'Allemagne paiera. Voyage au pays d'Angela, Paris 2013.

Bering, Dietz: War Luther Antisemit? Das deutsch-jüdische Verhältnis als Tragödie der Nähe, Berlin 2014.

Bidar, Abdennour: Plaidoyer pour la fraternité, Paris 2015.

Bödecker, Heinrich: Johannes Calvin. Leben für Gott und Menschen, Gladbeck, 1964.

Böhmer, Otto A.: Hegel & Hegel oder der Geist des Weines, Tübingen 2011.

Boff, Leonardo: Eglise, charisme et pouvoir, la théologie de la libération, Paris 1985.

Bougrab, Jeannette: Les Maudites, Paris 2015.

Brion, Marcel: L'Allemagne romantique, Tome 1 et 2, Paris 1963.

Buckwalter, Stefen E.: Bucer im Europäischen Parlament, in: Früchte vom Baum des Wissens, Hrsg. v. Ditte Bandini u. Ulrich Kronauer, Heidelberg 2009.

Calvet, Louis-Jean: Le Marché aux langues. Les effets linguistiques de la mondialisation, Paris 2002.

Calvin, Jean: Institution de la religion chrestienne. Hrsg. v. Jean-Daniel Benoit, Livres I, II, III, IV, Paris 1957.

Cara, Jean-Marc: Le concert des Nations. Le tour du monde en 198 hymnes, Paris 2004.

Cardini, Franco: Europa und der Islam. Geschichte eines Missverständnisses, München 2000.

Casalis, Georges: Protestantisme, Paris 1976.
Castellio, Sebastian: Das Manifest der Toleranz. Über Ketzer und ob man sie verfolgen soll. Hrsg. v. Wolfgang F. Stammler, Essen 2013.
Chebel Malek: Changer l'Islam, Paris 2013.
Clark, Christopher: Die Schlafwandler. Wie Europa in den Ersten Weltkrieg zog, München 2013.
Cohen, Elie/Buigues, Pierre-André: Le décrochage industriel, Paris 2014.
Cohn-Bendit, Daniel/Verhofstadt, Guy: Für Europa!, München 2012.
Coran, le, Paris 1970.
Coran, le, hrsg. v. Mazigh, Sadok, Jamahiriya arabe libyenne populaire socialiste.
Debray, Régis: Eloge des frontières, Paris 2010.
Debray, Régis/Renaud Girard: Que reste-t-il de l'occident, Paris 2014.
De l'Allemagne, De Friedrich à Beckmann, Louvre, Paris 2013.
Delcambre, Anne-Marie: L'islam des interdits, Paris 2003.
Delius, Friedrich Christian: Die linke Hand des Papstes, Berlin, 2013.
Deutelmoser, Arnold: Luther Staat und Glaube, Jena 1937.
Deutscher, Guy: Im Spiegel der Sprache. Warum die Welt in anderen Sprachen anders aussieht, München 2013.
Djavann, Chahdortt: Que pense Allah de l'Europe?, Paris 2004.
Doneux, Guy: Luther et Rousseau, Bruxelles 1965.
Dörries, Bernhard: Erklärung des kleinen Katechismus D. Martin Luthers, Göttingen 1909.
Ducos, Blaise/Savatier Sjöholm, Olivia: Un Allemand à la cour de Louis XIV, de Dürer à Van Dyck, la collection nordique d'Everhard Jabach, Paris 2013.
Duval, Guillaume: Made in Germany. Le modèle allemand au-delà des mythes, Paris 2013.
Eco, Umberto: La guerre du faux, Paris 1985.
Eco, Umberto: La recherche de la langue parfaite dans la culture européenne, Paris 1995.
Eichel, Christine: Das Deutsche Pfarrhaus. Hort des Geistes und der Macht, Köln 2012.
Ellul, Jacques: Théologie et technique. Pour une éthique de la nonpuissance, Genève 2014.

Erichson, Alfred: Martin Bucer, Zum 400-jährigen Todestag des elsässischen Reformators, Strasbourg o. J.

Evangelisches Gesangbuch für die evangelische Landeskirche in Baden, pour l'église de la confession d'Augsbourg d'Alsace et de Lorraine, pour l'église réformée d'Alsace et de l'Lorraine, Karsruhe 1995.

Exner, Lisbeth/Kapfer, Herbert: Verborgene Chronik 1914. Hrsg. v. Deutschen Tagebucharchiv, Berlin 2014.

Favaletto, Alain: Allemagne: La Rupture? Remarques sur le néonationalisme allemand, Paris 2013.

Feldmann, Christian: Martin Luther, Hamburg 2009.

Feuerbach, Ludwig: L'essence du christianisme, Paris 1968.

Finkielkraut, Alain: L'identité malheureuse, Paris 2013.

Fitschen, Klaus: Pastors Kinder. Wie Pfarrhäuser die Gesellschaft prägen, Berlin 2013.

Garff, Joakim: Kierkegaard. Biographie, München 2004.

Gauck, Joachim: Freiheit. Ein Plädoyer, München 2012.

Gaulmyn de, Isabelle: François, un pape pour tous, Paris 2014.

Gersemann, Olaf: Die Deutschland-Blase. Das letzte Hurra einer großen Wirtschaftsnation, München 2014.

Gessler, Philipp: Wolfgang Huber. Ein Leben für Protestantismus und Politik, Freiburg 2012.

Götze, Karl Heinz: Süßes Frankreich? Mythen des französischen Alltags, Frankfurt a. M. 2010.

Graff, Martin: Calvin lässt grüßen. Hrsg. v. Saarländischen Rundfunk, Saarbrücken 1985.

Graff, Martin: Der Joker und der Schmetterling, Baden-Baden 1989.

Graff, Martin: Nackte Wahrheiten. Deutsche und Franzosen, München 1995.

Graff, Martin: Von Liebe keine Spur. Das Elsass und die Deutschen, München 1996.

Graff, Martin: Donauträume. Stromaufwärts nach Europa, München 1998.

Graff, Martin: Grenzvagabund, Mainz 2010.

Graff, Martin: Leben wie Gott im Elsass. Deutsche Fantasien, Tübingen 2012.

Grossouvre de, Henri (Hrsg.): Pour une Europe européenne, Vevey 2007.

Guirous, Lydia: Allah est grand, la République aussi, Paris 2014.

Hagège, Claude: Le souffle de la langue. Voies et destins des parlers d'Europe, Paris 1994.
Hagège, Claude: Dictionnaire amoureux des langues, Paris 2009.
Harpprecht, Klaus: Mein Frankreich. Eine schwierige Liebe, Hamburg 1999.
Hawes, Douglas W.: Oradour. Le verdict final, Paris 2009.
Heidegger, Martin: Unterwegs zur Sprache, Stuttgart 2003.
Heine, Heinrich: Sämtlich Werke IV, Schriften zu Literatur und Politik II, München 1993.
Heine, Heinrich: Französische Zustände, Hamburg o. J.
Herman J./Selderhuis, D.: Johannes Calvin. Mensch zwischen Zuversicht und Zweifel. Eine Biographie, München 2009.
Herrmann, Horst: Martin Luther. Eine Biographie, Berlin 2009.
Holl, Adolf: Die Ketzer, Hamburg 1994.
Hugues, Pascale: In den Vorgärten blüht Voltaire, Hamburg 2012.
Joffrin, Laurent: Le réveil français, Paris 2015.
Jospin, Lionel: Le Mal Napoléonien, Paris 2014.
Joxe, Pierre: Soif de justice. Au secours des juridictions sociales, Paris 2014.
Joxe, Pierre: L'édit de Nantes. Réflexions pour un pluralisme religieux, Paris 1998.
Käßmann, Margot: Mit Herzen, Mund und Händen. Spiritualität im Alltag, München 2012.
Käßmann, Margot (Hrsg.): Schlag nach bei Luther, Frankfurt a. M. 2012.
Kaiser, Gerhard: Christus im Spiegel der Dichtung. Exemplarische Interpretationen vom Barock bis zur Gegenwart, Freiburg 1997.
Karimi, Ahmad Milad: Osama bin Laden schläft bei den Fischen, Freiburg 2015.
Karimi, Ahmad Milad: Hingabe. Grundfragen der systematisch-Islamischen Theologie, Freiburg/Berlin/Wien 2015.
Kelek, Nekla: Chaos der Kulturen. Die Debatte um Islam und Integration, Köln 2012.
Koch, Stéphane: Hat Europa eine Zukunft?, Kehl am Rhein 2014.
Korchide, Mouhanad: Islam ist Barmherzigkeit. Grundzüge einer modernen Religion, Freiburg 2015.
Krockow, Christian Graf von: Preußen. Eine Bilanz, Stuttgart 1992.
Lepin, Volker: Die Reformation, Darmstadt 2013.
Lewitscharoff, Sybille: Apostoloff, Frankfurt a. M. 2009.

Leben nach Luther. Eine Kulturgeschichte des evangelischen Pfarrhauses. Hrsg. v. Deutschen Historischen Museum, Berlin 2013.
Legrand, Thomas: Arrêtons d'élire des présidents, Paris 2014.
Lienhard, Marc/Jakob Willer: Straßburg und die Reformation, Kehl am Rhein 1981.
Lilje, Hanns: Luther, Hamburg 1965.
Luther, Martin: Kleiner Katechismus, mit Erklärung, Hamburg 1977.
Luther, Martin: Zum Vergnügen, Stuttgart 2008.
Luther, Martin: Die Wahrheit macht nicht viele Worte. Hrsg. v. Waltraut John u. Bruno Rosner, Köln 2015.
Maalouf, Amin: Mörderische Identitäten, Frankfurt a. M. 2000.
Maalouf, Amin: Origines, Paris 2004.
Mai, Klaus-Rüdiger: Martin Luther. Prophet der Freiheit, Freiburg 2014.
Malik, Abn Al: Place de la République. Pour une spiritualité laïque, Montpellier 2015.
Maris, Bernard: Et si on aimait la France, Paris 2014.
Martens, Stephan: L'Allemagne et la France. Une entente unique pour l'Europe, Paris 2004.
Mauss, Marcel: La Nation. Hrsg. v. Marcel Fournier u. Jean Terrier, Paris 2013.
Mayer, Hans: Martin Luther. Leben und Glaube, Gütersloh 1982.
Mehl, Roger: Traité de sociologie du protestantisme, Neufchâtel 1965.
Meisner, Michael: Martin Luther. Heiliger oder Rebell, Lübeck 1981.
Mélenchon, Jean-Luc: Le Hareng de Bismack. Le poison allemand, Paris 2015.
Michaud, Henri: Jésus selon le Coran, Neuchâtel 1960.
Minc, Alain: Vive l'Allemagne!, Paris 2013.
Minder, Robert: Dichter in der Gesellschaft. Erfahrungen mit deutscher und französischer Literatur, Frankfurt a. M. 1966.
Minder, Robert. Kultur und Literatur in Deutschland und Frankreich, Frankfurt a. M. 1969.
Mommsen, Wilhelm: Otto von Bismarck, Hamburg 1966.
Montaigne de, Michel: Tagebuch einer Reise nach Italien über die Schweiz und Deutschland, Zürich 2002.
Montesquieu, Charles-Louis de: Meine Reisen in Deutschland, 1728-1729, Stuttgart 2014.
Nasr, Hossein Seyyed: Islam. Perspectives et réalités, Paris 1975.

Niemöller, Martin: Die Erneuerung unserer Kirche, München 1946.
Nussberger, Angelika: Das Völkerrecht, München 2009.
Oermann, Nils Ole: Albert Schweitzer. Eine Biographie. 1875-1965, München 2013.
Ottenheimer, Ghislaine: Poison présidentiel, Paris 2015.
Pasolini, Pier Paolo: Luther-Briefe, Aufsätze, Kritiken, Polemiken, Wien/Bozen 1996.
Peisker, Carl Heinz: Luther Evangelien-Synopse, Kassel 1963.
Pelletier, Denis/Schlegel, Jean-Louis: A la gauche du Christ. Les chrétiens de gauche en France de 1945 à nos jours, Paris 2012.
Picaper, Jean-Paul: Angela Merkel. La femme la plus puissante du monde. Paris 2010.
Piketty, Thomas: Le capital au XXIème siècle, Paris 2013.
Piketty, Thomas: L'économie des inégalités, Paris 2015.
Pisani-Ferry, Jean: Quelle France dans dix ans? Rapport de France Stratégie au président de la République, Paris 2014.
Plenel, Edwy: Pour les musulmans. Précédé de « Lettre à la France », janvier 2015, Paris 2015.
Predazzi, Francesca/Vannuccini, Vanna: Petit voyage dans l'âme allemande, Paris 2007.
Prieve, Nils: Die Stellung des Erasmus von Rotterdam zu Martin Luther, Norderstedt 2002.
Ramadan, Tarik: Muhammad. Auf den Spuren des Propheten, München 2009.
Ramadan, Tarik: De l'Islam et des musulmans. Réflexions sur l'Homme, la réforme, la guerre et l'Occident, Paris 2014.
Riedel, Frieder: Preußens erste Kolonie. Die Geschichte des Elsass von 1870 bis 1918, 2001.
Riemenschneider, Rainer/Evelyne, Brandts (Hrsg.): Déchirures culturelles, expériences allemandes. Les rapports de civilisations dans l'oeuvre de Catherine Paysan, Paris 2012.
Riesbeck, Johann Gaspar: Briefe eines reisenden Franzosen über Deutschland, Berlin 1976.
Rillet, Jean: Le vrai visage de Calvin, Toulouse 1982.
Rohloff, Reiner: Johannes Calvin, Göttingen 2011.
Safranski, Rüdiger: Romantik. Eine deutsche Affäre, Frankfurt a. M. 2011.
Saint-Etienne, Christian: France: état d'urgence. Une stratégie pour demain, Paris 2014.

Schäfer, Louis: Français et Allemands, Franzosen und Deutsche, München 2013.
Schilling, Heinz: Martin Luther, Rebell in einer Zeit des Umbruchs. Eine Biographie, München 2012.
Schmid, Vincent: Michel Servet. Du bûcher à la liberté de conscience, Paris 2008.
Schmidt, Helmut: Religion in der Verantwortung. Gefährdung des Friedens im Zeitalter der Globalisierung, Berlin 2011.
Scholl-Latour, Peter: Leben mit Frankreich. Stationen eines halben Jahrhunderts, Stuttgart 1988.
Schweitzer, Albert: Gesammelte Werke in fünf Bänden. Hrsg. v. Rudolf Grabs, Berlin 1971.
Seidendorf, Stefan: Le modèle franco-allemand: les clés d'une paix perpétuelle? Analyse des mécanismes de coopération, Paris 2013.
Sibony, Daniel: Islam, phobie, culpabilité, Paris 2013.
Sibony, Daniel: Le grand malentendu. Islam, Israël, Occident, Paris 2015.
Sloterdijk, Peter: Mein Frankreich, Berlin 2013.
Smirin, M. M.: Deutschland vor der Reformation, Berlin 1955.
Steiner, Georges: Errata, Paris 1997.
Tesson, Sylvain: Bérézina, Paris 2015.
Todt, Emmanuel/Le Bras, Hervé: Le mystère français, Paris 2013.
Todt, Emmanuel: Qui est Charlie? Sociologie d'une crise religieuse, Paris 2015.
Ullrich, Volker: Die nervöse Großmacht 1871-1918. Aufstieg und Untergang des deutschen Kaiserreichs, Frankfurt a. M. 2013.
Umiz, Paulo: Aux frontières de l'Europe, Paris 2011.
Valance, Georges: Petite histoire de la germanophobie, Paris 2013.
Védrine, Hubert: La France au défi, Paris 2014.
Vermeil, Jean: Histoire du Protestantisme, Paris 1999.
Voltaire: Le rire de Voltaire. Hrsg. v. Pascal Debailly, Paris 1994.
Voltaire: Traité sur le Tolérance. Hrsg. v. Jacques van den Heuwel, Paris 1975.
Volz, Hans (Hrsg.): D. Martin Luther. Die ganze Heilige Schrift, Deudsch 1545/Auffs new zugericht. Anhang und Dokumente, München 1972.
Waldenfels, Bernard: Deutsch-Französische Gedankengänge, Frankfurt a. M. 1996.

Weber, Max: L’éthique protestante et l’esprit du capitalisme, Paris 2009.
Weiss, Ruth: Can’t stop the beat, San Francisco 2011.
Weiss, Ruth: Desert Journal, Boston 2012.
Wiepermann, Wolfgang: Luthers Erbe. Eine Kritik des deutschen Protestantismus, Darmstadt 2014.
Winkler, Heinrich August: Geschichte des Westens. Von den Anfängen in der Antike bis zum 20. Jahrhundert, München 2009.
Winkler, Heinrich August: Geschichte des Westens. Die Zeit der Weltkriege 1914-1945, München 2011.
Winkler, Heinrich August: Geschichte des Westens. Die Zeit der Gegenwart, München 2015.
Wolfrum, Edgar: Die Geglückte Demokratie, Stuttgart 2006.
Wurst, Alain-Xavier: Zur Sache, Chérie. Ein Franzose verzweifelt an den deutschen Frauen, Hamburg 2011.
Yourcenar, Marguerite: L’œuvre au noir, Paris 1968.
Zitelmann, Arnulf: Ich, Martin Luther. Starke Sprüche über Weiber, Fürsten, Pfaffen undsoweiter, Frankfurt a. M. 1982.
Zur Erinnerung an die Feier des 400-jährigen Reformationsjubiläums in der evangelischen Kirche zu Colmar im Elsass, am 31. Oktober und am 1. November 1917. 1517–1917, Buchdruckerei Decker, Colmar 1918.
Zweig, Stefan: Castellio gegen Calvin oder ein Gewissen gegen die Gewalt, Frankfurt a. M. 2012.
Zweig, Stefan: Triumph und Tragik des Erasmus von Rotterdam, Frankfurt a. M. 2011.

Dank an:

Silja Foshag, meine aufmerksame Lektorin.

Prof. Dr. Rudolf Michna, Kulturgeograph, Universität Freiburg, einer der besten Frankreich-Beobachter, der mich seit Jahren mit seinen Recherchen begleitet.

Eveline Combée, Lisieux, Herta Siebler-Ferry, Freiburg, Rudolf Ehrmantraut, Landau, Marc Heim, Aix-en-Provence, Pascal Herrscher, Soultzeren, Pauline Ivanova, Widin, Klaus Knobloch, Heidelberg, Elisabeth Legrain, Colmar, Denis Monhardt, Herbert Schoppe, Freiburg, Sören Lenz, Wissembourg, Markus Schächter, Mainz, Hans Schneider.